奢侈品私享家

名车赏鉴

Mingche Shangjian

杨文宇 / 著

北京工业大学出版社

出版缘起

汽车的王国也是人类社会的另一种缩影，也有尊贵与平凡，也有隐士、君子以及强盗之分。这里有博识的学者，比如梅赛德斯－奔驰，也有后起的侠客，比如帕加尼；有剑拔弩张的战神，比如法拉利，也有温文尔雅的绅士，比如捷豹；有没落的伯爵，比如阿尔法·罗密欧，也有永恒的权贵，比如劳斯莱斯；还有洒脱的隐士，比如阿斯顿·马丁，以及蛮横剽悍的匪徒，比如道奇……它们一如既往地做着它们想做的事，因为总是能够做得很好。这个世界无时无刻不对它们充满期待，因为它们总是能够坚守最初的梦想，征服和超越的天性也因此变成了圣洁的信仰。于是，我们看到了荷兰风车下的百年郁金香，它也是世爵的别名；

看到了英国水面上淡雅的莲花，那是路特斯的风情；看到了斯图加特的土地上倔强的矢车菊，那便是保时捷的性情……

它们各领风骚，在不同的时间、不同的范畴，见证着人类智慧的核心及其变革。所以当人们在斯图加特的汽车博物馆里看着100多年前的第一款梅赛德斯－奔驰汽车时，会莫名地激动起来；所以当人们看到停产了61年的迈巴赫、沉寂了15年的路特斯以及消失了大半个世纪的世爵再次走向复兴的时候，会不由自主地生出敬畏；当人们看到宾利和劳斯莱斯相继从大不列颠离开，变成了德意志人的“附属”时，还一度担心这两个坚守贵族精神的品牌研发思想会逐渐被金钱攻陷，可是直到今天，它们依旧保持着惯有的高贵和优雅的英伦绅士风范……它们之中有前辈，比如阿尔法·罗密欧、梅赛德斯－奔驰，也有中生代的法拉利、兰博基尼，还有后辈，例如帕加尼、科尼塞克以及萨林……它们演绎不同地域的虎踞龙盘，割据的时代也是灿烂的时代，于是我们看到了英伦汽车的贵气、德国汽车的严谨、法式汽车的浪漫、意大利跑车的激情、美国汽车的狂野……它们时而是哲学家，像圣人一样去开启一个个崭新的疆域，时而又是匪徒，要用轰鸣去宣泄对禁锢的不满；它们时而是精神领袖，用金钱、数字、线条去勾勒一幅幅可望而不可即的极品之像，时而又是平凡却虔诚的圣徒，坚持着每一次平凡却坚韧的制车朝圣之旅。

珍贵已经算不上噱头了，那款限量仅仅30辆的布加迪威航Super Sport售价达到了惊人的230万美元，限量29辆的法拉利FXX售价177万美元，限量10辆的帕加尼Zonda R售价165万美元，限量25辆的奔驰CLK GTR售价175万美元……这些豪车因设计风格、制车材料的不同再加上不同购买者的需求而变得各不相同，它们无疑是独一无二的艺术孤品。世爵的每一款车都会在产量达到500辆时宣告停产，而宾利则能够最大限度地满足购买者的设计需求，比如可以按照顾客家中宠物的形象来打造内饰的配件等，而兰博基尼的购买者则多数只是将豪车珍藏起来以便欣赏和炫耀。几乎所有的顶级汽车品牌都会给车主提供不同程度的设计和选择的自由，在这种珍稀的背后，隐藏着哪些醉人的传奇？在这种自由的背后，又寄托了哪些美好的愿望？它们驶出车厂之后的荣耀，又耗费了设计者、制造者怎样的心血？这些难以量化的答案是豪车厂商不计成本的生产方式和长年累月制车技艺沉淀的结果，更表明了他们对于完美的执着和坚守，因为他们深知车厂是实现车主汽车梦想的地方。

速度和造型依旧是这些名车征服顾客的重点，任何试图突破极限的努力，肯定不会是场爱慕虚荣的表演，而是一条驰魂夺魄的惊险之路。这条路通向荣誉的殿堂，世爵早期的 C4 汽车正是因为连续运行了 36 天，行驶了 3 万千米才得以留下盛名；法拉利的 250 GTO 正是因为不断打破当时的赛事最高速纪录，成为法拉利历史上的里程碑式的作品；如今科尼塞克、布加迪威航以及众多后起之秀都在为“最高速的量产车”的荣誉而战……它们一次次地刷新赛道纪录，一次次地改进发动机的性能，再到车型的设计，线条的考量，以期打造出一款完美的速度利器。

征服和超越的渴望让名车的速度之争永无止境。这极易让人记起一些人物的名字来，例如：恩佐·法拉利、斯派克兄弟、卡尔·奔驰、费鲁吉欧·兰博基尼、埃托里·布加迪、费迪南德·保时捷等，与其说是后人们在遵循前辈的精神继续前进，不如说是这些钟情于速度美学的人物驾驭着他们的梦想游弋于当世和未来，震古烁今。与速度之美并驾齐驱的震撼来自于造型，它们不怒自威，冷峻的视觉冲击带给车迷们一次又一次的欢呼雀跃。当兰博基尼穿戴着未来战士的装束出现在世人面前，当萨林举起前卫时尚的大旗，当帕加尼的轰鸣声从它流线型的车身里传出来的时候，谁能不为之倾倒？

本书通过对世界各大顶级品牌名车的甄选与评鉴，穿越历史的界线，纵横名车的古今。从中你可以品读一段段耐人寻味的故事，欣赏一个个惊世骇俗的巅峰之作。

汽车，这面物质文明最典型的镜子把一个人、一个国家、一个时代的美好都展现得淋漓尽致。没有生命的钢铁机器，却因为承载了人类关于“速度”和“品位”的不懈追求而有了让人感动的神韵。珍贵、独有、私享、定制……这些专属于顶级豪车的属性。前行，因为它们的存在而变得更有意义；停留，又因为它们的精致而变得更加精彩。任何人或饰品若想在气势上与它们一较高下，都非明智之举。

目录

DK59 ASV

142 | 保时捷

斯图加特的矢车菊

在安徒生的童话里，它是美人鱼蔚蓝又美丽的眼睛；在德国人的心目中，它是民族刚强又尊贵的象征。就像一位出身名门的高雅贵妇，内敛却不失气度，它叫保时捷，斯图加特人常常叫它矢车菊。

162 | 道奇

底特律的黑色勇士

道奇的美是一种健硕的力量之美，澎湃的动力、肌肉感十足的外形，给人的印象却绝非只是匹夫之勇，完美的细节演绎更让人折服于它的睿智与涵养。它爱天涯路，无所畏惧。

176 | 路特斯

典雅的公爵夫人

没有宾利的贵气，也不及法拉利的速度，它以“简”为尚，视“轻”为荣；没有兰博基尼的蛮劲，也不及布加迪的显赫，它以“典雅”为格调，视“品位”为标志。它就是路特斯。曾与法拉利、兰博基尼并称“世界三大跑车”的路特斯，在经历了十几载的低迷之后，奢华复兴，如王者归来。

272 萨林

矜贵的游侠

拒绝了欧陆跑车的渗透，选择自主研制，它的血液里是纯粹的美国精神；因为不屑于俗世的喧嚣，它只青睐真正的贵族，那稀缺的产量让它本已绚丽的身姿更显缥缈。没有道奇那悠久的历史，也不及凯迪拉克和林肯车的显赫，萨林站在年轻的战场上，尽管它很少现身于江湖，但江湖却处处有它的传说。

282 捷豹

英格兰的动感绅士

在跑车的王国里，如果缺少了意大利人的激情，那么这个王国就像是蒸馏过的水，变得淡而无味了；同样地，如果没有英国人的绅士精神，这个王国就如同电影缺少了对白，瞬间黯然。它没有劳斯莱斯的保守，也不及宾利的古板，捷豹用它的美丽时尚来阐释别样的英伦风范。

294 兰博基尼

跑车艺术大师

至高无上的埃及法老变成了它的臣仆，肥沃的美索不达米亚成了它的粮仓，凶残野蛮的北欧海盗是它的阶下囚，就连茫茫的地中海都成了它的池塘……它是罗马帝国，一个视战斗为最高荣誉的国度。如今，当一辆兰博基尼跑车在这块沉淀了几千年的土地上驶过时，过去的荣誉和未来的遐想都变得混沌不清了。

314 宝马

时尚生活的品位之选

在四轮时代里，将它作为玩味生活的工具，它做得“过分”了；在品位人群中，将它作为衡量身份的标签，它显得“本分”了。它便是宝马，它带给人的不仅仅是驾驭的乐趣，还有动感、时尚的高品质生活。

法拉利不仅仅是彰显速度与设计的典范，更是一种精神的感召力和狂热的信仰。你只要想起那道红色的闪电，就会血脉贲张，你只要坐在法拉利车里，就是忠诚的开始。

跑车之王

法拉利

历史篇

LISHIPIAN

地中海似乎在用力地煲一碗心灵鸡汤，它的主菜叫亚平宁半岛。两千多年前的古罗马帝国尚未完成统一世界的霸业，却把激情和美的种子深埋于此。当历史用千年的尘埃掩埋那血腥的斗兽场，当地中海用水的灵性赋予威尼斯诗人的情怀，当热情的阳光再次洒满整个海滩时……意大利也被唤醒了，这是一个古老的英雄民族的觉醒，这一次的主角不再是恺撒和他的勇士，而是激情和艺术。从足球到服装，从饰品到跑车……这种略显癫狂的氛围与艺术表现却结合得极为和谐，于是这里被誉为艺术的圣殿。如果你熟悉那惊艳的外形设计师——兰博基尼，如果你酷爱那热情的意大利情人——玛莎拉蒂，那你一定知道它。地中海的潮水如千年之前一样涨落，当初的风云品牌有的早已归于平庸，只有少数还在继续“疯狂”，而唯有一个于一片喧嚣中成就了自己的速度和美的哲学，它就是法拉利。

法拉利这个品牌起源于创始人的名字。1898 年 2 月的摩德纳城突然下起了大雪，而且一下就下了 20 多天，大雪几乎封闭了所有的道路，以至于任何一家汽车维修店都没了生意。但是城东的那家小店却异常热闹，因为这个家庭刚刚得到了一个胖儿子，他就是恩佐·法拉利。恩佐·法拉利的父亲早年是一位赛车手，也许是受父亲的影响，恩佐·法拉利对车很感兴趣，13 岁时就大胆地要求父亲同意他自己去驾驶汽车。这件看来很冒险的事为恩佐的命运埋下了伏笔。

执着于梦想的人不会向命运低头。在 1916 年的“一战”硝烟中，恩佐·法拉利的父亲却不幸病逝，哥哥也在战火中去世了，他自己又不得不应征入伍，直到“一战”结束。他想着成为菲亚特汽车公司的员工，却不料被冷眼拒绝，然而家破人亡的恩佐·法拉利并没有感到沮丧，他始终坚持“跑车是与自己生命不可分割的一部分”的梦想，随后自费加入了一个赛车车队，22 岁时便以冠军的身份成为当时意大利人人皆知的赛车英雄。

很快他就被当时强盛的跑车制造商阿尔法·罗密欧公司相中，成为一个“拿生命开玩笑”的试车手。他无怨无悔地做着一件与跑车相关的苦差，自己却乐在其中。在他为阿尔法·罗密欧公司服务的七年中，他组建了用他名字命名的“法拉利车队”，“奔马”标志就是在这个时候开始使用的。“法拉利车队”先后在 39 场比赛中拿下了 11 个冠军，但是作为天才下属，一旦有了沃土，那势必功高盖主。

恩佐·法拉利随后就与阿尔法·罗密欧公司的总设计师爆发了直接的冲突，面对对方的嘲讽，恩佐·法拉利以牙还牙地反唇相讥道：“他的衣着打

扮，就像暴发户一般不伦不类。与他握手时，你会感到他的手掌如僵尸般冰冷。”与老板及同事日渐水火不容的人际关系，使得恩佐·法拉利再难适应这恶劣的职场环境，不得不在40岁时脱离了阿尔法·罗密欧公司。而后他又花了七年多的时间去酝酿，有人说他是在蓄势待发，也有人说他是在等待时机。“二战”就在这七年里过去了，1947年，在恩佐·法拉利的家乡摩德纳，法拉利125S诞生，就此宣告了法拉利时代的开始。说他是独具慧眼也好，说他是运气好也罢，法拉利这个跑车世界的“侵略者”自诞生的那一刻起，就不断在制车领域攻城掠寨。

最漂亮的法拉利车型非法拉利250 TR莫属。法拉利250 TR由设计师塞吉奥·斯卡里提设计，不仅是有史以来法拉利所制造的最漂亮的车型，同样也是最具竞争力的车型之一。

1950年法拉利推出了340 America Spyder，这款车一出场就获得了米勒米格莱赛冠军，它最显著的特点就是鲨鱼一样霸气的前脸。1958年的250 TR更是囊括了1958、1960、1961三届马拉内罗大奖赛冠军，这款没有顶棚的跑车最大的特点就是车前轮后方到乘坐厢的这一段是空的，前置的发动机的排气管几乎是百分百裸露在外面。

随后的250 GTO又再次囊括了1962、1963、1964年的GT赛冠军……再往后的500 Superfast、250 LM以及365系列让法拉利成为整个20世纪五六十年代当之无愧的跑车之王，它不仅将阿尔法·罗密欧远远地抛在身后，还完成了一次又一次对速度、性能和完美操纵性的探索。

正当人们将目光一次又一次投向这匹“天地之间，任我驰骋”的奔马时，1969年恩佐·法拉利却推出了另外一种标志为“Dino”的跑车，这是为了纪念在车祸中不幸丧生的恩佐·法拉利的独子迪诺·法拉利。这个标志并未使用太久，因为法拉利很快就遭遇到了前所未有的经济危机，年迈的恩佐·法拉利在悲伤的情绪中已经做好了将车厂出售的准备，此时戏剧性的一幕再次出现了。当年年仅20岁的恩佐·法拉利上门求职的时候，冷眼拒绝他的那个菲亚特公司这次竟然出资购买了法拉利公司40%的股份，而且保

在法拉利的重要车型中，曾有一款没有使用“奔马”标记，那就是Dino 246。它采用了法拉利历史上仅有的V6引擎设计，而且最重要的是，它开创了法拉利中置引擎跑车的先河，今天赫赫有名的Enzo、F430……这些中置引擎跑车皆由它而来。因此可以说没有Dino 246，就没有今天繁盛的法拉利家族。作为一款对于法拉利如此重要的车型，Dino 246竟然不见法拉利的“奔马”标志，为何如此不同寻常？因为法拉利创始人恩佐·法拉利的独子迪诺·法拉利在24岁时英年早逝。这是恩佐·法拉利忍着巨大的悲痛，特别以儿子的名字命名并创制的跑车。

证不插手法拉利公司的运作，保持法拉利的独立性。这使得法拉利的命运不致像其他大集团并购的小公司那样，成为依附于集团的一个没有独立性的品牌。这才有了后来的F40、Enzo、FXX这样的经典车款的出现。如果回顾近年的汽车拍卖会，就会在很显眼的位置看到2000万欧元成交的250 GTO，以及700万欧元成交的California Spyder 。人们今天在赞美法拉利的时候，应当也不要忘记菲亚特对保持法拉利品牌完整性作出的巨大贡献。

当你正在高速路上行驶的时候，难免会遇到一些人试图超过你，但那只不过是他们自以为是而已，正在驾驶法拉利的你并不是瞧不起他们的驾驶技术，而是这种自不量力的事情是毫无意义的，因为只要你把油门踩低两厘米，他们就只能够看着你的背影叹息。

法拉利 F40

1947年5月25日的罗马城中有一个男子正在捧着他刚刚获得的罗马汽车制造界的最高奖杯，奖台上的他也许还没来得及考虑到40年以后的事情，就好像奖台下面的人们无法想象这个男子将会取得的成就一样。参加评比的汽车虽不是这位男子设计的第一款车，却是第一次以“法拉利”命名的车型。此后的汽车界格局变得明朗了许多，昔日的明争暗斗都变成了跑车史上的累赘，因为一股红色的风暴轰鸣来袭，这名男子挥舞着红色的教鞭，驯养着一批又一批红毛烈驹……直到有一天，岁月之神告诉他：“你只有最后一次造车的机会了。”于是这个一生从未离开过汽车领域的男

子带领他的团队打造出了最后的“神器”——F40，这既是法拉利40周年纪念跑车的巅峰之作，也是这个男子终其一生所学打造出的典范之作。

虽然F40的名声远远不及Enzo，它的性能也比不上FXX，但是它却牢牢地占据着“法拉利史上最重要的跑车排行榜”的榜首。虽然它的销量远远不及F355，它的稀缺性也不及250 TR，但是谁都无法替代它在法拉利发展过程中的地位。

这分明是一个结点，为这匹烈驹40年的辉煌以及创始人孜孜不倦的人生，但是它更像是一个开始，由它开始了法拉利领导现代超级跑车的历史。在此之后的时间里，法拉利总是以十年为单位，推出一款又一款的经典跑车。虽然在此之前已经有了250 GTO和288 GTO这样的速度机器，但是只有从F40开始，法拉利才算从一个造车工厂变成了超级跑车的代名词。不论是“红魔”的铁杆车迷，还是不谙世事的白面书生，只要看到“跑车”这样的字眼，第一个闪现在他们脑海中的就是“红色、法拉利”。在当时那个年代，仅有迈凯轮F1、保时捷959、捷豹XJ220可以在性能这一个方面与之媲美。但是若考虑外形的惊艳、内饰的精美、驾驶的完美感受，如果有人问，哪款跑车最能代表20世纪80年代人类量产跑车的最高水平，那么毫无疑问，答案是F40。

它的外观就已经保证了它的经典地位。低斜的车头上采用了小型双进气口，车头灯也是收合式设计，雾灯与方向灯则整合在头灯下方的矩形灯壳之中。前保险杠的沟槽则根据最佳空气动力学效果勾勒出合适的线条与弧度，在车身侧面，扬升的腰线从前轮拱后方的出气槽位开始发散，直到B柱后方形成了三角进气口，平直的侧裙尾端也设计了负责后轮刹车系统散热的进气口。

车尾部分使用了透明强化玻璃的引擎盖，可以直接看见F40的动力心脏，而百叶窗式的散热孔，则可提升引擎的散热效率，车尾的大型尾翼可以保证提供足够的下压力，而经典的四圆尾灯设计也因为新材料的使用显得很有科技感，整合到后保险杠中央的三排气管设计在当时属于突破性的设计。作为从赛车到街道版跑车的早期作品，F40追逐性能的决心远远超过了一切，所以实用性得到了最大程度的关注，仪表板就只有常规的也是必需的转速表、速度计、温度计、油量表这几个，方向盘也没什么花哨，而是真皮包裹的三辐赛车方向盘。方向盘下的三个踏板也都是赛车专用的钻

孔铝制金属踏板，既耐用又能有效增大摩擦力，更有利于驾驶。早期的 F40 车门是没有车窗摇杆的，手摇车窗是后期生产的 F40 才标配的。

赛车版的 F40 在多个比赛中夺魁，尽管当时还有保时捷 959 与其竞争，再往后推迟了 18 年才出现的兰博基尼蝙蝠跑车和奔驰SLR，它们依然在加速和转弯能力上比不上F40，这不得不让人赞叹它强大的动力性能和操纵性能。F40 采用了中置引擎后轮驱动的布局，加上一副 90 度夹角、排量为 2.9 升的 V8气缸 32V 双涡轮增压引擎，最大功率为 478 匹马力（1 马力约合 735.5 瓦），最大扭矩 576 牛顿·米。配合特制的五前速手动排挡，从静止到百公里（即从速度为 0 至速度为 100 公里 / 小时）加速时间仅为 4.1 秒，完成静止到 1000 米的距离仅需时 21.8 秒，极速为 324公里 / 小时，在整个 20 世纪 80 年代真正量产的跑车中，只有两款车的时速超过了 300公里 / 小时，一款是法拉利 F40，另一款正是保时捷 959。

除了强劲的发动机，F40 还率先进行了轻量化的处理，例如 F40 的车架均为管状，车壳材料不是普通汽车用的钢，而是更轻更牢固也更昂贵的碳纤维或合成纤维，而且掺入了铝金属，车壳面板内部结构呈现更轻的蜂窝状，除了挡风玻璃外其他都是高级轻质塑料做的。这明显遗留了赛车制造商的手法，比如驾驶室内没有车门内衬板和地毯，甚至连收音机都没有，估计那些钟情于速度极致的人光听发动机轰鸣就能上瘾。

谁都无法拒绝驾驶法拉利在转弯时的那种快感，那是任何跑车都无法替代的。由于是最早的大量使用F1赛车技术的跑车品牌，法拉利在操控性上的表现尤为出色。为了强化F40的过弯稳定性，法拉利采用了与GTO相同的独立悬挂设计，并以不同长度的双叉臂设计来实现减震的目的。此外，F40的悬挂系统还可以在ECU电子监控组件的控制下根据道路情况自动调整减震的幅度。

旋动的技术更需要静止的技术来保证，F40用上了布雷博公司所开发的顶级刹车系统，铝合金四点式卡钳搭配上33厘米的刹车碟盘，在双通路液压管线的驱动下，能有效提升F40的制动性；而F40的四只“大脚”则是使用了43厘米铝合金轮圈，前后车胎尺寸也分别为235/45R17与335/35R17。

就在这款车上市后不久，恩佐·法拉利本人就去世了，这个一辈子都不曾离开过汽车的男人是带着微笑离开的，因为F40将他对速度和激情的不懈追求完美地继承了下来。自1987年到1992年的五年时间里，F40一共生产了1331辆，如今只能在那些名流的收藏室里才能窥得它的靓影。

法拉利 Enzo

法拉利的成功总是伴随着“天分”和“沃土”这两大元素，前者带给法拉利的是灵气，后者带来的则是人气。从出生的那一刻起，恩佐·法拉利仿佛就带着上天对人类的亏欠。因为大雪封道，整个摩德纳显得荒凉而冷清，以至于小恩佐不得不在几天之后才得到了出生证明。就像是一种补偿，恩佐·法拉利被赋予了天资，他用灵气赢得了第一个冠军头衔，又拥有了阿尔法·罗密欧公司这样得以成长的沃土。他用天分赢得了第一个造车界的奖杯，又打开了跑车市场这片沃土。

在恩佐·法拉利离开人世之后，这种“天分”与“沃土”的关系依旧在“红魔”的王国里继续存在，法拉利将F1赛道上的殿堂级的技术应用在了跑车制造中，一次又一次地成就全世界车迷的梦幻之作。在恩佐·法拉利去世14年后，我们看到了这款Enzo跑车，它的完美程度就好像是法拉利精神的具象体现。

1987年的F40只能算是法拉利步入跑车圣殿的小试身手，又因为过分重视性能而损害了驾驶的舒适度，直到1995年的F50才正式将舒适度提高到了和性能同等重要的位置，而Enzo则无疑是在这二者之上的再一次升华。

当红色的旋风一次又一次席卷全世界车迷的注意力时，Enzo的出现如同是对稀有、性能、艺术性等等一系列存在于人们心目中关于完美的元素的整体表达。在生产这款跑车之前，它的工程师们就对它产生了如下美好的幻想：“它必须是一款完全打破GTO、F40、F50外形的跑车；它必须拥有最接近F1赛车的多种元素；它必须在视觉效果上与F1赛车联系起来；它必须是一辆具有未来风范的跑车；它的内饰必须是代表法拉利半个世纪以来的最高成就……”与其说这是美好的幻想，不如说这是一系列近乎苛刻的要求。带着这些美好的愿望，法拉利的工程师们去掉了自GTO到F50以来的华丽的空气学套件，将恩佐时代的那种简洁及轻盈的风格恢复。在车身的前端，两个水箱空气进气口以及中央突起的部分，做成是F1赛车车鼻的翻版。纵向的双氙前大头灯簇，同样是前几代车型所不具有的。对比鲜明的侧部和飞翼部分很容易让人想起F1来，这一点同样体现在Enzo的尾部，那里好似被巨大的空气动力学滑板占据，朝上微翘。车顶非常紧凑，平滑向后微缩，出色地达到空气动力学的要求。

车尾没有采用尾翼，使整车看起来更加紧凑，鸥翼式的车门与车顶以及前挡泥板相连开合。该系统的选择，是基于人体工程学的考虑，纵向上升可以使得驾驶员能更加方便地进入座椅，而车顶部分上升甚至可以让你从上方进入车内。车门的打开以及关闭都由气压杆辅助。车体大量采用先进的复合材料，部分由碳纤维夹板以及蜂窝状铝材制成，这不仅保证了车壳的最小化重量，而且有利于外形的塑造，将技术与风格完美糅合在一起。

Enzo Ferrari

单单从外表上就足以让人对它产生期待，而一旦进入车舱之内，恐怕唯一的感受就是“迷失”，这到底是一款跑车的内部，还是一个艺术品展示厅？抑或是一辆 F1 赛车的车舱？“纯粹以及强烈”是整个驾驶舱的灵魂，有限的空间最优化利用以及轻盈的目标暗示了整个驾驶舱非常极端的功能风格。所有主要的表面可以很明显看出是由碳纤维制造，一些功能部件可以非常容易地辨别，因为它们在铝梁结构的包围下如赤裸一般显而易见。

大部分的车辆控制键都集成在方向盘上面，这个特点也是从 F1 赛车的方向盘上学来的，就是尽可能地将更多的控制钮放在方向盘上。碳纤维的赛车座椅非常贴身以及富有支撑力。简单地说，新的Enzo 为法拉利车型的内饰设计开辟了新的纪元。这就是所谓的人机界面获得的最大效力，意思是将驾驶员放在一个最佳的条件下来开拓车辆的最大性能。这种拓展的最大好处是满足了驾驶者在“手”所能及的区域范围内驾驭这匹烈驹的需要。除了驾驶的自由，乘坐感受也是 Enzo 所重点关注的，尤其体现在对驾驶位

Gemballa 是一家德国专业的改装厂，一直以改装保时捷汽车闻名，而这辆名为 Gemballa MIG-U1 的跑车则是对法拉利 Enzo 的改装，该车的车身仿照米格战斗机元素进行设计，并采用碳纤维制造的空气动力学套件，Gemballa 声称全新的动力学设计可使 MIG-U1 在高速行驶时分别增加 35 千克（车头）和 85 千克（车尾）的下压力。

与法拉利 Enzo 相比，MIG-U1 的动力部分并未做太大改动，Gemballa 只对 ECU 及排气系统进行了改良，并把最大输出功率提升至 700 匹马力；轻量化轮圈比原装轮圈总共减轻了 16 千克（备注：车轮减轻 1 千克所得到的效果，相当于车身减轻 4 千克）。这款改装版 Enzo 将全球限量 25 辆。

的配置提供多样化的选择。这种选择同样与成熟的 F1 赛车技术联系起来，比如只有两个踏板，一个加速，一个减速，但它们完全可以按照驾驶员的意愿调整，总共可达到16 种不同的配置。

踏板的简化和自由安放也为座椅的安排提供了合理保证，新的赛车座椅完全由碳纤维制成，在确保出色刚性的同时，对操作的精确性也提供了极高的保障，让 Enzo 的驾驶员能够更加直观地感受到当前车辆的状态，以及方便操纵所有的设备和开关。座椅的倾斜度可以自由调整，而且还提供四种不同的尺寸选择。此外，Enzo 的用户可以直接到位于意大利马拉内罗的装配工厂里量身定做后再试坐，直到满意为止。当然也包括对两个踏板位置的配置，相信以前只有舒马赫有过此般待遇。值得一提的是，Enzo 的整张座椅仅有 12.4 千克，这无疑是能达到当今世界上安全标准的最轻的座椅。

如此美好的跑车再配上一个 V12 中置发动机，在 660 匹马力的推动下，Enzo 如同一匹红色的跃马驰骋在天地之间。它是法拉利历史上最像 F1 的跑车，这种“像”是从外形到整体的气质，甚至包括了性能，虽然它的速度还难以匹敌真正的 F1，但是作为一款公路跑车，这样的性能已足以在公路上称雄。再加上法拉利在减震和操纵性的一贯优势，使得这款法拉利 Enzo 跑车成为法拉利历史上最完美的跑车。和当年的创始人恩佐·法拉利一样，拥有无数拥护者的 Enzo 跑车同样保持着清高和傲气的姿态，全球限量仅仅 349 辆。Enzo 是极致的美好，更是绝大多数人无可企及的奢望。

CALAVERA

这款德国著名设计室“个性跑车”负责设计的法拉利F430 Calavera，又被称作“骷髅跑车”，全球限量仅11辆。该车内饰和图案由著名喷画艺术家克纳·狄柔科涂装，车身多处出现骷髅图像，中控台处的图案设计更是精美独特。

法拉利 FXX

越多的不确定性也意味着越多的实现机会，这种代表未来、渴望、未知的元素除了带给观赏的人更多视觉冲击之外，更是在表达创作者坚持不懈的追逐完美的态度。法拉利 FXX 无疑是这种意义在跑车上的最高级展现。稀少的产量和昂贵的售价依旧是它保持神秘的重要手段，更为神奇的是，这款车既没有取得合格的公路上路资格，也不能像纯种赛车那样征战赛场。

一切的溢美之词都只可能发生在测试赛道上，而这也正是它存在的意义：为了满足那些疯狂的车迷对于极致个性化跑车的驾驶欲望，验证 F1 赛车技术到公路跑车的转换的成果，从而进一步探索未知的速度境界。

没有 F40 显赫的历史意义，也没有 Enzo 厚重的艺术价值，FXX 之所以能够与它们相提并论，一个很重要的原因在于它所体现出的探索精神。自 2005 年 6 月首次从马拉内罗出厂之后，FXX 就开始了它探索速度与造车工艺的使命，在 20 位法拉利 FXX 车主和法拉利工程团队的共同参与下，在 24 个月的时间里进行了大小 14 次测试，其中仅 2006年一年的测试里程就

达到了 1.65 万公里，更为难得的是车王舒马赫直接参与了测试过程，并为其提供了宝贵的整改意见。经过两年的测试之后，便进入了第一个整改期，其中的主角便是名为“Evoluzione”的加速套件。这是这两年的测试成果之一，它也使得 FXX 从原型车到量产的计划推迟到了 2009 年，以让这个套件与跑车达到最完美的配合状态。这一改进使得 FXX V12 发动机最大马力由 800 匹马力提升至 860 匹马力，从转速表现足足提升每分钟 1000 转。这种显著的改变带来了显著的效果，在法拉利原厂的费奥拉诺测试赛道上，改进的 FXX 单圈成绩由原先的 1 分 18 秒变成了 1 分 16 秒，比 Enzo 足足快了 7 秒之多。

除了动力的提升以外，Evoluzione 套件也导入由法拉利原厂工程师与 GES 赛车部一同研发的最新版循迹防滑控制系统（TCS），提供九种驾驶设定模式，可让驾驶者拥有相当充分的设定权力，依照自身喜好与能力设定出最佳与最喜爱的车辆动态驾驶方式，可让这款相当“残暴”的跑车有效控制轮胎磨耗，并借由相当平顺的介入动作，保持最佳的操控乐趣。

花费两年的时间去研究一个细节，仅仅为了提高两秒的单圈记录，这并不是 FXX 的真正目的，它其实是在不计成本地追逐一种更为强劲和完美的跑车。在法拉利的眼中，速度和美感是不须发愁的，因为它有足够的实力去完成，但是和其他跑车制造商一样，最大的难题在于如何去满足个性化的需求。这一点在 FXX 上得到了解答——这是一款柏油马路上从未有过的绝世跑车。

法拉利 FXX 秉承了法拉利 Enzo 车型的设计理念，将跑车技术发挥到了极致，29 辆的极低产量和 150万欧元天价也难以阻挡那些疯狂的车迷，但是车主资格并非由钱决定，而是由法拉利的董事会指定，这也颠覆了以往那种在经销商那里下单订货的销售方式。法拉利车厂向顶级客户询问是否有购买 FXX 的意向，然后根据客户的要求进行组装。

对于这样的天工之作，有钱有身份的车迷自然不会放过，这批车很快就被抢售一空。全世界只有 29 位幸运儿，他们不只是一般的富有，更是顶级试驾车手和工程师，他们追求技术的完美，也只有他们才有权利拥有这款当时尚处于研发中的极品车型，同时也有义务令这款顶级名车得到更全面的完善。没有两辆 FXX 是一样的，它周身的大部分配件都可定制，因此 FXX 更像是一个“概念车”。

关于个性化定制的顶级概念，它最痛恨的恐怕就是规矩了，不安分的 F1 赛车身姿却打着公路跑车的名号。换句话说，它同时横跨跑车和赛车的门槛，可是谁又真的能够将跑车和赛车区分开来呢？当它低俯的身体在测试赛道上呼啸的时候，粗大的出气口和威严的表情已很难让对手靠近，当它用 2.8 秒的速度完成百公里加速的时候，人们就明白了——FXX 的改进永不停止，进步至臻完美。

这个外形上酷似 Enzo 的跑车内心却异常独特，法拉利 FXX 由于每个气门都是独立受控于电子油门踏板，因此每次油门踏板运动所带来的动力反应要明显快于以往任何法拉利跑车。只需 0.08 秒，变速系统就可完成一次换挡动作，这无疑只有现役 F1 赛车可以与之匹敌。良好的制动部件又为快速的换挡和顺畅的操纵性提供了“后勤保障”，FXX 的刹车系统采用直径 39 厘米、由碳纤维和陶瓷合成的刹车盘，每个刹车盘配有六活塞制动卡钳，减速的感觉也和加速一样刺激。FXX 让人们看到了法拉利最高科技的所有元素，而这个“秘制跑车”势必也是未来法拉利王者的雏形。

法拉利 FF

法拉利从最初的追逐速度，到后来追求整体性能，于是我们看到从 F1 赛道驶向公路的 288 GTO 跑车，以及后来具有划时代意义的 F40。从早期以性能和操作性优先到后来兼顾到驾驶乐趣和舒适度，这才有了我们敬佩的 F50，以及“最美的”Enzo 跑车，再后来的 FXX 在继续开拓性能优势和艺术表现力的时候，更是实现了顶级个性化需求的满足。这种种改进再加上与不同奢侈品牌的合作，对不同地区市场的开拓，如此看来，我们眼前的那匹烈驹不仅仅在变得强大，更体现了其全能的一面，而最能体现这种变革的无疑要数法拉利 FF 跑车了。

FF 是 Ferrari Four 的缩写，这里的“Four”既是指四轮驱动，又是指能够容纳司机和乘客的四座舒适座椅。简单直白的名字表明了它是一个豁达的男子，中国人很容易联想到“心宽体胖”，它也确实如此。近五米的车身可谓是法拉利史上最庞大的跑车，庞大也意味着它有足够的“地盘”去容纳整套的工具和功能设置，以及提供舒适的乘坐空间。

作为法拉利 612 的接班人，FF 的外观已经完全挣脱了 612的影子，除了颇具憨态的大嘴以外，我们几乎看不出它跟法拉利 612 有什么关系。这一点从它剽悍的前脸就能看得出来，以猎装车掀背风格为主，并加入更多突兀的线条，让它骄傲的性格表露得更为明显，远远一看就像是采用了镀铬装饰的“U 型”大嘴，以及那双略显深沉幽邃的“L”型头灯等。车侧凸出的发动机进气口罩则在表现工程师们精美的手工工艺，尾部的扰流器等细节也在不经意间表露着 FF的与众不同。

侧面观赏的效果更为明显，初一看会觉得线条有些凌乱，但是却与整车外形完美融合。跟着这股线条，将目光转到尾部的时候，风情依旧，后轮翼子板强势凸出，在导流槽的衬托下显得极具侵略性，整体的肌肉感在这里也最为明显。

这款四座车完全改变整个GT跑车在外观上的制造理念，预示着汽车领域的一场新革命的到来。即使是匆匆一瞥，FF跑车出自宾尼法利纳手笔的强大气场就能让你感受到这一点。空间的优势还体现在承载能力上，创新的掀背式设计让它的行李箱容积达到450升，在放倒后排座椅时更可增加到800升，在“红魔”的王国里，拥有如此出色的装载能力实属第一次。

超大的车身与法拉利一贯的“运动”精神多少有点冲突，解决的方法除了在车身上表现得更为霸气之外，对于发动机的要求也自然提升了。FF采用全新设计的65度夹角6.3升V12直喷发动机，在最大功率达到651匹马力，峰值扭矩也有683牛顿·米，比其前辈612要强劲很多。与全新V12发动机配合的是7速双离合变速器。四轮驱动系统让动力可以更好地分配到有抓地力的轮胎上，因此加速性能也大为加强，静止至百公里加速需要

3.7 秒，虽然与 FXX 还有不小的差距，但是比 612 依旧缩短了 0.5 秒，最高时速可达 335 公里 / 小时。对于驾驶者而言，轰鸣的发动机声绝对不会是噪音，而更像是一种来自天国的美妙音乐，给人惊心动魄的欢畅。

全新的驱动方式也是 FF 与其他法拉利车款截然不同的地方。这款车是法拉利首款采用四轮驱动的车型。全新的 4RM 系统可根据四个车轮的传感器侦测汽车的行驶状态，在普通情况下偏重后轮的动力分配以保持法拉利一贯的运动感，在抓地力不佳的状况下则能向前轮提供更多动力，在湿滑或冰雪路面上增加安全性。

与肌肉感的外形和强劲的发动机性能相比，FF的舱内则完全属于另外一个世界，一个专属于享受驾驭乐趣的世界。车内的四个座椅平等地享有车内的空间和操纵的权利，这不得不让人佩服法拉利的工程师们为驾乘者的周全考虑。

FF 具备乘客所需的最大驾乘空间，电动调节的前座可舒服地坐下身高达到甚至超过 195 厘米的乘客，后座也可容纳身高 185 厘米的乘客，而且他们会像坐在自家客厅一样舒适惬意，但是坐在古老城堡里或者最新的公寓中的人是绝对不能体会到 335 公里 / 小时的极速快感的。双区空调控制系统提升了舒适度，而全部四名乘客都有多个独立可调通风口。

法拉利首次设计了创新的前排“Emotion”显示屏（可选），前排乘客可通过该屏幕尽情感受驾驶体验。这块显示屏显示的内容与仪表板类似，有车速、发动机转速、挡位，以及行车时间、里程、平均速度和最高速度等。后排的乘客通过这个显示屏以及周边的操作工具，也能够享受到与前排驾驶者相同的驾驶感受。

当然了，真正的驾驶室还是与众不同的，坐在方向盘后，驾驶者立即就会体会到人车合一的感觉。马拉内罗工程师利用法拉利丰富的赛道经验以及与世界各地的顶级 F1 车手们的不间断沟通，形成了最周全舒适的驾驶室设计方案，更为神奇的是，该车还配备有最先进的卫星导航系统，直接向系统发送指令，或者是拨打电话就可以预定线路。周全的驾驶舱完美得无可挑剔，法拉利的工程师们说道：“FF 在尽力地让乘坐者感受到舒适，但是唯一与其他豪车不同的是，FF 只是快了一点儿，就快了那么一点点。”

FF

如果某个车展上出现了布加迪的身影，那么这场车展的水准肯定不凡；如果在汽车博物馆里能够陈列一辆布加迪汽车，那么这个博物馆也一定是顶级的。人们对于布加迪的印象多数停留在高傲不羁和超现实的阶段，它像是要故意与整个世界保持一段距离，其实是整个世界对它难以企及。

BUGATTI

速度哲学家

布加迪

布加迪的气场是蓝色的，这与那些古代的哲学家的气质不谋而合。那些哲学家们总是有探求不完的前方，因为他们要在不同的国度里寻找真理和传播真理。但布加迪只有一个理想，只为了一个神圣的目的，那就是探寻最完美无缺的速度艺术品。如今的布加迪好似一个奇异的汽车品牌，有人说它是意大利汽车，有人说它是法国汽车，还有人说它是德国汽车，这种略显矛盾的身份与它坎坷的历史密切相关。

布加迪汽车品牌是由一个意大利人创建的，当年这个名为埃托里·布加迪的男孩出生在米兰城，他的父亲有着两种职业角色，一个身份是画家，另一个身份是家具设计师。每日耳濡目染的埃托里·布加

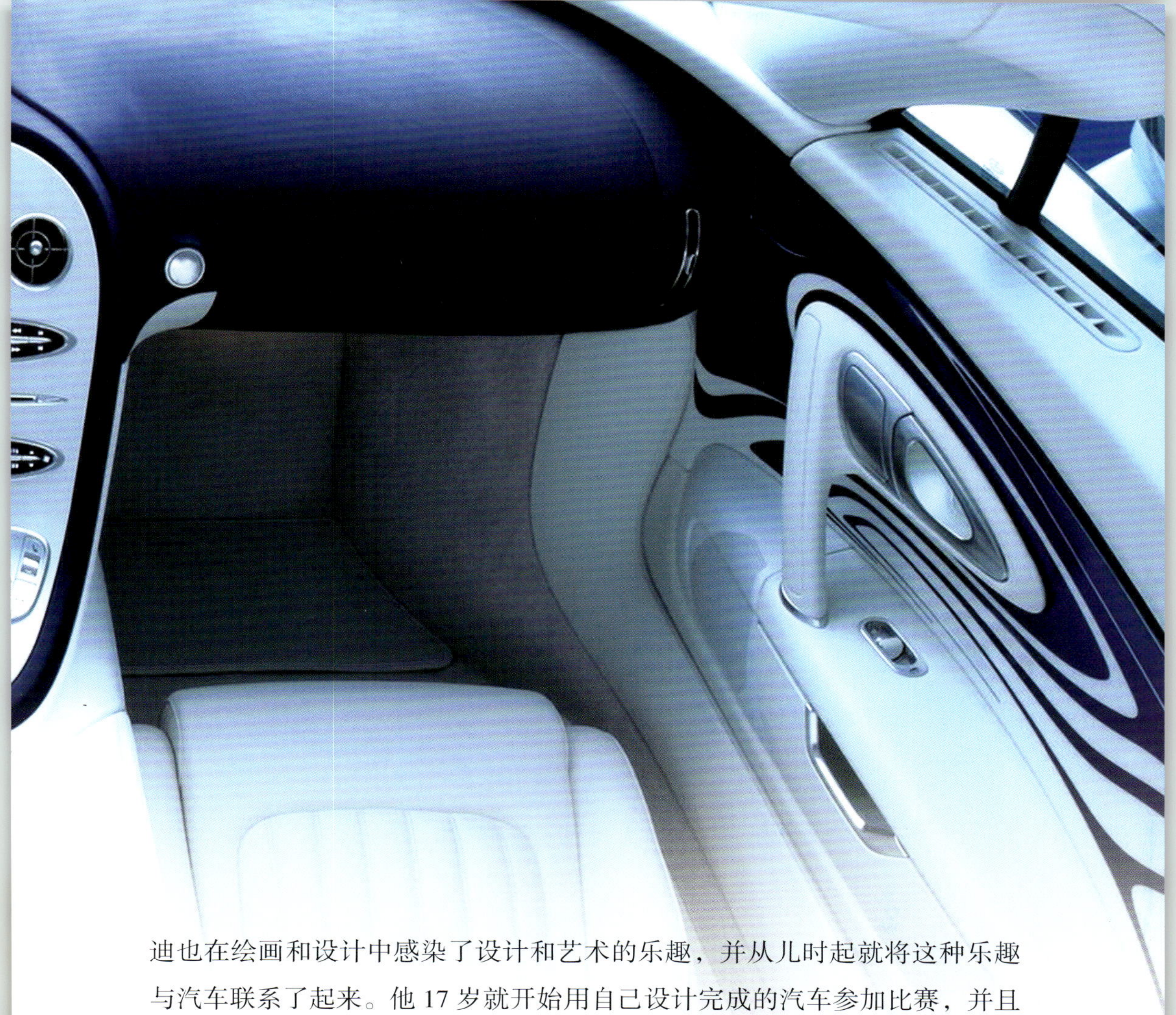

迪也在绘画和设计中感染了设计和艺术的乐趣，并从儿时起就将这种乐趣与汽车联系了起来。他 17 岁就开始用自己设计完成的汽车参加比赛，并且不断取得优异的成绩，诚如爱迪生所说：“天才总是在少年时期就能看出一些端倪。”随后，埃托里·布加迪很快就进入了当时比较著名的一家三轮汽车公司工作，在这里工作的经验既让他掌握了更加专业的汽车制造技术，也让他明白了自己所追逐的梦想并不在此，于是他很快选择了自己创业。1909 年，他把自己的厂址定在当时在德国和法国颇受争议的阿尔萨斯地区，后来这一地区在战后被划定到了法国，这也是为什么很多人认为布加迪是法国品牌的原因。

埃托里·布加迪用艺术家的苛刻精神追逐造车艺术的极致，随后的成功自然是水到渠成，他相继推出的 Type 系列汽车以压倒性的优势取得了在当时赛车领域的大多数成就，包括勒芒赛事在内的多个国际比赛中以“包揽”之势夺取了前几位成绩。特别值得一提的是 20 世纪 20 年代的 Type30 型汽车，更是直接将布加迪汽车的品牌推上了世界一流品牌的荣誉殿堂。随着布雷西亚、Type35、Type57的相继诞生，稳固了布加迪汽车在当时的王者地位。又基于它在跑车和赛车领域的开创性贡献，布加迪又被誉为“跑车的始祖”。

从阿尔萨斯的布加迪工厂向莱茵河前方望去就能看到对面的德国，也就是对面那个夜夜笙歌的地方，成了布加迪的梦魇。第二次世界大战一开始，德军便占领了布加迪工厂，但是倔强的埃托里·布加迪并不屈服于入侵者的威慑，坚持自己的意大利国籍，因而受到迫害。纵横车坛将近半个世纪的一代著名汽车设计师于1947年寂然逝去，随后的工厂变

从精美的内饰板，到被包裹着的车轮，再到车后可折叠加座，优雅与贵气兼具，成就了埃托里·布加迪的盛名，Type 57成为其早期最成功的车型之一。这款车的动力由一套双联8缸、3.3升功率、135匹马力的发动机驱动，在当时制造完成之后，这款车正好赶上了1935年在蒙特勒举办的加州卵石湾汽车巡展大赛，并摘得桂冠。70多年以后，经过全面的修复，它又在2005年的圆石滩大赛上获得了第二名。如今，它的估价已经超过了100万美元。

得更加萧条，直至1956年布加迪被迫停产。

但埃托里·布加迪一直为后人所敬仰，他成功地塑造了以速度和艺术美为标志的布加迪汽车品牌。到这一年停产为止，布加迪汽车工厂一共出产了不到8000辆汽车，而每一辆都可誉为汽车王国的艺术珍宝。这一次停歇一直到31年之后，另外一位意大利工业家罗曼诺·阿蒂奥利买下了布加迪的所有权，并且请来了兰博基尼的设计师马赛罗·甘迪尼为复活布加迪进行全新的设计。巧合的是，这个时候正值创始人埃托里·布加迪诞辰110周年，于是著名的EB110型车诞生了，其超前卫的造型和高昂的售价注定了销路的局限性，但车王舒马赫却对EB110青睐有加。随后罗曼诺又购买了另外一家超级跑车品牌路特斯，而这也为其财政危机埋下了伏笔，不得不于1998年将布加迪品牌卖给了德国的大众汽车，罗曼诺和“无辜”的布加迪在一片唏嘘声中再次“落入”了德国人的名下。

化干戈为玉帛的德法人民体现了两个民族对布加迪共同的珍爱。由于车厂依旧置于法国境内，布加迪与大众的关系仅仅停留在资金和技术支持上，这也使布加迪可以继续保持其原有的高贵的性情，于是汽车界最完美的艺术品诞生了，它叫布加迪·威航。它使用德国的发动机、英国的传动装置以及法国的厂房，但是它的魂魄始终在意大利，就好似当年面对法西斯的埃托里·布加迪那样，它从未改变过信念。也许很多人会质疑制造如此强劲功率和超大速率的汽车是否有必要，但是埃托里·布加迪早在百年前就作出过解释：“造车是一件单纯的事情，美丽没有止境，性能没有终点，昂贵没有尽头”。

布加迪 EB110

20 世纪 80 年代末的布加迪工厂背靠着莱茵河，脚踏五十年的传奇盛世和三十年的落寞沉寂，像是一位已不显赫的贵族，但眉宇之间却依旧气宇轩昂。在这块名为阿尔萨斯的法属地区，一直流传着一个意大利人的故事，这个故事的主人公就叫埃托里·布加迪，1881 年生于米兰。在冷峻的德国士兵强迫这个意大利人将国籍改为德国时，他坚定地说："不，我是一个意大利人，来自米兰的意大利人"。而作为一个画家的儿子，他又将艺术的美转移到他所擅长的汽车制造上；再则作为一个天才的造车商人，他又以一种不计成本的形式去构建他心目中的完美汽车的模样。至少在他离开之前，布加迪是昌盛的，就算在他去世之后，这种坚持高贵秉性的气节也从未改变过。

1987 年，当另一位意大利人唤醒沉睡的布加迪工厂时，工厂就决定了复兴的第一款车的名字——EB110，前面两个字母是创始人埃托里·布加迪的简称，后面的数字则表示创始人诞辰 110 周年。它注定是布加迪历史上里程碑式的杰作。埃托里·布加迪的诞生吹响了跑车时代的前奏，就好像 EB110 的出现，也会带来布加迪王朝的强势回归，至少在愿望里是这样的（1998 年，复兴的工厂因财政危机被迫出售给大众汽车公司）。

由英国著名的汽车杂志 *Car* 所进行的"关于近 60 年最伟大的 20 款汽车排行"评选中，这款 EB110 赫然位列第 13 位，要知道，榜单的最后一位居然是那款让人神魂颠倒的布加迪威航 16.4，第 16 位才是兰博基尼蝙蝠跑车。不可否认，最近的 60

年，主角不是布加迪，然而要知道，布加迪停产的那一年是 1956 年，它原本辉煌的前 50 年并没有列为评选的范畴。关于 EB110“伟大”的定义，意义胜于性能，作为“跑车鼻祖”复兴之作的首款车，同时也是纪念伟大的创始人诞辰 110 周年，任取这两种意义中的一种，EB110 都应位列“伟大”的候选名单中。

更为特殊的是，EB110 是布加迪转回意大利人之手之后的第一款，也是唯一一款进入市场的跑车。它在当时的售价高达 48 万美元，新的布加迪老板请来了兰博基尼的设计师马赛罗·甘迪尼来主导设计这一台中置引擎的双门跑车，车门为上掀式开启，车头保留了布加迪早年的特色——拱形进气孔（不过尺寸缩小很多）。兰博基尼的设计师也当然会给这款车带来些许兰博基尼的影子，例如那典型的剪刀门。此外，钢铁怪兽的形象也在这款车上得到了展现，低俯的车身加上流畅的线条，在蓝色漆面的作用下显得更为迷人，那是种惊心动魄的美。

任何一款布加迪跑车存在的意义就是要成为世界上最快的量产车，EB110 也不例外。它也的确在 1994 年产的迈凯轮 F1 问世之前一度成为世界上最快的量产车。这种在速度上的追求是布加迪品牌形象策略的重要元素，也是创始人埃托里·布加迪一生的奋斗目标。而速度的制胜法则在于它那款强劲的发动机。在EB110铝质车身下的石墨纤维底盘上有一个3.5升的大型V12中置发动机，有12个钛制连杆，4个涡轮增压器以及在每个气缸都设有5个气门。如此威猛的“心脏”怎会爆发不出560匹马力的强劲动力和每分钟高达8500转的转速来呢！而且还直接创下其从静止到百公里加速仅为3.9秒的惊人之举。当时的媒体如此报道此车：“虽然上路时尾部视野不是很好，但问题是，又有谁会来尝试超过你呢？”

在布加迪的造车哲学中，“体重”是最大的敌人。不过，这种在动力性能和自身重量上的矛盾，完全被出色的整体设计所化解。此车全由碳纤维打造，悬吊系统和F1配置相同，都是水平置双A臂，不过是铝合金打造。因为其引擎的特别外形（当时布加迪的引擎都是直列式的），布加迪被誉为立体派艺术家，而它事实上也曾经得到过立体派艺术家的指点。很多布加迪引擎在尺码上并不惊人，但输出却极为强劲，而且很多引擎都是每缸三阀的，甚至还有搭载机械增压的装置。就连车王舒马赫也对它青睐有加，更为重要的是，它还是车王幸福生活的见证人。1995年的夏天，舒马赫和科琳娜带着他们的白色爱犬前往意大利的布加迪展馆，当时正是布加迪的意大利老板最成功得意的时候（由他复兴的布加迪再次震惊全球车坛，随后又收购了路特斯），他将一款黄色的改进版EB110赠送给了舒马赫，在此后的16年里，这款车一直被珍藏在舒马赫的车库里，只有在最重要的时刻才会拿出来与亲友共享。

不幸的是，EB110的成功并没有长久地维持布

加迪公司糟糕的财政状况，在收购路特斯跑车不久，布加迪再次被兜售了。从 1991 年正式面市到 1995 年停产，EB110 一共只出产了 128 台，其中GT 型号 95 台，SS 型号 31 台（赠送给舒马赫的就是该型号），还有两台是某车队定制的。其中主要的 SS 型号与 GT 型号最大的分别在于引擎设定上，GT 型号“只有”560 匹马力和 620 牛顿·米的扭力，但 SS 通过降低压缩比、提高涡轮增压值的方式，使得马力数字再向上提升，达到了 650 匹马力之巨，着实令人为之惊魂。不论它的销路如何，也不论它的命运如何，谁都无法抹杀它存在的意义，我们称之为“伟大”。

布加迪威航（Veyron） 16.4 Super Sport

在地势格局上，意大利和德国并无太大的瓜葛，意大利人喜欢安详地享受着地中海的柔情，而德国人喜善用心地经营与众多邻居的关系。在性情上，意大利人的激情浪漫和德国人的严谨认真显得有些格格不入，当然墨索里尼和希特勒除外，因为虚伪的政治摒弃了性情上的隔阂。然而历史是一位有时会反叛的导演，硬是要让激情和严谨出现在一起，这就是全新的布加迪威航。如果说 EB110 是布加迪的第一次伟大复兴，那么布加迪威航则无疑是布加迪的第二次强势崛起，全新的布加迪威航再次向世人宣告它的王者归来。而这个系列中，最新款的 Super Sport 更是将布加迪品牌推向了荣耀的巅峰。

更大的功率，更强劲的性能，更轻的车身，这是运动版威航区别于普通版的主要部分。这种既优雅又强悍的风格正是创始人埃托里·布加迪的风格，早年推出强劲的 Type41 时，他就对这款外观大胆前卫的车型描述道：“配备12.7 升直列 8 缸发动机，用 1 挡可以开到 160 公里 / 小时，用 3 挡想开多快就能开多快”。由于价格过于昂贵，Type41 的销路并不好，最终只生产了 6 辆。以至于埃托里·布加迪不得不把剩下的巨型发动机装进了火车里！这个足以胜任火车驱动力的发动机虽这样“胎死腹中”，但却成就了布加迪的一段精彩的史料——关于对优雅和性能的超乎寻常的追求。

运动版的威航首先是从动力性能上让人折服的。油门踏板收到命令的瞬间，地面上就会留下任何其他量产汽车都无法复制的签名——一道长达 25 米的

黑色胎痕。2.5 秒达到 100 公里 / 小时，6.7 秒后车速就能突破 200 公里 / 小时大关，而再过 8 秒就将超过 300 公里 / 小时。在大众赛道上的测试表明 Super Sport 的极速可以达到 431 公里 / 小时，但出于轮胎稳定性方面的考虑，量产版本会将车速限制在 415 公里 / 小时。这种强大动力的支持正是一款 8.0 升 W16 缸发动机，拥有比之前的版本更大的涡轮增压器和中冷器，每小时被压入汽缸的空气大约够肺活量最大的人呼吸一个月。

虽然威航不断地创造新的速度记录，也不断改写新的轮胎标准，但是它绝对不是一个“从赛道上误进街道的冰冷机器”，而是一个纯粹的艺术跑车。这种集性能与外观于一身的完美主义正是布加迪的造车哲学。从外观上很容易将Super Sport 与之前的版本区分开来，前方的进气口加大了，以便刹车系统能更好地散热。发动机不再裸露，而是像核武器一样被小心翼翼地隐藏了起来。正如测试车手拉法内尔所说，最大的问题只有风。因此在航空和赛车领域应用广泛的 Naca 进气道代替了之前颇具装饰性的设计，同样有效但风阻更低。锻造轮毂的新造型不但能够使制动系统更快散热，还可以减少空气的湍流，同时也使 Super Sport 拥有之前版本所不具备的“愤怒吼声”。

新材料的运用尽管使得 Super Sport 比普通版本轻了几十公斤，但它的车重仍然达到了 1.8 吨，这似乎违背了跑车定律中的“轻量化准则”。然而，对于一个在发动机性能上表现得绰绰有余的强劲车款，这些多余的重量很难影响到车速，反倒会增加跑车的舒适度和稳定性，从而增加了驾驶的乐趣。收油入弯时涡轮增压器泄气阀门会发出令人兴奋的尖叫，像是在提示驾驶者绷紧全身肌肉以抵抗极限状态下1.5克的横向加速度，而出弯时1500牛顿·米的强大扭矩几乎可以将驾驶者镶嵌在运动型座椅上。在四驱系统的作用下，Super Sport会呈现出转向不足的趋势，这符合物理原理也符合人们的期望，在毫无节制的动力下这种特性不会与乏味的驾驶体验联系起来，而是让人觉得踏实。

事实上威航Super Sport不会让人感到预想中的紧张，驾驶它不需要额外的勇气。没有令人难堪的“鸥翼式车门”或是“剪刀门”，也没有裸露的防滚架，有的只是风的呼啸和发动机的声响，以及难以自控的心跳节律。

与布加迪威航 Super Sport 相搭配的腕表

恐怕只有布加迪威航才有这样的情调，会用“功率表”取代“转速盘”。与标准版本一样，Super Sport没有转速表，取而代之的是一个功率表，但表底上的最高刻度从1001匹马力提高到了1200匹马力，这也是运动版在性能上的提升。

在普通的高速公路巡航行驶时，Super Sport 的功率表指针只会在 200 匹马力左右无聊地摆动。即使在极高速度行驶中转向机的工作状态也很轻松，排除视觉和听觉的刺激，和驾驶普通汽车没有太大区别。要知道现任老板——大众汽车总裁费迪南德·皮埃希博士的夫人也是布加迪的车主之一，据说她经常驾驶那辆第七个驶下生产线的 Super Sport。和早年那款强劲的 Type41 车型一样，布加迪威航 Super Sport 也是以天价销售，然而不同的是，每一辆下线的 Super Sport 都会很快被抢购一空，165 万欧元的标价，亦非人人可得。

布加迪威航（Veyron）16.4 Grand Sport

蜷缩在车内，超过 400 公里的时速尚可接受，如果头顶直接是天空，那么这样的速率就太过于疯狂与恐怖，就好像是贴地飞行，抑或是趴在飞机的顶部，明显要把肌肉和神经绷得紧紧的，风在耳边呼啸，唯有时间安抚着心跳，突然间，又发觉这是一种无与伦比的趣事，肉体和灵魂也随着惬意了起来。这便是敞篷版的 Grand Sport 带来的独特感受。

GRAND SPORT

最新版的敞篷威航延续了埃托里·布加迪先生早年设计的Grand Sport风格，流畅的线条在大胆前卫的造型下显得更加妩媚动人，却又分明是用冰冷的钢铁打造完成的，它将设计师与工程师的创造性思维完美统一了起来。而这款Grand Sport在生产之初的理想是打造出一辆世界上最快的合篷与敞篷跑车兼容之作，突破速度和空间的极限，同时赋予车主无比轻松愉悦的驾驶乐趣，以及车型带来的美感与品位。

凭借着8.0升16缸4涡轮增压发动机的强力支持，Grand Sport做到了，它将其百公里加速压缩到2.7秒内，而完全达到极限407公里/小时，也仅仅需要不到一分钟的时间。结合7挡双离合变速器，在不到150毫秒的时间内实现快速变挡，让急切的加速行驶过程自始至终保持最大程度的平稳和顺畅。靓丽的外形让它成为主人心目中的完美座驾，而一旦出行，势必成为众人瞩目的焦点。

布加迪威航的疯狂不仅仅在于对速度的追求，更在于对速度和安全的控制。这种照顾到车主安全的造车理念既满足了那些疯狂车迷的速度要求，也维护了他们的人身安全。

在需要加速的时候，只需解锁到最高速度模式，车翼将呈现两个不同的角度，更低的离地间隙和15度车翼倾角使得Grand Sport不费吹灰之力就能实现高达407公里的时速。而在此高速行驶过程中若需要紧急减速，它的百公里刹车仅需2.3秒，每小时407公里至静止也只需不到10秒。这一切全部得力于陶瓷刹车碟及8缸一体式样制动卡钳；高速行驶时，尾部扰流器会在0.4秒内调成55度角，其下压力即时增加至约660磅（1磅约合0.5千克），让后轮有更多制动时间，更有四点定位电子稳定程序提供更高程度的安全保障。同时，威航是首部配备在任何速度下都能运作电子稳定控制系统的超级跑车。此外，该车还为跑车自身增加了保护装置，它的中央神经系统包含三组数据总线：一组用于传动系统，一组用于舒适功能，一组用于内在诊断系统。这组数码网络的集线器是一台遥测电脑，定期收集所有汽车数据，一旦数值出现异样，电脑都会自动将误差报告传送至布加迪。如发生失窃，威航的蓝牙全球定位系统可随时通过布加迪个人掌上电脑追踪车辆，确定位置。

拥有超凡的性能和出色的安全保护之后，对于那些疯狂的车迷而言，似乎可以驾驶威航为所欲为了，但是对于追求更高生活品质和身份的人来说，车身设计和各种高科技的运用就显得更为重要了。Grand Sport 透明硬顶采用了有色玻璃，车顶内饰的真皮衬里和整个车内环境运用相同的颜色，视觉上呈现完美和谐的效果。

若打开顶篷，车内人便能感受到与车外的环境融为一体，将完全沉浸于自然的气息中。专利的纺织面料顶篷堪称迄今为止最好的敞篷跑车解决方案，哪怕是在时速高达 130 公里 / 小时的情况下，它仍然能够牢固地附着在车顶上。置于后挡板上的集成后视摄像头，将图像显示在 2.7 英寸（1 英寸约合 2.5 厘米）的显示器上，配合停车距离控制功能，使停车距离的控制也变得更容易操控；内设的普契尼音响系统，采用了数字信号处理器，并可接入多种外部设备；车内座椅和变速器盖子的真皮设计可抵抗强烈的紫外线，并具有专业的防潮功能。

布加迪在材料的选用上一直以“轻量化”为目标，选用钛、碳纤维、镁、铝等材料，在保证车身强度和硬度的前提下，让每一款材料都能确保将最轻的车身重量和最坚硬的结构完美结合。对于行驶中的 Grand Sport 而言，一切修饰都显得多余，因为视线多数游移于车外，且伴随 16 缸引擎的咆哮声，比任何背景音乐都来得振奋人心。当风声与轰鸣声交织在一起的时候，你就是布加迪。

布加迪威航蓝色百年纪念版(Veyron Blue Centenaire)

不论是伟大的 EB110，还是著名的 Type 系列，布加迪的创始人及其后人总是酷爱蓝色的漆面。有人认为这是纪念传奇的法国车手让·皮埃尔·威迈尔，他曾驾驶蓝色的布加迪赢得过十多场比赛的胜利，包括 1939 年勒芒 24 小时耐力赛；还有人认为这是创始人埃托里·布加迪个人的兴趣爱好，因为他最喜欢的米兰城斯卡拉歌剧院的背景多数是蓝色的；还有人认为这是布加迪车厂身处阿尔萨斯的缘故，因为挨着莱茵河的它有着湛蓝的天。其实更准确地说，布加迪的气场就是蓝色的。

安东尼·罗宾斯曾说：“人生就注定于你做决定的那一刻。”在 1909 年的那个秋天，埃托里·布加迪决心创建一款优雅而又性能卓绝的汽车。此后的一百年，布加迪从未改变过对这一宗旨的坚持，不知道那一刻阿尔萨斯的天空是什么颜色，但是埃托里·布加迪先生的心情一定是蓝色的。一百年后，曾经的蓝色渴望驾驭着蓝色的梦想，成就了这款蓝色的“百年纪念版”跑车——Blue Centenaire。

法语中的“Centenaire”意指“百年纪念”，布加迪威航蓝色百年纪念版是庆祝布加迪品牌诞生100周岁生日的系列纪念车款中的最新一款。正因如此，它穿上了一件特别的蓝色外套，这或许会让你想起伟大的EB110，因为这个颜色也是布加迪传统的比赛着装色。由于在动力总成方面并无改动，因此无论是性能还是加速、减速表现，百年纪念版都与普通版威龙一致，仍然采用8.0升16缸4涡轮增压发动机搭配7速DSG变速器，从静止到百公里加速时间为2.5秒。但是经过重新调校的引擎在马力输出上由原来的100马力增至1250匹马力，车身重量则比标准版减轻约155千克，预计该车的极速将达到435公里/小时。

这款基于威航跑车打造的“百年纪念版”在外形上与普通版的威航极为相仿，通身的浅蓝色使它宛如一位高贵的天神从天边信步而来。布加迪的外形设计处处渗透着美学与运动的气息，工程师们在美感和速度的设计上找到了完美的平衡，使其看起来就像一件绝佳的艺术品。

除了部分特殊喷涂的绿色车身外，车门和挡板为铝制电镀，进气格栅也经过镜面抛光处理，包括全新设计的轮毂等特点都是百年纪念版上独有的。在车身内部，“驾驶布加迪是一种愉悦的享受”的要求得到了完美的

呈现，曾经一味追求性能忽视舒适度的年代也一去不复返了。蓝色百年纪念版的面板及座椅以特制雪米色皮革缝制而成，中控台也采用相同材质的皮革缝制。全新的LED（发光二极管）灯、驻车距离控制系统以及后视摄像头，这些已成为威航标配的装置也集于它一身。值得一提的是，依照现在的布加迪行规，只有已经拥有了一部普通版布加迪威航的人，才有资格订购这样一台终极版布加迪。

除了蓝色之外，名为“Centenaire”的布加迪威航还有另外三种颜色，分别是红色、绿色和米白色。四种布加迪威航特别版分别采用四种高光泽的颜色与抛光银色相匹配，这些颜色象征着布加迪赛车史上来自四个国家的传奇车手。蓝色车代表法国人让·皮埃尔·威迈尔，红色车代表意大利人厄齐尔·沃兹，他33场比赛中大部分胜利的时刻都是驾驶阿尔法·罗密欧赛车赢得的，不过他的职业生涯却是在布加迪车队起步的。白色车代表德国人赫尔曼·祖·雷丽根，他在1930年驾驶布加迪Type 35B赢得捷克斯洛伐克大奖赛冠军。绿色车则代表英国人马尔科姆·坎贝尔爵士，他曾驾驶布加迪Type 39A赢得布伦大奖赛的胜利。

劳斯莱斯本身就是最高荣耀的代言人，就是无所不能的通行证。任何一款车，若想要在气势上与它一争高下，都非明智之举。

帝王之选

劳斯莱斯

有人说，当宾利和劳斯莱斯相继从大不列颠离开，变成了德意志人的“附属”时，也意味着英国这个坚守贵族精神的城堡已经逐渐被金钱攻陷。但是宾利和劳斯莱斯绝对不是德意志人的战利品，而更像是使者，关于英伦精神的传道者。当它们的国家已经无力成为世界的王者时，它们却成为汽车王国的绝对领袖。然而宾利终究还是第二，劳斯莱斯才是永远的王。

1904 年，穷困磨坊主的儿子亨利·莱斯与贵族出身的查理·劳斯在命运的安排下，很偶然地相遇了。那天劳斯坐着贵族专属的列车前往曼彻斯特，而莱斯则驾驶着自己制作的手工汽车同样前往曼彻斯特。不惜成本的劳斯有足够多的

钱财，却为汽车工艺发愁；追求完美的莱斯拥有精巧的手艺，却为资本和销售烦忧。似乎他们注定会成为彼此的需要，很快在他们共同的朋友埃德蒙兹的介绍下，两人在一个旅馆的桌子上，在一张餐巾纸上描绘了劳斯莱斯未来的蓝图。随后，一部汽车历史上举足轻重的神话开启了。从那一年开始，一半是天才、一半是贵族的劳斯莱斯诞生了，由莱斯负责制车技术，劳斯负责汽车销售。

任何事情的成功都需要有一定的远见，负责制车技术的莱斯说：“车的价格会容易被人遗忘，甚至超越，可是车的质量却永存不变。”他们的汽车在1907年的测试赛中行驶了2.4万公里，仅仅花费了3英镑的维修费，4年之后出产的“银色幽灵”从伦敦到爱丁堡的往返测试中，更是创造了百公里耗油11.6升的“不可能完成的记录”。由莱斯手工完成的发动机不仅性能强劲，更具有超静音的特性。这也正是那则经典广告词的灵感源泉：“劳斯莱斯在时速60英里(1英里约合1.6公里)时,最大的声音来自电子钟。”

这种以质量为宗旨的造车理念让劳斯莱斯汽车打下高售价的基础。而负责汽车销售的劳斯同样是一位营销天才。他发现仅仅依靠产品质量还远远不够，于是他在售后和品牌形象的营造上下工夫，以培养顾客对品牌的忠诚度。早在1908年，劳斯莱斯汽车的机械师就会定期为客户检查车况，并且在巴黎、柏林、马德里等重要城市都安排了专业的维修厂，以便捷地为顾客提供维修服务。在这个时期，著名的“飞天女神”标志也诞生了。设计者萨科斯这样来描述他的设计理念：“风姿绰约的女神以登上劳斯莱斯为愉悦之泉，沿途微风轻送，摇曳生姿。”这一理念与女神的造型正是劳斯莱斯追求卓越精神的绝佳体现。这个“飞天女神”标志和劳斯莱斯的“双R”标志共同彰显出劳斯莱斯的王者之气，将劳斯和莱斯的天分和梦想永恒地定格在了所有的劳斯莱斯汽车上。

尽管悲剧很快发生在了劳斯身上……1910年的一场空难夺去了他的性命，但是劳斯莱斯品牌调性在这两位创始人的奠基下已经从品质到气质达到了统一，它也成为英伦汽车的代表以及英国权杖的象征。这个始终坚持纯手工打造的完美主义者，在传承英伦顶级造车工艺和提供完善的定制及售后服务的同时，在百年的时间里，总共设计制造了11万辆汽车，并且绝

劳斯莱斯的车标采用两个重叠在一起的“R”，这是劳斯（ROLLS）与莱斯（ROYCE）两人姓名的第一个字母，体现了两人“你中有我，我中有你”的融洽和谐的关系。“双R”车标镶嵌在发动机散热器格栅上部，与著名的“飞天女神”雕像相呼应。

对不会有任何两辆是相同的。它把自己定位为专为少数人服务的豪华品牌，提供专为少数人拥有的私享之物。

从 1907 年的“劳斯莱斯银魅”开始，它的名字骤然显赫了起来。在它的档案馆里可以看到英国女王伊丽莎白二世、美国总统威尔逊以及天王迈克尔·杰克逊等人的名字。1952 年女王登基时就是使用劳斯莱斯汽车，甚至在皇家游艇上还设有专门的劳斯莱斯车库，从 1955 年开始，劳斯莱斯正式得到皇室授权，开始使用“皇室徽章”。

劳斯莱斯之所以是身份和地位的象征，是因为当时每一位想要购买劳斯莱斯的人都要提前进行申请，经严格的资格审查后才能预订，一年后提车，而且规定黑色只能卖给总统、元首、皇室成员及有爵位者，银白色则可以销售给富有的大亨，当然，这些车主们必须是真正的贵族。难怪人们会说：只要贵族还存在，那么劳斯莱斯就永远不会消失。

然而，当贵族精神的体现从最初的动力之源变成当今纷繁世界的“奢侈品”时，劳斯莱斯却开始遭遇经济危机。公司于 1971 年因亏损而导致破产，在英国政府的干预下，被迫一分为二。一家专门生产汽车，一家专门生产飞机的发动机，这两家公司同时使用劳斯莱斯的名字和商

标，但命运却大为不同，劳斯莱斯发动机很快成为世界上前三强的发动机制造商，而劳斯莱斯汽车却鲜有作为，最终被迫于 1993 年成为大众汽车的“附属”，并最终在 2003 年被卖给了宝马公司。历经繁华与沧桑的劳斯莱斯却始终站在贵族的行列中，就算落魄过也不会泯灭信念，更不会妥协于平庸。它始终站在最高的位置上，谁都无法动摇。

极品之选 JIPINZHIXUAN

劳斯莱斯幻影（Phantom）百年纪念版

1904 年的曼彻斯特迎来了许多庆典，例如疯狂的球迷簇拥在曼城足球俱乐部，欢庆球队史上第一次赢得的足总杯的冠军，在这群疯狂的球迷经过奢华的大陆酒店的时候，里面却呈现着另一番庆祝的景象……皇室贵族、天才巨贾聚集在这个名流荟萃的酒会上，销售天才查理·劳斯和一位造车天才亨利·莱斯相遇了，他们很快就达成口头协议，莱斯制造的所有汽车均由劳斯负责销售。劳斯紧握住终生合作伙伴莱斯的手，这一次伟大的握手预示着 20 世纪最伟大的汽车品牌的诞生。尽管他们一起工作的时间只有短短六年，但是这段时间足以撑起劳斯莱斯百年的辉煌。为了铭记这个伟大的时刻，归于宝马旗下之后的劳斯莱斯推出了一款全球限量仅 35 辆的百年纪念版幻影。

以“高贵”的名义向两位天才创始人致敬，这是这款百年幻影的要义。这种高贵首先呈现在其庄严的外表上，虽然是由普通版的幻影改造而成，但是特殊添加和变更保证了它的历史意义。它拥有劳斯莱斯有史以来最大的车轮，并且车轮涂成寇松蓝色，用以表明劳斯莱斯集团光明而顺畅的前景。一直竖直向上的“双 R”标志，经过特殊处理之后，

就算是在车辆行驶的过程中也始终保持向上的“姿势”。这个在全球市场上仅有35辆的汽车在中国区域内被分配了三辆的市场份额，序列号分别是8、18、35，每一辆都增加了高度抛光的铸造车辆底板作为“品质标记”，以表明它在整个系列中的位置，而这也增加了每一辆百年幻影的独特性和纪念意义。特别定制的纯金“飞天女神”雕像，更是将高贵的境界提升到了极致，然而在车头最张扬的地方，添加了一个贵重的纯金艺术品，就不得不为了它的安全性而增加了一项特别设计——只要按下一个按钮，这个金质艺术品就能降下并隐藏起来。

为了进一步向品牌的历史致敬，百年幻影标志改为红色的“双R”标志（据说最早的劳斯莱斯的标志都是红色的，后来在两位创始人相继去世之后，这一标志变成了黑色。劳斯莱斯车厂则坚持称这是因为黑色更加符合劳斯莱斯低调高贵的整体形象）。此外，百年幻影特别选择了蓝色和银色的油漆方案，并带有都铎红的双车线。

为了纪念举世瞩目的创新和工程完整性一百年，劳斯莱斯还特别邀请了世界领先的“精巧珠宝”制造商精心打造了一款钻石手镯。这个手镯完全采用最上等的材料制作，并囊括了劳斯莱斯的经典设计特征。为了保证其独有性，仅限量生产了35个分别注册的百年手镯，而且限定只有百年幻影的买主才能获得。

然而，高贵的外表远远没有高贵的气质来得震烁，因为真正的车主大多数时间是在车内，而不是一位单纯的观赏者，所以当年的制车者莱斯对于内饰的重视程度和他对待发动机是一样的，既精雕细

琢又精益求精。实际上，百年幻影通过独特的木工改进技术与普通幻影区别开来。带有独特的银色镶嵌图案的桃花心木饰面随处可见，而相互连接的劳斯莱斯标志是四扇车门盖的组成部分。这种古朴的做法既展现了劳斯莱斯古老而纯正的手工工艺，同时又是对这一百年经典的讴歌。

作为一件纪念品，百年幻影又寄予了对下一个百年的期望。百年幻影的仪表板凝练了一种明显的当代氛围，在捕捉 21 世纪精神的同时向过去制造上的完整性致以敬意。

值得一提的是宽敞的车内座椅旁，还设置有餐台，餐台的前部和后部也经过镶饰，在每个前座的靠背中形成了独特的木质基调。为劳斯莱斯幻影选择皮革和加工皮革的工艺一样重要，劳斯莱斯仅选择指定供应商的最上等皮革，而每台车辆要用到 18 张皮革之多。对于百年幻影而言，与特别委托制作的寇松蓝外部相应的是所有座位和装饰中采用的独特寇松皮革。烟灰色的全皮革车顶使独特的内部装饰显得更加完整，正前方的手工木质和金属仪表板用精细的网状纹理加以装饰，这一装饰延伸到中央监控板和中央通气孔的周围，此处的精致和整车的品质一样无可匹敌。

当年的莱斯曾是一位发动机制造高手，其在“静音、安全、节能、高性能发动机”上的追求使得莱斯成为当时人人称赞的双料赛车高手；劳斯则是一个飞行爱好者，他在与莱斯握手后的第六年，在一次航空展的飞行事故中去世了。

两位创始人对于动力性能的挚爱也让这款纪念版汽车在甄选发动机上花费了大量心血。最后确定了这款百年幻影采用由宝马公司提供的经专门改造而成的 6.75 升 V12 发动机，最大能够输出 453 匹马力，从静止到百公里加速仅需 5.9 秒，最高时速则被限制在 240 公里 / 小时，限制速度对于劳斯莱斯而言显得极为重要，因为它不仅具有强劲的性能、高贵的汽车调性，更弥散出温文尔雅的气质。

幻影敞篷版（Phantom Drophead Coupe）

和百年幻影一起庆祝劳斯莱斯百年华诞的还有一款名为“100EX”的概念车，如果说百年幻影是用“高贵的秉性”给劳斯莱斯的前一百年作了一个总结，那么100EX则是用“优雅的性情”给下一个劳斯莱斯百年埋下了伏笔。三年之后，一款以100EX为基础的全新车款诞生了，这就是劳斯莱斯幻影敞篷版。

历史中的品牌总是容易引起争议，更何况是在每一个年代都出品过经典的劳斯莱斯。所以有人说这款敞篷车像20世纪二三十年代的车型，因为那经典的拉丝设计以及抗腐蚀的柚木后顶棚总是叫人难以忘怀；还有人认为这是对20世纪60年代车型设计潮流的一种回归，因为它更注重对后排乘客的“照顾”，给予后排乘客更大的空间和更奢华的享受。但也有人觉得这分明是一部全新的车款，因为不论是从整体风格，还是从细节的特色上，它都不算是严格的劳斯莱斯风格。可这就是劳斯莱斯，总是能够超出客户的想象，给客户的选择以无限可能性。这一次，它更将驾驶乐趣提升到了与百年幻影“高贵调性”相同的重视程度。

“这款敞篷车将敞篷的乐趣发挥到了极致，”总设计师伊恩·卡梅伦说，“我们决定把这款车设计成一款乐趣之车，劳斯莱斯一贯不喜欢不知变通的绅士风度，如果你有能力设计并制造这么一款车，为什么不让它所拥有的乐趣展现给别人看呢？”但它终究还是劳斯莱斯，有任何一个时代的劳斯莱斯设计师都不可能舍弃的情愫，比如：长长的发动机罩，大尺寸轮毂，短前悬和长后悬，从腰部而后逐渐减

弱的动感……这些如同劳斯莱斯的品牌名一样亘古不变的经典依然存在着。

全新敞篷车的格栅在带来充沛气流的同时仍旧保持着经典的外观，抛光的中格同样进行了拉丝处理，是为了与周围可选的拉丝造型的发动机罩和 A 柱相一致，再与优雅的“飞天女神”标志紧密相接。“飞天女神”的设计由高级的电脑软件模拟设计而出，保持了她一贯摇曳生姿的优雅美感。在应用了某些重新定义的特征元素后给这款新车带来了更加浓厚的生活气息，这个细节在整车外观上得到了展现，经典劳斯莱斯外观几乎是四四方方的冷峻线条，而这款幻影敞篷版明显要流畅和圆滑得多，尤其是在车的前端比之以往任何一款劳斯莱斯都更有流线型的味道。位置更靠上的前面的 LED 侧灯比起驾驶灯来说更大，当然也可以说是驾驶灯缩小了。

前置的保险杠与整体的设计风格一致，进一步柔化了其高贵而冷峻的风格。在车牌照下面安放着一个摄像机，以提供更为精确的路况信息，通过这个路面的监视器以帮助停车与倒车。而车身的颜色更是有16 种之多，另外还有 44000 种色调版可以供车主组合选择，可见，劳斯莱斯的喷涂技师

不仅仅是在喷涂汽车，更是在创造令人难以置信的幽深无瑕的光泽。所以，当车主近看劳斯莱斯的漆面时，就会在上面看见追求完美的自己。

人们对于劳斯莱斯外形的描述总是显得词穷，就好像面对一件圣器表现出的虔诚态度与安谧；可是一旦走进它的内部，辞藻就又变得信手拈来，并且总是滔滔不绝。由丹·奥斯丁打造的优质木饰面板，每套饰的面板均取自同一棵树，以创造从仪表板到整车的简单和连续的纹理。最自然的美观木材为幻影敞篷版内饰增添了简单而醒目的点睛之笔。10 平方米木材中有 37 个不同的零件，每个零件由 29 层木材、锡箔和铝材构成，用以保证强度和安全性。“我一直在寻找有意思的树瘤和复杂的精妙纹理，”内饰面板专家丹·奥斯丁说，“从选项板中挑选含有瘤木皮和直纹理的木材，包括桃花心木、榆木、橡木和红木以及可选的柚木后掀盖罩。”

它还配有多功能后备箱，提供两个舒适的成人座位以及放置野餐篮的额外空间，是运动和社交场合的完美之选。醒目的可选柚木后掀盖罩遮住收缩的顶篷，有经典游艇甲板的韵味。它是由 30 块带有漂亮纹理的木材手工制造而成。即使放

下顶篷时，后备箱仍然有大量的空间可供存放周末活动装备或者放置一套高尔夫球棒。

作为手工汽车的鼻祖，劳斯莱斯的客户定制服务可谓到了极致，这一点在内饰中尤为明显。首席设计师艾伦·谢菲尔德并未将灵感之源仅限于汽车界，而是把目光放到了其他地方。“在 2004 年，我们设计 100EX 之时，我们参观了一个位于南安普敦的造船厂，闻名的 1930 年代美国杯 J 级快艇就是于此重建。我们被这里大量使用的新鲜材料及所有的顶级快艇看起来的优雅所启发，这都是我们渴望得到的元素灵感。”

幻影敞篷版就是在这些元素集成下诞生的一款汽车。全天候的内饰表面尽量地展现材料最天然的一面。“我们不希望车主一碰到一点儿雨就需要把车子开进修理厂去整理内饰”，设计师卡梅伦表示。最终大量难得一见的

材料出现在这款车身上，座椅没有沟壑，这样表面上的雨水不会滞留而是会一直流下或是被轻松拭去；没有采用传统的脚垫，而是用了更为实用的剑麻垫；甚至地毯都采用了最新的 21 世纪的技术来应对全世界各地可能遇到的潮气。

最高时速达 240 公里 / 小时，想必没有人在意它的发动机的声响了，因为这款 6.75 升 V12 发动机经过了 1 万公里不平整的公路测试，直到劳斯莱斯的设计团队从后视镜中难以发现多余的震动才算成功。工程师们倾注给劳斯莱斯无私的创造力和耐心，而目的既是为了满足乘客最尊贵的驾驶需求，又是为了加铸劳斯莱斯追求完美的品牌精神。

诚如设计师卡梅伦所言："毫无妥协的设计意味着一种延伸，如果仅仅是去掉幻影的顶篷同样是一辆伟大的敞篷车，但是却不会有如今这样完美的效果，正是有了机会让我们来设计幻影的敞篷版，我们才有机会更深地挖掘敞篷车最自然的内涵，并有机会将它展示给大家，而载体除了劳斯莱斯我想不出第二个答案。"

幻影黑色纪念版（Phantom Black）

像劳斯莱斯这样的品牌总是太过于“自我”，不管时间以何种姿态恫吓，它也依旧唯我独尊的样子。它对自己的品牌“尊容”太过于珍惜，以至于我们不得不用“吝啬”来形容它。普通版的幻影就是这个“自我”的典型，可是我们依旧很难觅得它的踪影，更何况这款以“吝啬”著称的全球限量仅 25 辆的黑色纪念版幻影呢？

黑色与王者之气结合，想必那一定驰魂夺魄。这款由内至外全身漆黑的奢华王者采用了高亮度的金属钻石黑车身烤漆，搭配两条银色的腰线、21 英寸大型铝质轮毂和低扁平比宽胎，散发出令人震撼的高贵感，如果单单平视这个轮毂和轮胎，很容易让人联想到跑车。轮毂中央的“双 R”标志经过特殊处理，和普通版幻影一样，始终保持与地面垂直的方向，而不会跟随车轮转动。

车的尾部依旧展露着它十足的霸气，黑色的粗大出气管告诉我们不要小看它的实力，重新设计的保险杠与 LED 灯组，则在无形中诠释了劳斯莱斯的现代化气息。最值得关注的是它采用了跑车型侧裙与降低的车身，让

它更具跑车的风范，就仿佛贴地的野兽，随时准备袭击猎物。然而它依旧是劳斯莱斯，庞大的车身可谓是世界上最大、最尊贵的移动宫殿之一，它的方正线条充满了魄力，搭配硕大的车体，在任何场合出现，都能展现出绝对的王者风范。

黑色蔓延到了车内，让尊贵的车主可以在黑色的世界里隐藏起来。黑色幻影的设计者并没有一味地追求用料奢侈而忽视材料本身的用途，而是通过炉火纯青的手工工艺，将每种材料最自然、最本质的一面展现出来。顶级的黑色真皮继续释放着高贵的气息，并且边缘经过贝壳式收边，将劳斯莱斯的工艺展现得淋漓尽致，给人以无与伦比的舒适性。木饰依旧是内饰中的一大主角之一，精选的白蜡木饰板同样被漆成了黑色，并且在纹路上表现得极为自然，在保持了整体和谐性的同时，还传达了一种回归自然的真性情。

车门内侧的门把手等处经过了镀铬处理，散发出银色的光泽，在黑色的王国里，银色的光芒多少有些出格，却又“触目惊心”，因为这纯粹就是一件艺术品。仪表盘有着一个设计完美的钻石图案并辅以金属的边框。方

POWER
RESERVE %
MPH
AIRBAG

向盘的边缘有点儿厚，所以并不适合把方向盘打得太满，但正因为它是劳斯莱斯，所以优雅的车主从不会出现这种“过失”。

没有人会驾驶着劳斯莱斯去探险，也不会去跟法拉利跑车一较高低。低调内敛的劳斯莱斯人多数情况下是出现在万众瞩目的地方，比如名流荟萃的酒会、最高档的店铺、最顶级的会所……人头攒动时，它需要慢行，因为有人喝彩；私人园林小道上，它也需要慢行，因为懂得欣赏。

这个有着优秀发动机制造历史的奢华品牌，还是会将极限时速控制在 240 公里 / 小时。位于引擎罩下的 6.75 升 V12 引擎拥有着黑色的进气口、镀铬的顶部和全新的黑色的劳斯莱斯徽标。这台运转起来几乎悄无声息的大家伙，拥有着每分钟 5350 转、453 匹马力动力的最大功率以及每分钟 3500 转、722 牛顿·米的峰值扭矩，可以在 5.7 秒内由静止加速到 100 公里 / 小时，其性能同样出彩，疾行缓驶全在于主人心态。懂得控制的人多数是优雅的贵族。这款超出以往容纳空间的超大型豪华汽车，除了提供给车主宽阔的私人空间之外，更是展示了劳斯莱斯顶级的设计以及车辆制造技术。同时，这25 辆独特的黑色幻影也把劳斯莱斯令人印象深刻的高贵秉性以及奢华特质，完全展示在所有人的面前。

劳斯莱斯的市场与销售部负责人说：“黑色幻影使用了很多特别定制的材料，融合了美学与现代工程学而又个性十足，是一辆超越所有同类汽车的经典车款。”和所有的劳斯莱斯车型一样，黑色幻影的市场目标人群同样瞄准那些顶级富豪中的极少数，因为它只有 25 辆，因为它是劳斯莱斯。

世间本没有别的言说，除了入睡之前的那一则迷人的童话：有王子和公主的马车，有吱吱悠悠的风车，还有迷人的田园里成片的郁金香，那里洼地比矮山多，水渠比马路多，蝴蝶比皇帝的随从多……这便是荷兰，这个因宽松自然而更显艺术的地方，总是不经意间爆出一段传奇来，比如当年不可一世的“海上马车夫”时代，比如一出现就震惊车坛的世爵跑车——沉默时，它是童话，出现后，它便是传奇。

稀缺的荷兰贵族

世爵

如果说17世纪中期是一个被商船和殖民帝国所“标注”的时代，那么那个时代的主人应该叫欧洲，而当时欧洲的老大不是英法，更不是德意志，而是荷兰王国。四十年的鼎盛繁荣很快就沉寂在战火中了，一败即涂地，这也让这个昔日的海上霸主在余下的两个世纪里沦为配角。直到19世纪工业革命的到来，这里才呈现出了一丝丝生机。当至高无上的国王乘坐马车在街头人群的喝彩中驶过的时候，两个年轻人就默默许下了这样的誓言：“我们要生产荷兰最有品位的马车，不仅仅我们的国王会选择它，就连其他国家的皇室也都青睐它。”这两个人就是世爵的创始人——斯派克兄弟。

商人出身的斯派克兄弟从1880年就开始他们的四轮马车制造生涯。面对竞争激烈的市场，兄弟俩独创性地开发出了一些个性化服务，比如在马车上免费镌刻家族标志或者名称。他们的马车被人形容为“具有法国式的浪漫、英国式的贵气、美国式的轻灵、德国式的精密”。

灵活的经营策略和出众的产品性能使斯派克兄弟只用了不到十年时间，便成为荷兰本土最大的马车制造商之一。一向注重国际市场的斯派克兄弟并不满足于这样的成功，他们看到了四轮汽车的巨大潜力。1889 年，斯派克兄弟大胆地进入还属萌芽状态的汽车制造行业。他们在阿姆斯特丹成立了一家公司，结合自己的车厢制造经验，将进口的奔驰车加以改型，创造出一种新产品“世爵·奔驰”车型。

第一辆世爵汽车拥有独立开发的世爵车身，特色的大直径轮圈和优雅纤细的木质轮辐，装配了当时米其林最新发明的充气轮胎（当时很多汽车产品还在使用实心轮胎）。优质的设计和材料让新车的售价甚至比进口的奔驰还要贵一倍，虽然价格不占优势，但世爵以真正的水牛皮内饰和专业的油漆工艺还是博得了皇室以及富商的倾慕。

在马车和四轮汽车上的成功让兄弟俩看到了最初的梦想实现的契机，而历史也确实给予了他们这样的机会。1901 年，当时的荷兰威廉敏娜女王正准备举行一次盛大的加冕仪式，斯派克兄弟便找到了阿姆斯特丹市长，希望通过市长向女王献上一辆游行中乘坐的豪华马车。于是这才有了后来游行活动中的那辆超奢华的“黄金马车”。

这辆马车由斯派克兄弟设计，经 12 个熟练的技工连续工作了 18 个月才完成。马车的动力由八匹马提供，所有的木材和金属材料表面全部镀金，顶部由四组雕像组成，分别象征荷兰的农业、贸易、工业和航运业，中间则是代表着王室权利至高无上的王冠。直到现在，金制马车仍是荷兰女王在海牙巡游的御用座驾。这一次成功的推荐，也使得斯派克公司拥有了王室御用的头衔，这无疑成为其步入顶级造车公司以及走向国际市场的重要基石。

随着与皇室和上流人士的距离日益拉近，世爵也有了足够的勇气投入到奢华跑车的设计和生产中。1903 年出品的 60/80HP 车型成为当时欧洲最著名的车型之一，这个世界上第一辆拥有 6 缸发动机和恒时 4 轮驱动、4 轮制动的汽车更是在当时的汽车技术革新史上留下了浓墨重彩的一笔。在此基础上改进而成的 14/18HP，更是于 1907 年历经两个月完成了从北京到巴黎的创举，更让人吃惊的是，在这一过程中车辆行驶没有发生任何故障，这足以说明世爵汽车工艺的精密和可靠。

由于政治的需要，世爵车厂在“一战”爆发之前与荷兰飞机制造股份公司合并，这一段特殊的经历也解释了为何在世爵的标志上会出现“螺旋桨”的图像，这个合并的车厂为国家生产了100架战斗机和200台航空发动机，标志中镌刻的那句“执着强悍，畅行无阻”也是这一时期推出的口号。随着“一战”的结束，世爵又回到跑车制造的正轨上来，著名的C4便是这一时期的杰作，它连续行驶了36天，运行了30000公里，打破了当时耐力赛的最高纪录，同时也成为世爵在20世纪推出的最后一款车。

坚守传统有时会导致颓败，但是有时这种坚持也是保持格调的需要。随着经济危机和战事的爆发，豪车市场近乎萎靡，有的豪车工厂为了生存而选择了生产平民车型的道路，但是世爵却选择了停产，谁知道，这一停就停到了21世纪，世爵和它的黄金马车也成为童话里的情节。直到2000年，当伯明翰车展上，一辆造型前卫、性能强劲的世爵C8跑车亮相之后，人们再一次惊呼“传奇的回归”。自此，百年的“郁金香”再次悄然绽放，这缕暗香势必将是动人心魄。

极品之选
JIPINZHIXUAN

世爵 C8 拉维奥莱特（Laviolette） BI2

纯手工的精妙工艺、纯粹的荷兰王室血脉以及极小众化的品牌定位，使得这个倔强的贵族跑车宁可销声匿迹75年，也不愿降低自己的格调以迎合大众化的需求，这就是世爵的个性宣言。

如果纯手工制作就足以让它成为高贵跑车家族的其中一员的话，那么，与凡·高、伦勃朗的作品一起被荷兰授予“国家遗产”的荣誉，更彰显了世爵的艺术魅力和价值。而这款C8 Laviolette BI2则无疑是世爵从设计的个性化到艺术性的顶级呈现，可以毫不夸张地说，每一辆C8 Laviolette BI2都是独一无二的孤品，更是永恒的艺术藏品。

如果你想依照常识去征服它的话，那么多数的结局是“自取其辱”。人们很难理解它怪异的造型为何能够带来如此大的震撼，不过如果你联想到它标志上的那个螺旋桨的时候，你一定能够明白，它的灵感很大程度上与飞机制造有关。

C8 Laviolette BI2 前大灯采用更加经典的椭圆形设计，而且前雾灯也采用这种圆形设计，并且采用金属质感的装饰包围，与整车圆润的前脸非常搭配，而这很容易与飞机的外形联系起来。低矮的车头采用双进气格栅设计，侧面的辅助进气口则像是鲨鱼的鳃一般呼应正面的“血盆大口”，不论是正面还是侧面看去，它都犹如一只鲨鱼正在张大嘴贪婪地觅食，这种设计让跑车因此获得了更稳定的动力和安全性，这些如同飞机进气口一样的设计还在车的顶部和底部两侧出现，而这同样是一百年前从制造飞机中获取的灵感。

如果这就是它引以为傲的外形设计的全部的话，那多少还会让人觉得它不过是在吃一百年前的“老本”而已。可是当你来到车尾的时候，你的这种偏见就会荡然无存了。它的尾部俨然是另一番风景，首先可以肯定的是尾部依然在线条的设计上附和了前脸的存在，椭圆弧的尾部设计的整体风格以及传统的四圆筒尾灯配置就能证明。车轮螺旋桨车标以及它身后高性能的发动机显然就是澎湃动力的来源，而粗壮的两根排气筒犹如当年威武的战斗机机炮咄咄逼人，俨然一副随时准备战斗的姿态。

扁平而偏低的车身在四盏车灯的修饰下如同一个微微蹲下身子、铆足了劲、瞪圆了眼的勇士，准备随时给敌人有力而致命的一击。就连车门的开启也是与众不同的，它并不是采用“把手”开门的模式，而是需要在后视镜内侧找到一个几乎与车体融为一体的小按钮并触动，随后，一扇拉风的“剪刀门”才会缓缓地向上开启。

车门的颜色在定制之前多半为冷色调的，当你还在为这个来自童话王国——荷兰的跑车贵族的低调感到诧异的时候，打开车门的瞬间，你会亲眼见到它的奢华。展现在眼前的又是一份惊喜：来自路易威登的工艺大师亲手制作完成的全红内饰个性十足，大部分材质选取了红色真皮，中控台、控制面板以及车门内饰的装饰条采用轻量化铝制金属，各种功能控制都采

用复古式拨杆，而且各种仪表的风格都非常素雅简洁，乍一看有几分老爷车的经典气息。中央控制面板采用铝制金属材质，与复古的拨杆结合，使风格更显独特。

方向盘也是采用红色真皮包裹，这个方向盘并没有设计功能按键，只为操控车辆而生。方向盘两侧的控制拨杆非常精致，而素雅简洁的仪表盘只有转速表和时速表，其中转速表并没有设定红色警示区。这款车与其他超级跑车最明显的区别就是变速箱的配置，因为这款超豪华跑车匹配的居然是 6 速手动变速箱，其回馈能力和驾驶感受与 F1 赛车极为相似。而且这款超级跑车延续了世爵一贯的作风，换挡手柄设计非常独特，中控台配备了多个空调出风口，而且造型设计元素都源自于飞机的引擎，个性非常鲜明。

时尚前卫的外表在暗色调的掩饰下，涌动着路易威登加持的红色风暴，这更像是在证明，在世爵略显深沉的历史潮流中，实际上出现了很多款内蕴丰富、动力强劲并且拥有无与伦比奢华的豪车。

世爵 C8 Laviolette BI2 超级跑车采用了奥迪 4.2 升 V8 发动机，首先在动力上得到了充分的保障，而对于发动机的调校也保证了驾驶者能快速进入到舒适的驾驶状态。

世爵 C8 Laviolette BI2 和其他世爵超级跑车一样，如果想启动发动机，必须先开启电源总开关，然后再通过一键式启动按钮启动发动机。该车引擎的声音与法拉利式的咆哮大相径庭，而更像飞机的引擎，给人大而不噪、稳健有力的感受。就好像当年在荷兰飞机工厂里出产的老式飞机一样，引擎就在飞行员的一侧，似乎引擎不仅仅是在给这些机器以动力，同时也带给了驾驶者忠于国家、忠于信仰的信念和力量。

世爵 C8 Aileron

在这个充斥着流水线作业的时代里，世爵坚守着顶级跑车制造的基本法则，那就是手工造车，极限量生产（它的限量生产甚至比法拉利和宾利还要少，一般每一款车都限制在十几辆到几百辆的产量，而且世爵公司还有一个不成文的规定，那就是只要生产到极限的 500 辆，就会永久停止这一车款的生产）。就算是最普通的一款世爵，也需要 725 个小时生产，如果需要一些特殊的定制，工时则可能达到 1000 小时。要知道，生产一辆劳斯莱斯所需的时间也就 400 个小时，而法拉利只需 125 个小时。因此世爵当之无愧成为贵族跑车的代表，尤其是这款 C8 Aileron 更是向人们展示了一种贵族的生活方式。

一位跑车评论家说道，如果你已经对法拉利和保时捷感到厌倦了，那么你一定能够从世爵 C8 Aileron 身上找回当初对跑车的痴迷感觉。这款车同样呈现世爵飞机制造工艺的企业渊源，更准确地说，

每一款新生的世爵跑车的设计在多方面都受到了公司早期在航空领域方面成就的启发和影响。

如果说世爵 C8 Laviolette BI2 是从老式飞机制造中寻找灵感的话，那么世爵 C8 Aileron 则进步到了喷气飞机阶段。车轮辐条如同涡轮发动机的进气风扇，车身中部的五个进气孔也像微缩了的喷气发动机。

“全金属”是世爵的造车理念。除了车内会与乘客身体长时间接触的部位铺设了缝制细腻的真皮之外，其余一切均为纯金属——车架、外壳是铝合金，闪亮的东西则为不锈钢。包括遥控钥匙，完全按照腕表的样式设计，也是全钢。

世爵工程师还投入了大量资源以优化车身底盘的性能和效率。需要特别注意的是，该车型采用单片侧门框，从而使底盘更坚实。而该款车采用的最新刚性节点和负载路径技术确保将最佳等级和数量的铝合金用于实现

该性能，从而尽可能减少整车总重量。该款车底盘仅重 230 千克。

作为一个纯手工打造的艺术品，C8 Aileron 又被赞美为："用打造珠宝的工艺生产出来的跑车。"C8 Aileron 流畅的车身线条设计使得采用超塑成型全铝车身成为可能。在超塑成型工艺中，铝被加热到 500 摄氏度，然后在倒装模上进行真空成型，持续 30 分钟。整个车门也从而实现了无缝密封，最大程度保证各部件的完整性。

和整车设计一样，C8 Aileron 的前灯设计炫目且极其流畅。如此独特的造型确定了下一代世爵的设计方向。全新的 LED 用于前后方转向指示灯以及锐利的前车灯组内的日间行车灯。车身设计和功能性在 C8 Aileron 上得到了完美结合。例如，向后拉伸的顶棚确保汽车的最佳空气动力学性能。前部是极具视觉冲击的宽大进气格栅，内部水箱将能提供更多的冷却功能。

车后导流板在 C8 Aileron 的速度稳定性上扮演重要角色。导流板是后扰流装置的一部分，用以产生向下的压力，增加车底气流产生的地面压力。Aileron 的新长轴距全铝车架在刚性上比原有的 C8 短轴距车架加强了 2.5 倍，厂方声称超过了法拉利 F430。排列整齐的 LED 尾灯和排气管使 C8 Aileron 看上去显得有些另类。从尾部望去，宽大的轮胎又一次显露无遗，此外，19 寸轮胎和十辐合金轮圈更为车身增添了一分贵气和金属魅力。

至于内部装饰，除了采用顶级材质的皮革精制而成之外，最大的特色在于车内装置进一步诠释了世爵的航空主题。抛光铝仪表盘是全新设计，这将

C8 Aileron

应用于今后所有世爵车型。它符合最佳人体工程学，具备令人满意的真实触感，功能设置简单明了。20世纪20年代和30年代飞机上常见的铝制仪表盘以及瑞宝钟面和开关均为可选装置。

空调进气口被设计成涡轮状，甚至连世爵独有的地板式踏板箱在细节上也被设计得极为精美。LCD（液晶）显示器被整合到速度表和里程表之间，显示安装在中控台的荷兰高端音响品牌卡玛车内音响及娱乐系统的当前运行状态。而全景式的顶窗设计，又将驾驶的乐趣延伸到了车外。

在出色的设计和精彩的内饰之外，更让人期待的还是跑车的力量之源——动力系统。C8 Aileron 采用了自然吸气的 4.2 升 V8 汽油发动机。该动力装置具有 90 度角，40 个阀门（各汽缸配备五个阀门，三个进气口和两个排气口），带可变气门正时系统。令人称奇的扭矩、强劲的动力、有效的空气动力装置以及出色的动力重量比带来了绝佳的加速性能，4.5 秒内即可完成从静止到百公里的加速，最高速度达 300 公里 / 小时。在引擎部位还配备耐久不锈钢排气系统，带给驾驶者最为纯粹的引擎声响感受。

全新设计的 6速自动变速器凭借无缝、瞬时的传动行进，提高了 C8 Aileron 自由的驾驶体验。标配自动变速箱包括安装在方向盘后转向柱上的全铝换挡拨片。

当然，世爵这种独有的暴露式换挡机制的灵感同样来自飞机制造。当经典的“剪刀门”开启的时候，当强劲的引擎声响起来的时候，当车辆稳定而舒适地在高速路上行驶的时候，不知道驾驶者会不会拥有一种驾驶飞机的感觉？

世爵 D12 北京至巴黎（Peking-to-Paris）

奢侈品的消费者们对于某一物品的青睐可以用“怪癖”来形容，尤其是当现代的物品偏偏以一种古老的方法来制作完成时，这种古老包括它的历史以及它的生产过程，设计师们更愿意用这样的方式给这些物品添加上“奢侈”的附加值，而对于消费者，他们也更愿意以此来彰显自己的与众不同。世爵就是这样一个品牌，而它的这款 D12 Peking-to-Paris 更是以“超级SUV”的名义来诠释它的奢华与不凡。

20 世纪初，那是四轮车刚刚走进赛场和市场的时期，厂商们除了竭尽全力去打造汽车之外，更将相当大一部分精力投放在扩大自身品牌的影响力上。当时的法国《晨报》在其头版上刊登了一则挑战通告：谁能从北京驾驶汽车回到巴黎？很快，这个建议吸引了多家车商的报名。那个时候北京城的主人是摇摇欲坠的清王朝，闭塞而自大的晚清政府害怕这又是一场

世爵 C8 Aileron Spyder 是在原有世爵 C8 Aileron 系列基础上的一款延伸产品，除了提供世爵已有的敞篷汽车工程技术外，还延续了世爵一贯的特点：传承其航空灵感的设计以及在使用顶级材料的基础上凸显出的手工打造的奢华感。

阴谋，而拒绝了这些“奇怪的东西”入城，但最后迫于法国政府的气焰又不得不应允了，唯一的要求就是只允许其中的八辆车参与活动，世爵也在其中。那就是由世界上第一辆四轮驱动车世爵 60/80HP 改进而成的 14/18HP 跑车，当时驾驶这辆车的正是法国传奇车手路易斯·戈达。当这些车在北京城出现的时候，中国人第一次见到了“可以自己动的铁皮机器”，据说“汽车”一词被国人所知也就是从这次活动开始的。

1907 年 6 月 10 日，这些汽车从法国的兵营出发了，在那个需要同时克服颠簸马路和政治危机的年代里，其艰苦程度可想而知。直到 8 月 10 号，整整两个月的时间，车队相继到达巴黎，虽然世爵仅仅只获得了第二名，但是其一路上表现出的出色的性能和持久力深深地震撼了骄傲的法国人，因为从来没有一辆不经过改装的车能够完成这样艰苦的比赛。而这次比赛也被誉为是世界汽车拉力赛史上的第一次正式比赛。100 年后，也就是 2007 年，世爵为了纪念这样一个具有巨大重大历史意义的事件和取得的辉煌成绩，而专门推出了该品牌的第一款超级 SUV（Sport Utility Vehicle 的缩写，意即运动型多用途汽车），其命名也直接为“D12 Peking-to-Paris”。

对于一个以“限量”来定位的奢华汽车品牌，世爵的 SUV 将会怎样秒杀人们的想象力呢？太过奢华的东西常常被人诟病为“华而不实”，而“性能”对于 SUV 而言尤其重要，当我们第一眼看到这款超级 SUV 的时候，想

必那一刻的震撼来自于它惊世骇俗的野性：金属丝网格、鳍状的车顶和庞大的车轮，动感中显露着十足的霸气。这里依旧能够看到飞机的影子，一扇垂直的鳍从后挡风玻璃延伸出来，将玻璃车顶分成了四个部分，霸气和魅力在此合二为一。顺着车的流线，就可以看到一排整齐的队列，一个金属挡格、四个排气筒、四个圆形尾灯和两个中央刹车灯也巧妙地镶嵌在车身的尾部，像是在接受检阅，又像是在等待嘉奖。

全铝合金技术打造的车身提供给驾乘者坚实的安全感，长达 4950 毫米的宽敞车体还能提供宽松的车内空间，整体自重仅为 1850 千克，甚至比保时捷的经典 SUV 还要轻 1/5 以上。以手工见长的世爵汽车的内饰更是将奢华诠释得淋漓尽致。打开经典的对开四门，绝美的内部配饰便一览无余。

能工巧匠们以纯手工的方式，用胡桃木色的真皮及金属部件打造出奢华的驾乘空间。当然了，“纯手工”和“配合客户定制需求”也意味着每一辆都是世界上独一无二的艺术孤品。由优雅的荷兰王室 Hulshof 皮革包裹，其充满老式飞机怀旧色彩的仪表盘，都使这款超级 SUV 散发出独特的魅力。

值得一提的是该车时刻为驾乘者着想，较高的支撑使乘客通过急转弯时能够安稳地坐在自己的座位上，为了让乘坐者可以有效见识驾驶者的开车技术，里程表和转速表安装在了副驾驶位置和后排座椅前方，中央控制台可以对四个座椅加热器进行统一控制。而更加出人意料的是，这款 SUV 还采用了 C8 跑车中的玻璃顶篷，车体的野性与天空的透彻相互交融，提供给人们史无前例的驾驶和乘坐体验。

除了“稀少”和“纯手工”之外，这款天价SUV还在动力性能上继承了世爵在制造技术上的优势。该车采用恒时4轮驱动，搭载排气量为6.0升的W12发动机，一具6速F1自动变速器源源不绝地将强大的动力传递至大尺寸的百路驰轮胎上。500匹的最大马力使得世爵D12的最快速度可以达到每小时295公里，从静止至百公里加速也不过是区区5秒而已，这一系列足以媲美超级跑车的数据竟然是出现在一款SUV上，显而易见世爵这个风靡一时的跑车制造商即便在造就一款终极SUV时也忘不了超级跑车的灵魂。

为了能控制这个强劲的“怪物”，世爵D12还特意装备了高性能的制动系统，采用前后直径为400毫米的碳纤维陶瓷物料制动碟，配以AP竞技型6活塞制动卡钳，完全可以提供卓越超群的制动能力。此外，世爵还加装了ABS（防抱死刹车系统）、EBD（电子刹车分配系统）及HAD（液体刹车辅助系统）以期待更完美和稳定的安全效果。更让车主兴奋的是，这款SUV还采

世爵C12 Zagato的三围尺寸分别为4.5米、2.02米和1.25米，整车质量1480千克，极速可达315公里/小时。

用了类似于F1的方向盘，更增添了无穷的驾驶乐趣。

值得一提的还有这款车的减震器，由拥有150年历史的荷兰KONI品牌提供的阻尼自动软硬可调的减震器，为崎岖和长途的路程提供了更舒适的保证。当驾驶着这样一款无敌的超级SUV的时候，对于世爵的那句“执着强悍、畅行无阻”的理解就变得更加容易和深刻了。

世爵 C12 Zagato

中国有句古话说：“道不同，不相为谋。”换句话说，就是“道”相同，则相互扶持，形成更强大的合力。以设计概念车闻名于世的意大利Zagato工作室有着骄人的历史，在最初为顶级跑车品牌阿尔法·罗密欧制作了一系列风格另类、造型独特的概念车之后，又为阿斯顿·马丁、劳斯莱斯、名爵等品牌完成了一系列设计工作，成为当今世界车型设计领域中的佼佼者。这个以设计著称于世的工作室有超过80年的历史，荣获过包括“意大利奖”在内的多个设计大奖。和世爵一样，它同样追求汽车的极致造型和出色的流线，同样秉承稀量设计的原则，共同的理想和相同的信念使得这款世爵C12 Zagato成为一尊殿堂级的艺术珍宝。

这款全球限量仅24辆的超级跑车一经问世就在跑车界抛下了一颗惊雷。多处采用了F1技术的这款超级跑车全身采用铝合金结构，全车总重量只有1480千克，而时速最高可达每

小时 315 公里，再加上 Zagato 的独特而霸气的外形设计，以及在轻量化和空气动力学上的优势，使得它成为无数车迷心目中的最终梦想。诚如世爵的 F1 车手阿德里安·安提尔所说的那样："从我 18 岁得到第一辆 Zagato 赛车开始，我就已经爱上这个独特而又颇具魅力的车型。"

如果大家注意一下 Zagato 和世爵这两个拥有悠久历史的经典品牌在赛车和创新上面的共性，就知道它们之间的合作是一件情理之中的事情了。很难再找到一个像他们这样将艺术、技术和激情完美融合的组合了。

这款车的制造在很大程度上是为了纪念世爵的 F1 车队，这也解释了为什么这款车会出现世爵经典 F1 赛车——F8-VII 的一些特征，例如加长的车身和压低的前脸。这款车也再次展现了世爵跑车的航空情节，最明显的部位莫过于采用了世爵航空器的一些元素，使得车鼻流露着 F1 赛车灵动而骄傲的表情，另外还有 F1 前扰流翼式样的车头进气口、车顶的发动机进气口、后视镜、车尾的雨灯和扰流装置，不知道驾驶着这样的跑车，脑海里会不会浮现出在 F1 赛道上风驰电掣的情景。

C12 Zagato 最让人吃惊的部分就是全身多个部位可以旋转，包括车头、车窗、车门、车尾都可以旋转到车主认为合适的位置。这很容易让人联系到变形金刚，强烈的金属质感加上时尚帅气的剪刀门设计让人心跳加速。其实它的本意不在于模仿变形金刚，而是向客户提供一种可以自己安排的舒适和自由。另外，它的车胎设计也颇见心思，融入了赛车理念，加上全球限量，光芒自然难挡。

世爵 C12 LaTurbie 是世爵旗下第一辆搭载奥迪 W12 发动机的跑车，最高时速为 325 公里 / 小时，从静止到百公里加速仅需 3.9 秒。

这款超过 800 万元人民币的超级跑车除了拥有惊艳的外形外，其动力性能更是足以与 F1 赛车一较高下。该跑车采用中置发动机后轮驱动布局，以世爵 C12 Spyder 为基础进行研发，搭载 6.0 升的 W12 发动机，最大输出功率高达 650 匹马力，从静止加速到百公里耗时 3.8 秒，这个数值也是大多数 F1 赛车的标准数据。为了满足不同客户的需求，世爵为新车提供了两台不同的变速箱供用户选择：一款是 6 前速手动变速箱，另一种是带有 F1 换挡模式的 6 前速自动变速箱。

除了这些赛车级的配置之外，这款跑车还拥有一般 F1 赛车难以享有的舒适性和奢华感。C12 Zagato 的车厢用橘红色高级真皮包裹，再用拉丝铝合金面板进行点缀，既有动感又充满豪气。

与法拉利张扬的红色和劳斯莱斯逼人的贵气形成鲜明的对比，宾利表现出来的是极致的低调与内敛。一个世纪的传承，它用王族之血诠释了纯粹的贵族精神。

英伦王族的低调传承

宾利

BENTLEY

它始终坚信“血统远远比品牌重要”，所以不论它是属于宝马，还是大众，它的血液里永远是尊贵优雅的英格兰皇家血统。它的制作者也从不会遗忘它的过去，所以宾利永远是宾利自己。设计师们能够做的，是去保全它的灵魂，而老板们想做的，是比市场的需求少生产一辆。

铭记一段历史，是从感动开始的，更何况这份感动来自于信仰。1919 年，“一战”战火的尘埃刚刚落地，来自英国克鲁郡的一个厂房里便传出了欢呼的声音，欢呼的人并不是在庆祝和平的到来，而是为自己设计成功的第一辆汽车喝彩，他就是沃尔特·欧文·宾利。这位以向皇家空军提供最优秀的发动机而出名的男子刚过 31 岁，相对机械的乐趣，他更沉醉于对速度和耐力的追求，而这也注定了宾利并非为“大众”而生的产物。

从第一辆车出厂，强劲的宾利便如同一把利剑，在关于速度和耐力的历史上刻写了自己的名字。当这种打破纪录的频率和获取冠军的次数太过于频繁的时候，欧文·宾利逐渐处于激动乃至癫狂的状态中，他以一种享受的心情去秒杀对手，可是这也意味着他对财富的现实意义的忽视。当这种追求速度和成功的乐趣成为一种不计成本的信仰的时候，成功变成了宾利最大的负担。

如果提起一个翼型的“B”字，很多人都会记得那个曾经一度五夺勒芒耐力赛冠军的传奇，一定会记得那段不断打破各种速度记录的神话。岂知与信仰相连接的却是危机，当信仰带来的危机和20世纪30年代的经济危机一起走进宾利的厂房的时候，如梦初醒的创始人已经无力回天。1931年，债务达到10万英镑的宾利被劳斯莱斯吞并，公司的名字也随之改成了“劳斯莱斯－宾利汽车公司”。在这次改名换姓之后，宾利成为劳斯莱斯的跑车版，略显平庸的二十年过去了，直到“二战”结束之后，宾利才迎来真正的新生。

当 1952 年欧陆 R 型车重新以宾利的本性出现在世人面前的时候，那个强劲的“B”字飞翼又回来了，这款被誉为“魔幻宠车”的车型也真正宣告了宾利的回归，乃至希腊船王奥纳西斯、意大利富豪阿涅利家族以及石油大亨洛克菲勒等都相继成了宾利的“信徒”。对于造型、线条、性能、舒适度有着近乎苛刻挑剔的富人们，再次被低调内敛的宾利车征服了；就如同当年的英国海军征服海洋时的壮举一样，宾利用“皇家的血统”诠释着纯粹的英格兰精神。

宾利在不同大公司之间的转让，也让创始人沃尔特·欧文·宾利由一个老板变成了雇员，宾利也由从前的主要追求速度和耐力改成了对设计、外形、舒适度和操作性的追求，这些也成为宾利汽车的新内涵，是劳斯莱斯

赋予宾利的新鲜元素。随后的几款宾利新车的畅销证明了这种转变带来的市场效益，然而宾利的成功却并没有挽救母公司的颓靡。1997 年，德意志机械制造完成了对英格兰的成功“侵袭”，被英格兰人引以为荣的劳斯莱斯品牌被德国宝马集团收购，而劳斯莱斯旗下的宾利又被德国大众以 4000 万英镑的天价收购，成为德国大众汽车公司的一部分。

当世人还在感慨宾利命途多舛的时候，当人们还在怀疑宾利将会降低格调成为俗世汽车的一员的时候，宾利“雅致系列”随之诞生了。它既打消了人们对于宾利的质疑，又再次将宾利推到了世界顶级汽车家族中去。更为让人感动的是，它保持着一如既往的英国气质，正如宾利前总裁弗兰兹·约瑟夫·培夫根所说的那样：“我们始终坚信品牌重于国籍，虽然被德意志人收购了，但是人们更愿意看到德国制造的质量标准和英国制造的汽车艺术相结合。这，就是今天的宾利”。

如果了解宾利，就会领略到一种强烈的品牌归属感。今天的宾利被冠以“私人订制的极致之选”，它拥有和劳斯莱斯一样让人羡慕的纯正的“英格兰皇室血统”和纯手工制作的英国汽车艺术，同时它又以一个“梦想还原家”的身份成为汽车家族中提供最极致订制服务的汽车品牌。比如：一个美国顾客会订制一个不锈钢的油箱盖，又渴望在上面加上一个搪瓷制成的宾利标志；还有人希望将他家花园里的那朵稀有的植物“移植”到车里来做成内饰的配件；更有人要求在车厢里使用鸵鸟和水牛皮……千奇百怪的要求体现了顾客需求的多样化，也彰显了宾利汽车的贵宾服务特色。

不仅如此，宾利还积极鼓励车主参与自己汽车的设计和制造，不论是想在车中安装一套奢华的家庭影院，还是一个雪茄湿度控制器，又或者是一个便捷的视频通讯会议系统，都会得到满意的答案。“万人迷”贝克汉姆就曾委托宾利公司在送给爱妻的礼物——欧陆 GT 中，设计了一个写着维多利亚名字的化妆箱。在宾利这里，顾客的想法比设计者的想法更重要。

极品之选
JIPINZHIXUAN

宾利欧陆超级跑车（Continental Supersports）敞篷版

20 世纪英国最伟大的诗人托马斯·艾略特曾说：“世界上大部分的麻烦都是由那些想要成为伟人的人搞出来的。”这句话用于宾利创始人沃尔特·欧文·宾利身上很合适，只是他的“麻烦”在于没有对手。

那时的沃尔特·欧文·宾利和一群勇于挑战的赛车手不断地冲击着速度和耐力的极限，当时他们被称做“宾利小子”。充满激情和拥有梦想是年轻人的特权，他们曾高调地向当时最快的火车挑战，当然，这也是在他们五次夺得勒芒赛事的冠军之后发生的，那是 1925 年，沃尔特·欧文·宾利和他的助手们完成了在当时看来几乎是不可能的事情——制造出以“Supersports”命名、时速达到 160 公里 / 小时的新车。要知道，当时大部分车型的发动机功率仅有 15 马力，而“Supersports”已达到了 85 马力。

这款令人兴奋不已的机器也成全了一代车王沃尔夫·巴纳托三次参加勒芒赛事三次夺得冠军的伟绩，并使这款代表激情、速度、耐力的霸主级赛车成为宾利历史上不朽的经典。1952 年，已经归于劳斯莱斯门下的宾利推出了欧陆 R 型车，这款在当时被称做是“世界上最快的四门跑车”让人青睐的却不仅仅是速度，还有出色的造型和完美的设计。时间推移到了2003年，宾利身上依旧涌动着充满激情和“永争第一”的信念。设计师们从欧陆R型车身上找到了设计的灵感，又一如既往地赋予其出色的动力性能，从而打造出了宾利史上最优雅同时最快的超级跑车，这一次，它取名为欧陆超级跑车。

这款秉承了创始人精神，带着纯粹力量和感观刺激，为最舒适驾驶而生的超级跑车是宾利最新设计和成就的代表，也是宾利品牌追求性能不断突破和打破极限的结果。全新的驱动系统，可以满足任何人对于速度的要求。该款车采用强劲的W12宾利发动机，提供621匹马力的超强动力，百米加速仅需3.9秒。同时还配备全新的变速器，200毫秒的变速器表现相当惊人，也使得换挡时间缩短了一半，还可轻松实现双降挡。除了速度，操作性和平稳性同样做到了兼顾，独特的全轮驱动系统的前后比为40:60，带给汽车与众不同的功率分配，保证跑车在得到强劲动力的同时，更加稳定地行进。

与强劲的动力相对应的无疑是跑车的制动性。这款车采用当今世界上最大的碳陶瓷刹车和8活塞卡钳，经久耐用的轻量刹车碟在提升刹车响应度的同时，将刹车过程中的超高温“交给”了碳陶瓷环节。值得一提的是，该跑车的后轮轮距加宽了，在急转弯时表现出更强的抓地力，进一步提高了驾驶的安全性和舒适度。毫无疑问，欧陆超级跑车就是为驾驶而生，总是能够为酷爱驾驶乐趣的人提供梦幻般的驾驶乐趣。驾驶的乐趣除了对动力系统的依赖之外，还见于其出色的外观设计和内饰的配合。从外观上来看，欧陆超级跑车的线条简约明快，看上去沉稳并且光芒绽现。硕大的后轮眉使得整车霸气十足。与欧陆 GT 不同的是超级跑车硕大的中网经过特别的“烟熏钢面抛光处理”，同时为了突出前脸的冲击力，下方的网状进气格栅也作了烟熏处理，如此一来，超级跑车的运动感和豪华感便兼备了。

宾利欧陆超级跑车的尾部设计非常饱满，采用了双排气管的设计，扁平镀铬的装饰突显了它的豪华气度。尾灯简约有型，并没有标新立异的LED 光源。从车尾来看漂亮的溜背线条轻松地将车后部的一切融入其中，短尾设计是两门轿跑所常用的设计手法。敦厚、简洁依然是宾利的传统，世人熟悉的充满力量感的线条和粗壮的后腰线，所有这些都承袭了经典的欧陆 R 型车。最让顾客感到惊喜的还有它对多项高科技技术的使用，包括先进的信息娱乐系统和全新驾驶员仪表板，无钥匙进入和点火系统、挡风玻璃感应式雨刮、电子轮胎检测器、电子巡航控制系统和遥控车库等，每一个细节处都释放出奢华与高贵的气息。当然了，顾客自己的需求也会在设计的过程中不断得到补充和满足。

宾利的设计师们为这款敞篷车选择了三种卓尔不群的漆面颜色，鲟鱼白、石英灰和恰如其分的北极蛤白。以驾驶者为本的独特双座驾驶室，配备轻质运动座椅。在材料上也是奢华尽显，采用宾利特有的碳纤维和“软触感”极佳的皮革，再经过顶级工艺大师的纯手工制作，对宾利的精湛工艺进行了完全不同的诠释，并提供单色调和双色调方案供客户选择。从带有“Supersports”字样的缎纹防滑板、仪表板和中控台，到蛤壳式座椅，无一不在透露着独特而又典型的宾利风格。尤其值得一提的是，这款超级跑车还可依靠汽油、生物燃料或两者任意比例混合而成的燃料行驶。混合燃料技术首先在欧陆超级跑车双门轿车上进行了尝试，按照“油井到车轮”测量法，计算燃料对大气总的影响而不只是尾气排放，这项技术能使二氧化碳排放量降低 70%，而这，又契合了当今低碳生活的时尚潮流。

宾利雅致（Arnage）728

由于创始人对车赛情有独钟，所以宾利在车厂成立的第四年时就参加了国际赛事——勒芒车赛。当时该赛事在法国举行，而参赛的车队也清一色的是法国赛车，唯有宾利是英国车。比赛刚一开始，宾利就凭借超强的引擎震惊全场。第二年在比赛中更是轻松夺冠，并蝉联了四次勒芒赛事冠军，“雅致”就是取名于这项赛事中一个弯道的名字，这也充分表达了宾利赛车的光辉战绩。

“728”是指这款车比一般的宾利汽车长出 728 毫米。无论是动力、空间、设备、工艺还是设计，这款具有纪念意义的超级豪华汽车几乎代表了宾利的最高水准。它是一辆最具内涵的车款，那是一种英国绅士的风度。

雅致 728 每年全球仅生产三台，售价高达 1200 万人民币，而其中一辆更是达到了惊人的 1500 万人民币。雅致 728 将订制发挥到了极致，它是由宾利旗下的汽车制造公司经过与客户深入交流，了解客户需求及生活习惯后，才进行外观设计和内饰装潢的。故此，每一辆宾利雅致 728 从车身颜色、皮革质地到内饰配衬、配件都是与众不同的，成为宾利汽车史中独一无二的珍品。

客户从下订单到交货要等上八个月的时间。因为在它的生产车间里，你看不到一只机械手，百分之百的手工制作，车身的生产线每分钟只能移动六英寸，它是世界上最慢的生产线。而车内的皮饰制作要求更为严格，平均每一台雅致 728 要使用 400 多块优质牛皮，这大概需要从 15 头牛的身上获取，而且只取其中最平整优质的部分。这些牛也有特别的要求，它们来自专门的养牛场，场主会细心呵护牛的背部，以防牛背部的牛皮受到损坏。得到牛皮之后，包装也是一件细致的事情，一个方向盘的包装需要一个熟练工人花费 15 个小时，而整个车内装饰的制作时长更是达到了惊人的 13 天。每一个部件的包装都会签上责任人的名字。即使是发动机，也是工人手工完成制作，每一颗螺丝都是用扳手拧紧的。

卖的就是做工，做的就是极品。除了手工限量之外，雅致 728 利用多出一般汽车的 728 毫米的长度，在车内设备增置上也做到了极致。只要轻轻一按按钮，挡板就会出现一个 24 英寸的超波屏幕，再连接上内置的 DVD（数字多功能光盘）播放系统、环绕立体声系统，后车厢立马变成了一个可移动的私人影院。同时还配备有豪华冰箱，车载通讯系统以及酒吧柜。而工人们精心设计的座椅使舒适度也达到了最佳，乘车者悠然自得，驾车者自由自在。除了长度之外，宝石状的油箱盖和手工打制的车标也是雅致 728 区别于其他车型的特色之处。在这样的汽车里面，旅程的距离似乎成为无需考虑的因素了，开车与乘车同样是享受。

这位贵气逼人的绅士，这位出身名门的骄子，堪称有着百年手工工艺的艺术品，从内到外都镶饰着高贵独特的品质。难怪在英国女王登基 50周年

的庆典上，这款雅致 728取代了劳斯莱斯成为这个历史瞬间的见证者。在庆典活动结束不久，女王还坚持乘坐这辆车前去博物馆参观，以及参与一些民众的庆祝活动，由此可见女王对雅致 728 的喜爱程度了。

宾利元首级（State Limousine）

王子与公主的故事总有一个美好的结局，如果放眼到现实中来，那么无疑要数英国王室的威廉王子与凯特·米德尔顿最终美满的大婚最受人瞩目。这场全球直播的盛大婚礼在展示着英国王室的崇高地位时，也展示了英国汽车的荣耀。在去往威斯敏斯特教堂的路上，除马车外，几乎清一色都是挂着英国品牌的奢华汽车，其中最受瞩目的则是女王伊丽莎白二世与威廉王子乘坐的宾利 State Limousine。

有一种气派叫定制，有一种权威叫君临天下。宾利 State Limousine 中文名叫宾利元首级，是 2002

年由英国克鲁郡工厂历时两年打造的，作为庆祝英国女王登基50周年的贺礼。这款车宾利一共只制造了两辆，仅此两辆，这也是宾利作为英国顶级豪华轿车品牌将近90年的历史中第一次为王室制造汽车，之前的加长豪华轿车均是由戴姆勒和劳斯莱斯制造的。这个特殊的荣誉使得宾利被允许使用女王特定的带有女王盾形徽章的标志，宾利骄傲地将其矗立在巨大的铬合金格栅上。这款基于宾利雅致R型车的元首级车款成为了宾利历史上最荣耀的瑰宝，由克里斯宾·马什菲尔德主持设计的过程中，伊丽莎白女王还亲自参与了设计过程，并且采选了宾利设计总监德克·范·布雷克提出的各种建议，最终打造出这一款全新的王室座驾。

从外观上看它与其他车型有着显著的区别，它比雅致系列更显得老式，也更古典和高贵，配备可以保护内部隐私的不透明玻璃面板，不需要时可以藏在车体面板中以获得绝佳的视线。这款特制的宾利雅致轿车带有加大的车厢，配备有对开式车门，再加上防弹车顶和密闭式车厢，使得该车总重量超过了4吨。该车动力来自于一台功率400马力的6.75升排量V8发动机，而且也会有该品牌引以为傲的双涡轮增压系统，搭配全新科技的缸内直喷技术，在环保方面也会有超越以往的表现，不过更惊人的是，这款全新礼车还导入时下相当热门的环保节能概念，除了传统的无铅汽油之外，将可以使用生物燃料。

传承皇室与宾利的历史传统，加长轴距空间上的充裕以及内部运用绝佳手工艺，也只符合基本要求，为了让女王更轻松上下车，宾利还特别为这款车车顶加高25厘米，由图片中也能看出它与一般豪华房车大不同的车身比例，女王几乎可以站在车内而不必弯腰。除此之外，车门还可以90度开启，以方便女王和皇室成员以最优雅最舒适的姿势进出车门。宾利元首级的后座按两人座位设计，但同时提供了两把折叠椅，可供额外乘客使用。为了避免留下过分奢华的印象，女王坚持要求车内少用木质材料，车外少用不锈钢边线。车身则按要求使用皇室传统的暗紫红色和黑色，两侧饰以红色条带。

除了在使用上完全依照订制者的要求逐一满足之外，在外观上，它同样满足了女王的要求，新专车设计的要求是到2027年，即在2002年之后

的25年内车型看上去不会过时。女王专车使用的是装甲钢板、防弹玻璃、防止地雷袭击的金属包层、防爆轮胎和卫星通信系统等。此外，汽车还具备防范毒气袭击的功能。汽车的发动机也有特殊保护装置，即使遭到炸弹或大火袭击仍能发动。在内饰方面，宾利元首级也体现出一个王室座驾的奢华与尊贵。配备了世界顶级的小牛皮，由来自瑞士的巴利工匠代工，华丽的木材配备深色的皮革，将这庞然大物装点得富丽堂皇，犹如一座移动的宫殿，估计在世界上能与其媲美的也只有美国的总统座驾——陆军一号（一辆由凯迪拉克改装成的加长车）了。

宾利慕尚（Mulsanne）

在一个崇尚效率的年代里，汽车的流水线生产为资本家带来了丰厚的收益，于是你可以看到千篇一律的汽车外形，一模一样的车灯，甚至就连汽车踩刹车之后的“吱吱啦啦”的声响也是一样的……矛盾的是，这又是一个追求个性的时代，“与众不同”成为皇室贵族和社会名流标榜身份和彰显个性的重要途径，宾利就是这样一个注定属于少数人的私享之物，私人定制所赋予的个性加上纯手工制作带来的精致让每一位拥有宾利的私享者给人留下非富即贵的印象。在所有的宾利车款中，慕尚更是被宾利官方誉为“百分之百的纯正宾利”，这个由克鲁郡工厂精心打造的完美之物，也成为宾利手工制作的典范之作。

与流水线作业的量产车相比，宾利慕尚的制造周期要用“漫长”来形容。如果不是在克鲁郡的宾利工厂亲眼目睹它的手工打造过程，我们还是很难直观地明白它之所以昂贵到天价的理由。在这个或许是全世界效率“最低”的工厂内，几乎看不到一台其他现代化工厂引以为傲的机器人。这里的工人，准确地说应该是经验丰富的工匠，依然在从事英国最传统的手工制作。他们当中有许多人从爷爷辈开始就在此工作，如此代代相传，使得最传统、最纯正的英国造车工艺得以承袭下来。

打造一台奢侈如宾利慕尚这样的超级豪华汽车需要两个多月时间，而单单内饰的手工制作环节就要花费整个制造流程几乎一半的时间，足见传统手工艺对于慕尚的重要意义。慕尚每一个方向盘需要 15 小时完成手工缝制；熠熠生辉的不锈钢件需要数个小时的手工细致抛光；而制造一块木饰板需要花费长达 5 周的时间，才能将粗糙的原木打磨成一整套精美对称的抛光木片。

除了这些精细的手工环节，宾利更愿意将“百分之百的纯正宾利”作为这款车的最大特色。我们知道，宾利从诞生到现在已经经历了数次的荣衰和老板的更换，从英国本土品牌变成德国企业的附属，虽然宾利竭力保存其英伦汽车的艺术性，但不论是雅致系列，还是欧陆超级跑车系列，多多少少还是染上了其他品牌或者国家汽车的痕迹。这也意味着，慕尚是自

20世纪30年代首次换主人以来唯一一款宾利独立设计、研发并且制造完成的车；这更意味着，这款车不仅仅是继承了英伦汽车的艺术性，而且它的大部分机械部件也都是在克鲁郡的原厂里生产出来的；另外让他们引以为傲的是作为替代雅致的全新旗舰，慕尚可以看做是向宾利公司创始人沃尔特·欧文·宾利先生的致敬。慕尚前脸上一大一小双圆灯的设计灵感即来自于沃尔特·欧文·宾利最钟爱的杰作——宾利8升车（8 Litre），这台车在机械性能和内部装饰上都达到了同时代的巅峰，只可惜生不逢时，随后的经济危机使得宾利公司被并入劳斯莱斯公司。

从外观上来看，慕尚的外形严格遵守着传统英式豪华房车的车身比例，长长的发动机盖加上短前悬和长后悬，闪亮霸气的车头进气格栅，肌肉感十足的后腰线，还有那硕大的20英寸轮圈（可选21英寸）等设计元素都彰显了浓郁的英伦古典韵味。跟欧陆车系一样，慕尚也采用经典的宾利双椭圆形不锈钢排气管，车尾两侧的LED尾灯设计成了椭圆形，后风挡也完全嵌入车身之中，这种设计造就了异常流畅的D柱线条，当然这些复杂的曲线也只能由克鲁郡熟练的车身制造技工精心手工打造才能呈现。

精致的内饰更能展现宾利对细节部分的完美追求，从打开慕尚车门的那一刻起就能感受到这份不计时间的细致带来的美好感受。它的门把手内侧经过传统的“滚花”处理，除了起到防滑作用，抓握手感也很好，虽然你看不到它的纹路，但一定能感受到设计师的独具匠心。刻有“Mulsanne”英文字样的迎宾踏板，它那光可鉴人的表面可是克鲁郡的工匠们反复手工抛光处理的结果。如果你的鞋不巧有点脏，你甚至都不忍心踩踏地板上那又厚又软的羊毛地毯。

除了耗费时间的慢工细作外，来自大自然的珍贵原料也是不可或缺的。跟80年之前的宾利8升车一样，在慕尚的车厢内，你能看得到的大致仍然只有皮革、木材、金属及羊毛四种天然材料，而且它们绝不会欺骗你的眼睛，因为只要看上去是什么材料，那么它就一定是什么材料。慕尚的所有仪表沿袭了8升车的圆形设计元素，当然80年之前的车不

可能有空调，于是慕尚的空调通风口也被设计成古典的圆形“公牛眼”式样，风量的大小由旁边的不锈钢推拉杆控制。唯一一个“反传统”的地方大概就是按键的处理。设计师为每个按键的表面覆盖上一层漂亮的玻璃，为的是获得上佳的按压手感和表面光洁度。慕尚的8英寸多媒体显示屏隐藏在中控台最上方的木纹饰板内，只需轻轻一按便可翻转出来。慕尚的多媒体界面类似于奥迪的MMI（多媒体交互系统），也是通过一个中央旋转控制器实现对卫星导航、音频、视频、个人资料、电话等系统的操作和控制。最后再来看看慕尚的动力系统，尤其是它的最新发动机。为了保持“纯正宾利”的血统，慕尚依旧采用已有50多年历史的6.75升V8发动机，不过为了让它适应21世纪的空气，这台新发动机的主要构件均采用最新技术并且被彻底重新设计。为了达到提高效率、降低油耗的目的，除了重新设计的轻量化零件（包括活塞、连杆和铸造曲轴等），还引入了可变气门正时和停缸技术。

这两项技术使得发动机管理系统不仅更有效地调节进排气，改善发动机怠速和输出扭矩，使最大功率可达505匹马力，还可在汽车处于巡航状态时关闭8个汽缸中的4个气门从而提升燃油经济性。与这台老而弥新的V8发动机相匹配的则是全新8挡自动变速箱。此外，宾利还首次为旗舰车型在方向盘后方配备了换挡拨片，这个全新的动力装置也使得慕尚拥有超凡的驾驶乐趣，即便你的右脚粗暴地踩踏油门，它的指针也只是以一种很优雅的摆动方式来化解你对速度的渴求。不要试图去体会涡轮迟滞以及气门关闭和开启的转换，坐在车内，无论你是乘客还是司机，都一点儿也察觉不到。

在跑车的王国里，意大利拥有天然的基因优势，在法拉利和兰博基尼近乎咆哮的引擎声中，玛莎拉蒂如同女王一般优雅临世，因此它又被称作“意大利情人”。

优雅的意大利情人

玛莎拉蒂

它没有法拉利那样疯狂，也不及兰博基尼那般极端，而是更优雅和舒适。它的历史甚至比法拉利还要长15年，它诞生了49年之后才出现了兰博基尼，它更像是意大利跑车的母亲，谁都无法忽视它的历史，就好像谁都难以轻视它的现在。

它叫玛莎拉蒂，现实中的原型人物原本只是意大利一个普通的火车司机的妻子，也是几个男孩的母亲。这几个懂得感恩的男孩耳濡目染了机械带给人们的便捷和乐趣，他们对于汽车的热爱使他们决心创建一家汽车集团。1914年12月1日的波罗尼亚，一家以这几个孩子母亲名字命名的公司诞生了，这就是玛莎拉蒂的起点。

最初公司还没有足够的实力去生产汽车，而主要是帮助一家名为“迪亚托”的汽车公司改造汽车以参加当时盛行的汽车比赛。如果历史照此发展下去，也许世

界上不会出现玛莎拉蒂跑车这个概念，至多是一个赛车改造工作室而已。12年后，小有名气的玛莎拉蒂公司依旧进行着改造赛车的任务，可是迪亚托公司突然宣布不再参加各种赛事，这也意味着玛莎拉蒂公司失去了一切业务。但12年的赛车改造经验已使得这一群男人拥有了足够的经济和技术实力去生产属于自己的汽车。于是玛莎拉蒂开始了独立生产汽车的历史，很快，以其中一位兄弟的名字命名的Tipo26诞生了，它在随后的环西西里岛拉力赛中的夺冠也使玛莎拉蒂步入了成名的快速通道。

这个上升的势头还没来得及等到日落，就被地中海的暗涌给阻止了。接连不断的战争和随之而来的经济危机迫使公司不得不步入被变卖的窘境，唯一值得庆幸的是在公司被家族售出之后，依旧沿用玛莎拉蒂的名字，不同的只是老板的改变以及厂址由波罗尼亚迁到了摩德纳而已。不久之后，不甘于平庸的恩佐·法拉利也来到这里，并成为独立的汽车生产商，从此法拉利和玛莎拉蒂双雄逐鹿的历史拉开序幕。当然，有一阵子阿尔法·罗密欧也曾参与这场跑车角逐，但这都是“二战”后的事情。

玛莎拉蒂的三叉戟标志，原本也是创始地波罗尼亚市的市徽。相传三叉戟是希腊神话中海神波塞冬手中的武器，它显示了海神巨大的威力和无可撼动的统治力，隐喻了玛莎拉蒂在意大利跑车界的重要地位以及其内含的强劲动力。在玛莎拉蒂从事赛车活动的30年时间里，总计获得了500场胜利，传奇的过去也使得今天的玛莎拉蒂得以享用荣光。

在 1947 年之前，玛莎拉蒂无疑是意大利最强大的赛车品牌。尽管后来多次易主，并且遭遇到强大的梅赛德斯的竞争，但玛莎拉蒂还是出产了类似于 Tipo250F 这样的常胜赛车，尤其是在 1939 年 5 月 30 日，那的确是个值得玛莎拉蒂骄傲的日子。赛车手诺瓦拉利驾驶着玛莎拉蒂 8CTF 取得了美国印第安纳波利斯 500 英里大赛的胜利，并且在 1940 年成功卫冕，连夺两届美国印第安纳 500 公里 锦标赛冠军，这是唯一一家意大利汽车制造商摘取这项桂冠。而战胜梅赛德斯的车手诺瓦拉利，更是成为意大利品牌车历史上的民族英雄式的人物。

如此来看，一个不断面临经济危机，不断面临新的竞争对手，不断更换老板的汽车生产商，却依旧不断地在生产和竞争中取得骄人的成绩，不仅仅要感谢海神波塞冬的三叉戟神力的庇护，更重要的是车厂自始至终都在坚持的玛莎拉蒂精神——永远追求高品质、舒适的高性能跑车。值得一提的还要数 20 世纪 60 年代到 70 年代，风靡全球成为高性能 GT 轿车代名词的玛莎拉蒂 GT 车型。如果单论动力和耐力性能，玛莎拉蒂有与法拉利一较高低的能力，而玛莎拉蒂同时还兼顾优雅和舒适，可后来这种优雅的母性情节使得公司无法在两个方向上同时拥有足够的人力和财力支持，尤其是玛莎拉蒂的营销能力远远不及后来居上的法拉利。在随后的几十年里，它的主人不断地被更换，老对手法拉利集团都相继成为玛莎拉蒂的老板。玛莎拉蒂和法拉利的关系也由对弈变成了相互扶持，如今的它们成为当代车坛上的绝世双骄，它们发挥着各自的特点和优势，打造着各自不同风格的超级跑车。

玛莎拉蒂 Gran Cabrio

玛莎拉蒂在 20 世纪 60 年代的盛极一时，让它的敞篷跑车俘获了世人的心魄，甚至就连骄傲的英国杂志也感叹地说：“当我们的记者把镜头瞄准我们的英国汽车的时候，你分明看到他们的眼睛已经死死地盯着那一款玛莎拉蒂的敞篷车。”甚至就连美国汽车的代表人物——福特二世，也会选择玛莎拉蒂敞篷跑车作为自己的座驾。当有人指责他背离信仰时，他坦然地回答说：“想让玛莎拉蒂从我的车库里消失，你们先得把福特车设计得像玛莎拉蒂那样漂亮。”玛莎拉蒂这位著名的敞篷跑车制造商在历经沉浮之后，推出了全新的 Gran Cabrio 敞篷跑车。

在一个有着征服欲望的国度里，尤其是在一个四处都流传着罗马英雄征服世界的故事的地方，类似法拉利那样激情澎湃的红色旋风以及兰博基尼那样的速度怪兽的出现，显得合情又合理。顺应历史

的都成了传奇，而掌握自己命运的势必是英雄。玛莎拉蒂无疑是这样一位英雄，在一个以主打“速度”来征服世界的地方，它用它的优雅颠覆了历史。Gran Cabrio 敞篷跑车的推出既是对曾经辉煌历史的缅怀，又是对敞篷跑车的重新诠释和定义。其实它是拥有车顶的，只不过在 28 秒的时间内，车顶就可以缩回进存储仓里。虽然这并不是玛莎拉蒂历史上的第一款敞篷跑车，却依旧凭借其身为品牌历史上的第一款四座敞篷跑车载入史册。

对于一个鉴赏家而言，选择 Gran Cabrio 敞篷跑车的理由是从它的外观开始的。尤其当跑车将软顶缩回舱内时，那种意大利式的野性之美肆意彰显。不论是在滨海公路上疾行，又或者是在嚷闹的市区里穿过，它总是成为瞩目的焦点。更小的离地间隙和加长的发动机罩使得侧面的视野更加开阔，这也意味着眼睛和心灵的解放。时尚的 V 字造型指向格栅，格栅中央嵌有大气的镀铬三叉戟，如果一定要在霸气和优雅之间寻得交集的话，遇到 Gran Cabrio 时，就有了答案。车身侧面也采用镀铬设计，使得 Gran Cabrio

跑车外观更加熠熠生辉。协调的镀铬装饰完美包覆座舱，与第三刹车灯巧妙融合，提升了整体美感。车尾部的三角形车灯由 96 个 LED 组成，扩散器更宽，更加凸显该车的运动风范。此外，同样采用了三叉戟设计的 20 英寸轮毂豪放大气，令该车的运动气质尽显无遗。Gran Cabrio 的车身设计经过多项空气动力学的测试，旨在减少敞篷车常有的空气阻力。Gran Cabrio 的空阻系数达到同类最佳水平，软篷闭合状态为 0.35，软篷开启状态为 0.39。扰流器和后扩散器相互配合，提供了最佳的抓地性能，安全系数也随之提高了。

如果贪恋它外在的美就会心头一动的话，那么走进车内的感受则更为强烈。入座就能体验到玛莎拉蒂的精致、舒适与奢华，Gran Cabrio 作为同类车型中唯一一款可舒适容纳四位成年人的敞篷跑车，舒适性在宽敞的车内得到了充分的展示。从未有任何一辆挂有三叉戟标志的车型能够让全家成员或四个朋友在敞篷的情况下一起享受美妙的旅程，过去乘坐跑车后排注定要让身体受罪的时代真正一去不复返。Gran Cabrio 的后排乘客不再是配角，他们和驾驶者可以一起享受旅程。乘客的双腿可以得到充分的舒展，即使他们身高超过 1.8 米，也无需蜷缩起来，而背部也不需要保持不自然的垂直姿势。Gran Cabrio 的后排靠背设计使得车辆运动性能的发挥并不以损失舒适性为前提，乘客可以舒适愉快地倚靠在后排靠背上。

除了身体舒适之外，驾驶中的舒心和自由也因车载仪器的精密和周全而得到了保证。左右两侧乘客之间纵向延伸的中央凹槽将车内空间一分为二，

仪表盘横向延伸，上半部分饰有玛莎拉蒂标志性的V字造型。内饰均采用上乘材质：皮革由珀秋纳·弗洛（全球顶级的定制皮革品牌）手工打造，仪表盘、车门面板和后侧细节均采用精心挑选的名贵木材。仪表盘开关和方向盘采用了镀铬镶边，方向盘换挡拨片背面则配以Alcantara（集典雅、舒适、功能性强、耐用性高等特点于一身的顶级材料品牌）饰条，处处体现了玛莎拉蒂的精湛工艺和对细节的孜孜追求。帆布软顶的设计带来更为舒适的驾乘体验，三层帆布结构实现了出色的隔音效果。当软顶收起且车内只有两人时，还可以使用专为Gran Cabrio开发的车内挡风板选配件，最大程度减少车内气流。玛莎拉蒂Gran Cabrio的空调系统经过改进，在软顶敞开或闭合时均能提供最舒适的感受。空调系统可识别车辆的使用状况，自动重设空气及其他气体排放量，维持设定的温度。

该款车还采用了主动和被动双重安全系统，高性能的安全制动器足以

应付行驶过程中不可知情况的发生。尤其值得一提的是，公司积极鼓励客人来访摩德纳总部的玛莎拉蒂工作室，以便充分依靠专家的帮助打造私享的梦幻跑车，就像在高级裁缝店定制服装那样方便。工作室的特别展台上有各种内饰选项的样品，分别展示了皮革、地毯、线缝和面饰的颜色。客户还可浏览内饰和外饰颜色，亲身感受不同材质的搭配组合，以便检验汽车配置工具上所选方案的实际效果。

虽是一部敞篷车，Gran Cabrio 却依旧拥有最高达 283 公里 / 小时的时速，静止至百米速度需时仅 5.3 秒的强劲动力系统。并采用了多种减轻车重的新型材料，甚至就连发动机罩和前保险杠均采选新型的铝材，行李箱盖则是以热处理塑料为材质、采用片状模塑复合材料技术打造而成。这些“减重”举措使得 Gran Cabrio 使用的 8 缸发动机更“专心”地为跑车提供动力，转速为 7000 转 / 分钟时可产生 440 匹马力的强劲动力，转速为 4750 转 / 分钟时达到 490 牛顿·米的峰值扭矩。更为重要的是，由于新技术的使用，这款强劲发动机在跑车行进的过程中静谧无声。而液力变矩器的 6 速自动变速器，在保持运动型 V8 发动机出色特性的同时，还能提供极为流畅的换挡体验。

独特的排气系统是该车型的一大特色，运动型排气系统由旁通阀施加控制，产生更高亢的发动机轰鸣声。在汽车行驶过程中，当发动机转速高于 3000 转 / 分钟时，按下“运动”按钮可打开气动阀门，充分发挥发动机性能，产生震耳欲聋的咆哮声。顶篷放下后，汽车与周围环境浑然一体，带来更加妙不可言的驾乘享受。

玛莎拉蒂总裁系列（Quattroporte）运动版

1997 年，当法拉利完成对昔日“仇敌”玛莎拉蒂的收购之后，摩德纳这两位当年驰骋赛场的“骄子”也相互拭去了敌对的情绪，而演变为当今世界豪车市场的重要合作伙伴。当优雅和激情的较量变成了财力的博弈后，财力雄厚的法拉利占据优势是难免的，但这并不就是用法拉利的激情去替代玛莎拉蒂的优雅，而是另一种更高层次的互补。总裁系列运动版跑车就是这一背景下的典范之作。

作为当前玛莎拉蒂的旗舰车型之一，重拾意大利热情血脉的总裁系列运动版除了保持一贯的时尚优雅之外，另增了一番不怒自威的霸气与动感，由外而内流露着一种强烈的运动气息，而这正是法拉利的特色。设计者在不改变原先优雅设计的前提下成功地为这款车型注入了更多运动气息，其中格栅部分在外观方面的变化最大，不仅增加了宽度，还饰有和 Gran Turismo 跑车相映成趣的垂直板条，黑色的面饰很好地保持了原汁原味的玛莎拉蒂特点。顺着线条优美的车体往前，就能看到成对出现的镶有银色装饰的新型雾灯和“大鼻孔”进气口，后者的尺寸为匹配大马力发动机也得到了扩增，这既是出于外观上的考虑，也是源自性能上的要求。经过重新设计的保险杠和新格栅的组合为汽车前脸带来了直观的视觉冲击感，前灯簇也经过重新设计，采用了钛金面饰。车身所采用的弯曲设计的后视镜拥有了更好的空气动力学性能，这些均出自法拉利的设计。这辆沉着自信的尤物，犹如在起跑线上蓄势待发的野马，活力十足的造型和全新驱动单元 440 马力的澎湃动力显得相得益彰；又像是一阵地中海

上空掠过的海风，卷起一种纯粹的诱惑，以至于就算它完全静止了，也还是挡不住整车洋溢的速度激情。

随后的时间里总裁系列运动版变得更加炫丽起来，因为人们开始慷慨地用各种词汇去赞美它的内饰。总裁系列运动版的内饰采用了特别材料，精准地彰显出这款玛莎拉蒂在总裁系列中最具运动气息的车型特质。这款车的座椅也发挥了玛莎拉蒂在人体工程学及舒适性方面的优势，椅背上别具一格的 M 字装饰亦是锦上添花。座椅中部装有穿孔 Alcantara 软垫，不仅能确保座椅的最佳透气性，还能在急转弯时提供缓冲的能力，使驾驶者和乘客得到更佳的舒适度。这种材料同样出现在了侧板、前扶手、方向盘和变速杆捏手上，另一方面，对最先进的 TitanTex（一个生产高科技钛金属色复合材料的品牌）材料技术的运用，增加了内饰的光泽度和立体感，为车内烘托出一种高技术、高性能的感觉。此外，这款车采用一体式设计的转向换挡拨片和控制杆经镀铬装饰，造型更加鲜明。同时它们的长度也得到了增加，即使在方向盘处于锁闭状态时也能确保良好的附着力。仪表盘上标注的车型名称更是为整车的内饰添上了点睛一笔。

“对速度的驾驭体验”在总裁系列运动版中表现得更为明显，这源自法拉利对于科技的娴熟运用和理解。科技既能够带来动力高速，反之科技也要控制速度。这款车提供了可选配的铝质踏板，它是专为赛车驾驶而特别设计的专业配置，能在踩下、松开刹车和油门时迅速提供超凡的附着力。赛车级别的 MC-Auto Shift 软件套件（一种能够实现汽车快速换挡的软件套件，常用于高性能赛车和跑车）则能够实现 F1 赛场上的快速换挡体验。这种体验又可分为“手动”和“自动”两种模式，在“手动”模式中，驾驶者可以在转速表红线以下的范围内直接控制换挡操作。

为了实现最高性能的至尊驾驶体验，位于仪表盘中央的电子换挡指示器会告知驾驶者最佳的换挡时机；方向盘后方的“Trofeo”式超长拨片具有

人体工程学外形，方便在最严苛的路况条件下实现轻松换挡，它与这套系统相辅相成，提升了驾驶过程中的享受感和满足感，同时保证汽车能够实现稳步提速。如果选择了“自动”模式，换挡控制软件会激活一种加速功能，从而使汽车的静止至百公里加速时间从 5.3 秒缩短到 5.1 秒。这项功能和总裁系列运动版的其他特点结合，赋予了这款轿车前所未有的运动性能，再次拉近了优雅与激情的距离。

玛莎拉蒂 MC12

1947 年以前的意大利，多数情况下人们都在为玛莎拉蒂赛车在各项赛事中的夺冠喝彩，那时的恩佐·法拉利还是一个地地道道的赛车手，兰博基尼还在跟人谈着拖拉机的某个大订单。随后的几十年，它们三个成为意大利跑车界的“两王一后”（两王是法拉利和兰博基尼，一后指玛莎拉蒂），它们尽管特色各不相同，却都在追求强劲的动力和极致的速度。所以你才会看到 F1 赛道上那一阵阵咄咄逼人的红色旋风，你会看到顶级车展上那些造型出众、性能强劲的钢铁怪兽，你还会看到从 F1 赛道转移到公路上来、从顶级车展转移到跑车选美大会上来的玛莎拉蒂 MC12 超级跑车，它的出现完成了对玛莎拉蒂昔日辉煌的赛车时代的缅怀和复兴。

MC12 颠覆性的前卫设计让它成为公路跑车选美中的王后，看起来不算张扬却足够有气势。与中规中矩的公路跑车造型不同，MC12 采用了蓝白色为主调的蚌壳式车身造型，这个更像赛车的跑车自然倍加抢眼，巨大的进气孔和数量众多的通风口，再加上前 245/35、后 345/45 的大尺寸轮胎，即使与法拉利 Enzo 相比，MC12 的霸气和冲击力也表露无遗。

高科技材料的大量使用也是MC12的一大亮点，车身全部由碳纤维制成，底盘使用了一种能制造宇航员太空服的聚合材料，使MC12既轻巧又坚固。在车顶部，有一个连接到发动机舱的通风管。车身后部最醒目的部分是发动机舱和一个薄薄的（30毫米）但巨大的2米长的碳纤维导流板，上面带有两个翼片，在它的底部有一个小型导流板，高位制动灯就安装在上面。排气装置的反转半月形设计是车辆尾部最具视觉冲击力的部位。车辆的底部是平整的，并且被密封起来，还有两个大型扩散器，可以提供最大的“地面效应”。

这款超级跑车已经在多个超跑赛事和耐力赛事上取得好成绩。一位车手兴奋不已地说道：“站在冠军领奖台上的时候，我才理解它的发动机轰鸣声的真实含义，那就是直接呼啸着让它去更高级的F1赛场。”这种对速度挑战的渴望，既是法拉利那奔腾的血液的补充，更是对五六十年前，那个叱咤风云的玛莎拉蒂赛车时代的缅怀。MC12采用并借鉴了法拉利－玛莎拉蒂集团最先进的汽车技术和丰富的比赛经验。这款源自法拉利Enzo车型的超级跑车，可谓是赛车工艺的完全移植，所以 MC12 的动力表现异常出色。搭载了 630 匹马力的 6.0 升 V12 发动机，最高速度 330 公里 / 小时，从静止加速到 100 公里 / 小时只需要 3.8 秒。同时也保证了无与伦比的操纵性能，即便在低转速下也能保持灵敏流畅的行驶状态。铝制曲轴、钛金属连杆以及效率极高的四阀汽缸盖均应用于此款发动机之上。四个齿轮传动式顶置凸轮轴则为其实现了完美的定时控制。在 MC12 的方向盘后，装有类似 F1 赛车的换挡拨片，并且通过按钮就可以完成“运动模式”和“竞赛模式”的切换。

当有人对这个外形严重“背离”玛莎拉蒂优雅原则的车型表示失望的时候，打开车门之后就会马上再次被它纯粹的“玛式”风格所折服。驾驶舱集中体现了优雅气质和运动精神。内饰简洁而不张扬，这是一辆顶级跑车的典型特征，同时也兼备精益求精的细节表现和装饰特色，也正是玛莎拉蒂品牌的经典标志。在内饰材质方面，高科技效果的碳纤维装饰、带孔的皮革以及精美耐磨的高技术织物之间的搭配格外和谐。方向盘采用皮革和碳纤维装饰，上部刻意设计得有些扁平，中控台、方向盘和围绕速度计的所有表盘，都被泛着金属光泽的蓝色所包围。仪表板的线条经过精心剪裁，带有典型的玛莎拉蒂特征。仪表位于驾驶员的正前方，各种仪表围绕着居中的醒目的速度表。中控台包含了空调系统控制装置和四个通风口中的两个。值得一提的是，街车版的 MC12 装备了前悬的液压升降装置，在出入停车场的减速带和缓坡时能够使得车辆的接近角增大，提高了通过性能。作为一款全球限量的工艺品，这款超级跑车的售价高达 72 万欧元，其竞争的目标正是著名的法拉利 Enzo 和保时捷 Carrera GT，要知道，玛莎拉蒂的限量数量远远低于后两款车。

玛莎拉蒂 Gran Turismo S

1947 年注定会是玛莎拉蒂历史上具有重要意义的一年，不仅仅是因为以后几十年间最大的竞争对手，同时也是 1997 年之后最紧密的合作伙伴法拉利，也开始在摩德纳建造工厂，还因为一款足以震惊车坛的经典跑车的诞生。在那个战争刚刚结束的年代里，动乱带给人们的不仅仅是颠沛流离，还激发了人们更为大胆的想象力，玛莎拉蒂车厂就在这一年实现了一个前所未有的设想，并且凭借着一款全新的概念车开启了其在 GT 车型上的新时代，这就是“A6 1500 GT Pininfarina”，也被亲切地称为“Gran Turismo”(简称 GT)。这款外观上采用著名的宾尼法利纳设计的两门四座车身，结合了赛车的高速性能与时尚造型的 Gran Turismo，成为那个时代最经典的车款之一。如今，当对手变成了亲密的伙伴，玛莎拉蒂却依旧细心地呵护着当年功成名就的那份感动，于是全新的 Gran Turismo 系列诞生了。

这款流淌着“玛式”光荣血脉的赛车级跑车，又以运动性能最佳的 S 款最为出色。作为对玛莎拉蒂历史上一个重要时期的纪念和缅怀，Gran Turismo S 被赋予了新的运动灵魂。这款车由意大利著名的老牌设计公司宾

尼法利纳完成的整体外形，带来了极大的视觉冲击力，黑色格栅和气势逼人的前大灯相得益彰，完美凸显出这款车的运动风格，使汽车正面的视觉效果强悍有力。玛莎拉蒂 Gran Turismo S 跑车还配备了 7 辐 20 英寸轮毂，该设计饰有艺术化的三叉戟标志，其中轮毂还提供三种颜色的选择。前格栅和后柱上的三叉戟和椭圆形“Saetta” 标志使运动外观臻于完美，三叉戟的赤色叉头与鲜红色的标配制动钳交相辉映。形状新颖的侧扰流器以及与行李箱盖合为一体的后扰流器不仅为跑车营造出咄咄逼人的外形，也提高了空气动力效率。这款侧扰流器经过了风洞测试的考验，能够将气流导向后轮，而后扰流器则能增加车辆后方受到的下压力，确保前后荷载分配更加平衡。宾尼法利纳打造的现代外形彰显了 Gran Turismo S 跑车的运动感。各种细节设计让这款车卓尔不群。

卓尔不群的不仅仅是外形，内饰和制车的科技让人再次感受到了玛莎拉蒂的深厚内涵、优雅与舒适的特点。置身于舒适的座舱中驾驶这样一款动力强大、气势逼人的跑车是一种全方位的至尊享受。座椅中央区用 Alcantara 材料制成，饰有新款水平条纹装饰。除了玛莎拉蒂偏爱的 Poltrona Frau 皮革与 Alcantara 的组合，部分区域还选择了独特的野猪皮皮革。野猪皮皮革不同于汽车内饰中常用的材料，这是一种浮雕风格天然真皮，而这正好契合了这款车的历史意义，同样有三种自然色彩可供选择，外观天然的皮革并未经过过多的化学处理，因此会呈现出截然不同的视觉效果。

Gran Turismo S 跑车还能提供精致的包裹工艺，并且将其视为保持品牌特色的重要程序，这种传统与创新相结合的皮革和布局技巧令驾驶者在享受舒适的同时，更加提升乘驾信心，因为一切尽在掌握之中，这份自信在很大程度上来源于先进科技的运用。车主在驾驶座上可以尽情玩味方向盘后方高贵典雅的铬边换挡拨片，强劲的 4.7 升 V8 发动机提供强劲动力的同时还保持足够的“安静”。这主要因为在车内还专门设计了两根钢制排气管，每侧气缸体各一根，并由中央消声器予以补偿。后消声器附近装有两个气动阀，由发动机的中央电脑进行电动控制，发动机透过运动型排气系统传出低沉嘶吼。不过，发动机噪音绝不会影响到车内舒适性。车内的“大脑”——中央控制台面板，上面的开关可通过电动变速箱实现一挡和倒挡的切换。

当权威的汽车速度排行榜出炉的时候，人们相继看到了熟悉的兰博基尼、保时捷、法拉利等，可是最前列却有个略显陌生的名字，它叫科尼塞克，一位新生的机械艺术家。

机械艺术家

科尼塞克

历史篇
LISHIPIAN

斯堪的纳维亚半岛的极端气候是天然的，不论北极的寒风能不能翻越划开挪威和瑞典的基阿连山脉，这里的冰天雪地总是令欧洲大陆的人们胆寒，然而瑞典和挪威人除外，因当年横扫欧陆的北欧海盗曾一度兵临罗马城下。随后的十几个世纪的沉淀和交融，极端主义渗入瑞典人的基因，潜移默化地影响了诺贝尔发明威力无比的炸药，而瑞典可以在两次世界大战中保持中立；瑞典人拥有世界上最好的福利，却仍然是工作极为努力的人群，他们有世界上最慢的汽车生产线之一，却可以生产出科尼塞克这样世界上最快的量产跑车。

这是一个让人疯狂的跑车品牌，源自一个瑞典人疯狂的梦想。他叫克里斯·冯·科尼塞克，一位瑞典赛车界元老级人物。人类对于速度的追求在这位赛车界人士的心目中变得更加迫切，当瑞典人的极端主义性格开始发挥作用的时候，他便在1994年宣布了生产跑车的计划，尽管当时他只有22岁，但他当时的信条就是“生产世界上最快的跑车”。这样的梦想在很多赛车和跑车生产商那里都出现过。这位在赛车界颇具声望的人物很快就召集了一大批的造车高手。当梦想遇上极端主义的时候，科尼塞克跑车的出现是必然的，也是惊人的。

在瑞典南部的欧罗夫斯特隆工厂里，这个微型的造车团体在一年半的时间里终于完成了第一款原型车的制造。这个速度机器在接下来的一年里又不间断地进行各种公路和其他车厂的性能测试（类似于风洞试验所需要的设备，在科尼塞克这里还不具备，只好去其他大型车厂测试），并且交出了一份极其完美的答卷。1996年，当镁光灯开始不断地在戛纳的马丁内斯酒店门前闪耀的时候，一辆名为“CC”的原型车引起了不小的轰动，其标

示的超高时速引起了很多人的关注，而这正是科尼塞克的第一件“作品”。这些关注CC的人成了科尼塞克的潜在客户，他们很快就与车厂取得了联系，在将该车送往美国测试以取得正式的上路资格之后，科尼塞克就买下了瑞典最南端的一个旧空军基地，作为新厂房，事实证明这是一个极有远见的做法，因为几年后，科尼塞克的旧厂遭遇了一场大火，但这并未影响科尼塞克的生产，略作整顿后造车工作又继续在新厂展开了。从此之后，科尼塞克也真正走向了量产汽车的阶段。

极端主义意味着出彩，也意味着极小众。2000年春夏相交的时候，以CC为原型的量产车——科尼塞克CC8S正式出厂了，在不久之后的巴黎车展上，该车成为众人关注的焦点，从车迷到专家好评如潮，科尼塞克名正言顺地接过了“瑞典年度风云车”的名誉牌，订单也在随后的车展中接踵而来。然而，这个小型的车厂注定只为少数人提供跑车，直到2002年，该车厂一共才提供了五辆车。科尼塞克直接使用了瑞典空军的“幽灵”标志，加上出色的外形和性能，因而又有“幽灵跑车”的美名。

科尼塞克真正成名却是在2003年，微量的生产规模赋予了这个速度机器低调庄重的性格，然而它内心始终有着“速度之王”的梦想。在意大利籍车手的帮助下，车厂对CC8S进行了一些修改，其中包括改良悬吊系统。

随后，在英国权威的汽车杂志——BBC（英国广播公司）旗下的《Top Gear》的见证下，科尼塞克完成了一次测试，该杂志很快就发布了声明，称其为“世界上最快的量产跑车”。小试牛刀就大获成功让科尼塞克看到了实现梦想的可能。2004 年 3 月，在日内瓦车展上，一辆名为“CCR”的橘色超级跑车横空出世，在第二年意大利的一条测试公路上，这款车跑出了 387.87 公里 / 小时的极速，打破前任世界最速量产车——1993 年份的迈凯轮 F1 于 1998 年时在德国狼堡的测试道上创下的 386.70 公里 / 小时的最高速，并且在事后获得吉尼斯世界纪录认证。

如今的科尼塞克已经成为量产跑车中的佼佼者，虽然其历史底蕴和名声远不及以法拉利和兰博基尼为代表的意大利跑车，在艺术性上又不如英法跑车，但是瑞典人自古以来就有的极端主义精神让科尼塞克拥有了足以与这些顶级跑车一较高下的终极实力。在这个追求速度和造型的年代里，科尼塞克如同一位疾步而来的北欧闪电侠，在顶级跑车史上书写着属于它自己的传奇。

需要坦白的是，从极限速度和加速度两项性能来看，CCX 不是布加迪威航的对手。395 公里 / 小时的极限速度不及后者的 407 公里 / 小时，百公里加速需 3.2 秒也比后者慢一拍。但 CCX 也有自己的杀手锏，这就是出色的动力和制动性能，1180 千克的车身却拥有 806 马力的强大动力，从静止到跑完 0.25 英里全程只需 9.9 秒；更让人吃惊的是，从时速 100 公里 / 小时到静止仅需滑行 31 米。

科尼塞克 CCXR Trevita

摊开这短暂却丰盈的 17 年的历史，当 1996 年第一辆科尼塞克 CC 原型车的记忆还没来得及淡出人们的脑海时，8 年后的 CCR 就完成了车厂最初的梦想——制造世界上最快的量产跑车。随后于 2006 年推出的CCX 更是向世人宣告了科尼塞克正式步入高端跑车市场。这其中的“X”就是指“十年”，以此来纪念十年前的第一辆 CC 原型车的诞生。在随后的一年里，随着环保理念在跑车领域的兴起，科尼塞克也对 CCX 的动力系统作了进一步的改良，于是科尼塞克历史上第一款生物原料车——CCXR 诞生了。这个百公里加速仅为 2.9 秒的强劲跑车在废气排放方面也达到了欧 IV 标准。随着 CC 系列的不断革新和进步，这系列完成了科尼塞克由出道至成名的全过程，也许是为了对这个伟大过程进行总结，也许是为了对这个系列作一个华丽的注解，科尼塞克为 CCXR 在瑞典语中挑选了“trevita”这个名字，“trevita”代表着“three white”的意思，意味着这款车全球限量仅三辆，其高达 4700 万人民币的售价让它成为世界上最昂贵的跑车之一。

很少有超级跑车能够同时与环保和收藏品联系起来，这款独特的 CCXR Trevita 是个例外。当阳光不经意地扫过它所在的位置时，总是有一道耀眼的光芒回赠给了太阳，科尼赛克将它称为“钻石波

Koenigsegg
Agera

Koenigsegg

光”，这归功于这款车车身独创的碳纤维钻石编织技术，在阳光的照射下可使整车发光，看上去就像闪耀的钻石一样光彩夺目。而一旦阳光远去了，它又恢复到它一如既往的低调本色。它的身体是如此的靠近地面，就好像一位做好了准备的运动员一样，只要一声令下，就能快速地离开原点。没有世爵跑车那霸气的格栏栅，也没有法拉利那鲜艳的红色，科尼塞克有的是符合空气动力学的流畅线条。

如果眼睛离得车身太近，你会认为这是一架飞机的外壳，这或许是科尼塞克使用了瑞典空军的“幽灵”标志的另一种表现吧。然而这个速度怪兽并不像它的色彩那样的低调，如果从侧面或者侧前方看它，你就能看到一副极具侵略性和攻击性的车脸，而这，正是基于 CCR 外形设计的结果。碳纤维的车身加上钻石表面，让它在显现科尼塞克精湛造车工艺的同时，也体现出它与生俱来的贵族气息。作为 CCXR 的特别版本，除了车身的不同之外，最大的差异还在于尾翼，普通版的 CCXR 采用的是单层尾翼，而这款 CCXR Trevita 采用的则是双层尾翼，这种设计上的改变是随着这款特别版跑车的动力性能提升而专门改造的。

科尼塞克速度至上的原则同样源自强大的动力系统。这款在 CCXR 原本就很强大的基础之上进一步改进的车型，成为科尼塞克家族中性能最强劲的车款。与普通 CCXR 一样，CCXR Trevita 使用一台可使用生物燃料的高性能发动机，其最高可输出 1018 马力，峰值扭矩

1060 牛顿·米，因此，它又被人称为“千千”君子。CCXR Trevita 发动机中置后轮驱动，整车的骨架都采用碳纤维打造，重量仅为布加迪威航的一半，极轻的重量再加上超强的动力，造就了 CCXR Trevita从静止到百公里加速仅需 2.9 秒的惊人成绩，从静止到 200 公里加速 8.75 秒，极速更是达到了 417 公里 / 小时。

与珠光宝气的车身和让人激动的动力性能相比，新的多媒体信息系统、电镀仪表盘、换挡拨片、制动系统似乎变得不值一提。然而如果要跻身于世界顶级跑车行列的话，这些原本不值得一提的部分在这款跑车身上也变得不可或缺。安全的碳纤维陶瓷刹车系统，带给这个速度机器快速安全的制动能力，而多重安全气囊的存在则进一步提升了它的安全性。该车还配备双车臂悬挂与液压底盘升降系统、胎压监测、导航、DVD 多媒体娱乐系统、Ipod 音频输入口，另外 CCXR Ttrevita 还可以对车顶进行拆卸，这也意味着这款超级跑车可以轻易地变成一款敞篷跑车。这款限量仅三台的超跑已经找到了两位买家，一位来自南非，据说花费了500 万美元，另一位买家则表现得很神秘，仅存一辆还在等待着它尊贵的主人。CCXR Ttrevita 也成为汽车界，乃至时尚界的宠儿，难怪一位汽车设计师会激动地说道：“迪拜，你的下一个可笑的涂抹时代即将来临了。”

Koenigsegg

科尼塞克 Agera R

“手工作坊”的汽车生产方式，注定科尼塞克只为极少数人提供跑车，尽管它从来不会为订单量发愁，尽管它的客户会心甘情愿地为之等上三年五载，尽管它从来不四处做广告，尽管能够喊出它名字的车迷很少，尽管它只有不到百人的研制和生产团队，尽管它的历史还不到 20 年，尽管它没有法拉利和兰博基尼那样显赫的历史和张扬的个性，尽管它不及宾利和劳斯莱斯那样尊贵和富有艺术感，但每当人们看到它时，总会忘记其他的任何一辆跑车，它的唯一和独特，它的强劲和低调，以一个极端主义者的信仰为宗旨，在人们心中演绎着一次又一次跌宕起伏的历史情节。在车厂步入 15 周年之际，科尼塞克推出了更为迷人的 Agera 超级跑车，其中尤以 Agera R 最为出彩。

更为准确地说，这是继 CC 系列之后的第二个系列，然而在外形的风格上依旧保持了 CC 型的轮廓，它们的关系或许这样解释更为明确，新车型比以往的车型更加契合“幽灵跑车”的概念。Agera 在瑞典语中是“采取行动”的意思，象征了科尼塞克的造车理念和它所代表的性格。而最新的 R 型车更是在普通版的 Agera 上的升级。凶悍的前脸、诡异的 LED 灯组、超宽的车身表明了 Agera R 的与众不同。

Agera R 的车身线条非常圆滑，车辆头部和尾部灯组采用了亮度更高的 LED 发光材质，后尾翼的尺寸进一步加大，配合全新的空气动力学扰流设计，当时速达到 250 公里 / 小时可产生约 300 千克的下压力来稳定车身，在高速行驶中异常稳定。作为超级跑车，Agera R 的车尾扩散器和导流槽都采用了碳纤维材质。Agera 采用宽阔的前后轮距，以提高横向稳定性和抑制车辆

在弯道中的侧倾。同时配备了新研发的通风钻孔陶瓷制动碟，配合特殊调校的牵引力控制系统，能够自动适应不同路面状况和驾驶模式。Agera R 采用可调节 ABS 系统，碳陶瓷刹车盘针对赛道和公路进行优化，拥有无与伦比的刹车表现。值得一提的是，Agera R 的单体底盘仅重 70 千克，净车重为 1330 千克，在超级跑车领域中它是最轻的。

外形的冷峻只是科尼塞克 Agera 的一个普遍特征，强劲的性能才是 R 型车的最大特点。与普通版的 Agera 相比，Agera R 又作了进一步的强化。车子的引擎盖下面配置的是更为强劲的双涡轮增压 5.0 升 V8 发动机，最大输出功率达到 1099 马力，如果采用生物燃油，那么发电机转速在 1099 转 / 分钟 到6900 转 / 分钟之间的超宽范围之内就可以输出超过 1200 牛顿·米的扭矩，这种强劲的动力对发动机提出了极高的要求。它所采用的发动机增压器的压强达到了 1.4 巴（1 巴 =10^5 帕斯卡），在每缸四气门并具有多点燃油喷射技术的支持下，得以实现从静止到百公里加速时间仅为 2.9 秒，刚出厂的新车最高时速就能达到398 公里 / 小时，而如果再配备后加上的涡流生成轮毂，在车子高速行驶下产生一个漂亮的下压力，同时配以米其林特别为其定制的世界上适应最高速度的轮胎，它的最高时速很容易就超过了 400 公里 / 小时。

尽管车子的参数表现令人如此地惊讶，不过和世界顶级的产品，如布加迪威航 Super Sport 的最大输出功率 1200 马力相比仍有一点儿差距，然而 Agera R 的重量在加足了配件和燃料的情况下仅为 1900 千克，仍比布加迪威

航 Super Sport 的 2700 千克体重轻不少，这也使得这款跑车敢于和以速度著称的布加迪威航一较高下。

作为一款惊世骇俗的“幽灵跑车”，除了外形和性能要达到惊人的程度之外，内饰的设计和配合也是不可少的。可分离可收纳的带有玻璃车顶的硬顶篷成为该车的一大特色，这个顶棚可以随意拆下，也可以用于存储物品。此外，该车采用前后双叉臂的悬挂，采用双向可调节 VPS 空气液压减震器，以及科尼赛克 Z-style 防翻滚杆。后悬上还采用了一种减震结构，为高速行驶的车主提供舒适的驾驶体验。碳纤维的座椅在针织品的衬托下显得奢华而气派，陶瓷的刹车碟以及运动型的防抱死刹车系统则是安全系统的主动安全部分。赛车型的方向盘以及赛道用安全带为驾驭者提供了登陆 F1 赛车的精彩体验。当淡蓝色的指示灯在中表盘上略微闪现的时候，“幽灵跑车”的魅影和低沉的发动机声构成了速度世界里最有吸引力的风景线。

在安徒生的童话里，它是美人鱼蔚蓝又美丽的眼睛；在德国人的心目中，它是民族刚强又尊贵的象征。就像一位出身名门的高雅贵妇，内敛却不失气度，它叫保时捷，斯图加特人常常叫它矢车菊。

斯图加特的矢车菊

保时捷

历史篇

LISHIPIAN

一块土地能够孕育出什么样的花朵，就一定能够孕育出什么样的民族，这就是为什么淡雅顽强的矢车菊能够成为谦虚内敛的德意志民族的象征。这个坚韧的民族以一种超乎人类想象的谨慎和坚韧治愈了最沉重的伤痛，甚至打造出一个以“规范”著称于世的国家形象。当矢车菊在德意志的土地上盛开的时候，幸福是那淡淡的花香，就像那斯图加特的保时捷，成为全世界车迷心中的梦想。

保时捷的历史可以追溯到 1900 年，当年年仅 25 岁的费迪南德·保时捷就推出了一款以自己名字命名的电动汽车，然而这只能算作是这则故事的伏笔，因为他把最青春的岁月都献给了戴姆勒公司，从 1905 年开始，他成为戴姆勒公司的一员。在作为一个“打工者”的 24 年生涯里，费迪南德·保时捷成功地推

出了“哈马”牌汽车和“公爵”轿车，直到1926年，当戴姆勒和奔驰合并之后，费迪南德·保时捷的造车理念越发显得与公司不合，尤其是当德国和其他欧洲国家一起落入经济危机的旋涡之后，他向总公司提出了打造一款廉价的平民轿车的想法，这种平民化的理念越发与公司的大老板们背道而驰，1929年，费迪南德·保时捷选择了离开。

历史有30%是循环出现的，所以你会发现，法拉利因与阿尔法·罗密欧意见不合，却造就了独立的法拉利跑车，费鲁吉欧·兰博基尼和恩佐·法拉利闹情绪，这就有了兰博基尼跑车，其实在他们之前，德国也曾上演过这样的一幕，费迪南德·保时捷因为与戴姆勒－奔驰不合，结果出现了保时捷跑车。

1930年，保时捷汽车设计所成立，这被认为是保时捷品牌诞生的元年。它决心在运动型汽车和赛车领域一展拳脚，因为这既是费迪南德·保时捷本人的喜好，同时也是他的强项，更重要的是这个生于捷克的德国人的心中藏着一种强烈的普世情怀，这和意大利人那近乎疯癫的艺术家气质不同，它显得更踏实，因为踏实，它更为内敛。与美国人那种敢于冒险的个人英雄主义大相径庭，它更倾向于大众化，因为大众化，它更为亲和与受人喜爱。随后费

最初，“保时捷”是中国香港人取意译的叫法，透着一种“稳当发财”的心态。内地人则习惯以英文Porsche音译称为“波尔舍”，为的是好听又方便记忆。保时捷汽车公司曾于1996年公开宣布其“Porsche”的中文译名为“保时捷”，因为香港有大量的保时捷用户，他们对“Porsche”的称谓是公司确定中文译名的依据，尊重客户利益当然是商家必须遵循的永恒宗旨，这样“保时捷”就成了“Porsche”正式的中文名称。

迪南德·保时捷本人确定了两个方向，一个是打造出性能出众的汽车，第二个是让大多数人都能够买得起。1934 年，费迪南德·保时捷成功设计出了具有 16 缸增压式发动机的第一辆保时捷赛车，这款赛车后来被德国人虔诚地誉为“银箭”。这是一种充满敬畏的称呼，因为这款车一度打破了八项世界纪录，夺得了当时德国举行的多项赛事的冠军，成为令奔驰最头疼的“强敌”。这款赛车的成功在费迪南德·保时捷看来是意料之中的事情，因为他早已为最初的梦想做好了更伟大的准备，并开始履行“平民车”的理想。

有了首款保时捷赛车带来的声誉和二十几年造车经验的基础，“平民车”理想的实现仿佛是信手拈来的易事，更为吃惊的是，这一想法居然和希特勒不谋而合。基于“坚固可靠，经济实用，技术全面成熟”的三条原则，费迪南德·保时捷和他的设计小组很快就推出了大众型“V-1”轿车，并通

过了技术鉴定。这一经典作品的出现直接导致了“大众汽车公司”的成立，就此，保时捷和大众有了不可分割的关联。

然而“二战”的爆发很快就将保时捷的平民车梦想击碎了，希特勒在“二战”之前就对保时捷青睐有加，战时还让费迪南德·保时捷为其设计坦克，当年横行于欧陆战场的“虎式坦克”就是保时捷的杰作。为此付出的代价不仅仅是汽车梦想的中断，更可悲的是战后的法国人的审判，使得费迪南德不得不接受两年的牢狱生活。1948年，出狱的费迪南德经过了一年的酝酿，推出了他人生中最得意的一件作品——保时捷356，这一堪称经典的作品因其出色的操纵性和强劲的性能成为保时捷历史上具有里程碑意义的杰作。伟大的费迪南德·保时捷在完成作品不久就离开了人世，他的儿子菲利·保时捷继承了家业，保时捷的历史由此进入了新的篇章。

这个光辉的起点要从 1961 年的法兰克福车展说起，一款名为保时捷 911 的跑车引起了整个车展的轰动，并由此开启了 911 车系的传奇。这是跑车王国里最负盛名的跑车，直到今天，它的衍生车型还在斯图加特的车厂里生产，它的衍生车系在 20 世纪六七十年代的各项赛事中均有出色的表现。经历了 80 年代中期的经济危机，保时捷凭借着在跑车领域的专注和卓越，成为与法拉利、兰博基尼齐名的顶级跑车。然而它毕竟是一个德国品牌，毕竟是费迪南德·保时捷精神的寄托者，它的售价虽很难超越后两者，但是谁也无法抹杀它在跑车王国的地位。极少有品牌能够如保时捷一样，像出售必需品一样地出售一款奢侈品。诚如保时捷的一句广告词所说的那样：“在一个充满多余和肤浅的时代，在一个充满轻浮与粗糙的年代，唯有保时捷才是真正的必需品，无可替代。”它将每一种想法都视为一种机遇，再用一种不计成本的代价去测验，以一个引领者的姿态去充当趋于完美过程中的标杆，就像那盛开的矢车菊，飘着淡淡的清香。

极品之选
JIPINZHIXUAN

保时捷 959

在 20 世纪 80 年代末，跑车王国的格局远远要比现在这个时代明晰得多，法拉利已然是最强大的王者，迈凯轮则像是边关的某个侠客，兰博基尼还只是个涉世未深的王子，布加迪则是才从沉睡中苏醒过来的贵族……当时速超过 300 公里 / 小时的 F40 成为法拉利叫嚣于世的扩音器时，整个跑车王国与之相提并论的只有两款车，一个是在赛场上驰骋多年的迈凯轮 F1，另一款就是低调的保时捷 959。

如果说保时捷 911 是跑车王国里最具传奇色彩的跑车，那么保时捷 959 无疑是保时捷历史上最有故事的跑车。且不提微软的两位创始人都是它的车主，也不提它在美国的上路资格是否由克林顿总统亲自颁发，单单就在那个时代，敢于跟法拉利一较高低，就值得人们敬畏。德国著名的《汽车电视和运动》杂志在 1987 年的最后一期中曾专门刊登过它的测试数据，它的最高时速达到了惊人的 317 公里 / 小时，从静止加速到 100 公里 / 小时只需要 3.7 秒，这分别比当时的法拉利 288GTO 快了 14 公里 / 小时和 1.1 秒。在整个 20 世纪 80 年代，不可一世的法拉利遇到了真正的对手，并且是完败，这多少让法拉利有些难堪，这或许正是法拉利 F40 诞生的一个诱因吧。

但它也只是在测试道上与 959 抗衡，因为F40 一旦离开铺装平整的路面就寸步难行了。除此之外，959 的诞生还标志着一个新的造车时代的来临。早年赛车的性能在很大程度上依赖于驾驶者的技术，但是 959 整合了一切与驾驶有关的高科技，从而在保证跑车行驶中最好地发挥性能优势的前提下，大大降低了对驾驭者的要求。对于保时捷人而言，这是一次伟大的实践，是保时捷技术优势的集体展现，同时也为以后的四轮驱动跑车的诞生打下了坚实的基础。正因为一系列领先时代的高科技配置的使用，使得 959 的售价高昂。尽管 959 发布之初的定价就在 22.5 万美元，但有报道称，实际上这一价格甚至还不及保时捷打造一台 959 成本的一半。

959 车型的开发始于 1981 年，其雏形的名称为 Gruppe B。回顾历史，与其说 959 的设计初衷是为了拉力赛事，不如更准确地说，是保时捷公司在911销量出现了严重滑坡的20世纪80年代，需要有一款值得信赖并能够重振雄风的成功车型出现。于是，一款新车乃至一套新的四轮驱动系统的想法由时任保时捷首席工程师的赫尔姆斯·博特提了出来，这一想法得到了当时保时捷公司高管彼特·舒兹的认同，并为该项目开了绿灯。新车最初是以赛车的形式出现的，在巴黎—达喀尔拉力赛中证明了它的优异性能，直到1985年，这一新车型的公路版才在法兰克福车展上首次亮相。但真正投入生产是从一年后开始的，直到1987年，第一款量产的959才真正交付到了客户手中。然而严重的财政问题使得这一极品跑车仅仅生产了一年就被迫宣告停产。保时捷总共生产了包括37台原型车和试制车在内的337台959车型。不过需要说明的是，在20世纪90年代初，保时捷曾利用祖芬豪森工厂内的959原装备件又打造了8台959车型。这一特别的历史契机也使得并无意限量生产的959变成了一种极具纪念意义的限量版跑车，再加上它出色的性能，自然成为名流富商的收藏之物。

和矢车菊的形象一样，保时捷带给人们的并不是那种强烈的奢望，而是一种淡淡的幸福感，因为不常常被看见，它成为平静如水的安抚。

它往往出现在顶级的展览会，或者是深藏在车库最显赫位置的藏品。它时时流露着一种让人难以拒绝的诱惑。当我们把眼光从它的历史意义转移到跑车本身的时候，就会发现它为人所爱的现实意义。为了获得坚固而轻量化的车身，959采用了铝质以及凯夫拉尔纤维混合材质来打造车体，取代传统的钢质车身，并采用用于制造航天服的诺梅克斯防火材质的地板，这使得959的车重仅为1450千克，并拥有了更好的动态表现。保时捷还为959开发了被称为“零升力”的空气动力学设计，以提高车辆的高速可控性。在发动机方面，959配备的是双涡轮增压的2.85升（2847毫升）6缸发动机，这台放置于959尾部的紧凑而高效的改进型发动机可贡献出444匹马力的最大功率。值得一提的是，959还搭载了在当时量产车型上使用的最为先进的保时捷四轮驱动系统（Porsche-Steuer Kupplung，简称PSK）。PSK四驱系统允许根据车辆行驶状况，将扭矩在前后轮之间动态地分配。独特的四驱系统使得959的角色可以在一款纯正的赛车和超级跑车之间随心所欲地转换。

如果将356视为保时捷由赛车时代转入跑车时代的一个界点，那么959无疑是将作为二流跑车生产商的保时捷推向主流超级跑车品牌的一个重要里程碑式的作品。它带给保时捷品牌的不仅仅是“世界上最快公路量产车型”的名号，更是将四轮驱动这一技术从理论投入到实践的完整过程，959也因此成为保时捷历史上第一款真正具有超跑气质的旗舰作品。从某种程度上来说，保时捷正是从这款短命的959的研发过程中汲取了经验（包括发动机、空气动力学设计、悬挂调校以及四轮驱动系统），使得此后名震天下的911车系可以成功地延续到今天，并始终保持着强盛的生命力。

保时捷911 Speedster

恩格斯曾经评价但丁说：“封建的中世纪的终结和新世纪纪元的开端，是以一位大人物为标志的。这位人物就是意大利的但丁。他是中世纪的最后一位诗人，同时又是新纪元的最初一位诗人！”在保时捷的历史中，同样有这样一款具有划时代意义的跑车，这就是费尔南德·保时捷本人设计的最后一款跑车——356 A Speedster。这是第一款用保时捷命名的跑车，也是保时捷从“汽车设计所”步入“跑车殿堂”的里程碑式的界点。出色的动力和操作性让这款中置发动机轻型、双座敞篷跑车在取得上路资格的一个月后，就赢得了它的第一个同级冠军。如今，

“911”这款成为保时捷顶梁柱的传奇车系，为了纪念356A Speedster的诞生，推出了一款名为911 Speedster的跑车，为了强调它的纪念意义，该车型也采用限量生产的方式，总共限量生产了356辆。

一缕湛蓝的光在滨海大道上疾驰，千万不要去怀疑你的眼睛，那极有可能就是一辆保时捷911 Speedster。要知道，这种纯蓝色的涂装是这款保时捷911 Speedster独有的。作为一款纪念版限量跑车，911 Speedster在整体外形上延续了911系列的许多经典设计，其实母版正是356A。青蛙式车头造型和经典的圆形车灯，都得到了完美的呈现。边框采用的元素是经典设计中最显著的风格特点，首先体现在车灯上，911 Speedster在经典的原型大灯周围加入了黑色边框，让车灯看起来不那么单调，在转向灯位置另配了LED日间行车灯，造型与下面的格栅和谐一致，让整个前脸看起来整体统一。车身线条与911系列其他车型基本保持一致，尾部隆起的造型让车体尾部看起来十分饱满，后轮前部配备了黑色装饰面板，为原本单调的车身

配色增添了一丝生气。车身右侧前翼子板处装备了限量标志，一个光亮的“Speedster”标志极为抢眼。尾部配备了高位刹车灯和散热孔，为了帮助后置发动机散热，经典的尾部散热格栅同样出现在它身上，双排气尾喉并不算复杂，反而因为变换的造型而显现出独特的魅力了。为了能够在行驶中获得更低的风阻系数，在加大了前部挡风玻璃的坡度之外，保时捷的工程师们还将该车高度降低了 60 毫米，尽管幅度不是很大，但效果却很明显。

蓝色的外表让人想起了萨尔瓦多·达利笔下，那清澈的水晶里一缕单纯的蓝色，更容易让内敛的德国人想起他们的国花，那优雅的矢车菊。和矢车菊一样，这个外表优雅的花中丽人有着高贵的秉性。911 Speedster 的内饰风格依旧延续了 911 经典的装饰风格，车内大部分面积都由真皮包裹。双座式敞篷设计是它的亮点所在，当年一举成名的 356 也曾采用这种布局。这款限量版当然要比当年的 356 要奢华和舒适得多，两个座椅均为包裹性

十分强的真皮运动座椅，另外，经典的五表式仪表盘得到了保留。各功能键和按钮的布局非常合理，触手可及，不仅均设置在合理的地方，而且还有很多意想不到之处，比如你能想象得到连每个出风口的横条都由真皮包裹，或者运动座椅背面的挂衣钩，甚至车门内侧把手都是真皮的吗？类似这样意想不到的地方还有很多，足见该车在细节方面的做工很考究。在车门踏板上可以看到电镀的车辆序列号，虽然这个号码并没有什么特别的含义，但买家可以选择自己喜欢的号码，只要是在357以下还没有被别人选过的数字都可以。

车内的自由还是不够的。顶棚的设计放飞了乘驾者的心情，然而操作起来却明显与其他车载的先进仪器大不相同。911 Speedster 的顶篷结构非常复杂，就算是技术熟练的保时捷车主也需要最少两分钟的时间手动升起织物顶篷。为了做到这一点，你必须首先按动车内的开关打开座椅后面的盖板，然后到车外向后拉起盖板并拉出顶篷，接着将顶篷拉长直至能覆盖整个车顶，将一些车内储存的塑料侧护板拿出来盖在原来座位后盖板的位置，然后回到车内通过一个单个手柄将顶篷边缘与风挡结合在一起。

这种略显古老的方式更能体现出这款车的纪念价值，要知道，这种手工拉起的顶棚要比自动顶棚贵上一倍的价格。但这还不算是整个撑起车顶活动的全部，驾驶者还需要再次下车去车尾证实一下顶棚是否已经绷紧，然后再回到车上，按下一个特别设计的按钮，让盖板压住顶棚，如果不巧遇到了下雨天，这个过程简直就是一场“灾难”。然而拥有闲情逸趣的保时捷人绝对不会因此而懊悔，因为这是独享的乐趣，全世界只会有356个人拥有这份特权。

在这份华贵的精神纪念物之内，隐藏着一颗平凡却持久的“心”，就好像温文尔雅的费迪南德·保时捷本人一样，带给跑车平淡却永恒的力量。911 Speedster搭载一款3.8升水平对置6缸发动机，输出功率为408马力，车速难以与法拉利和兰博基尼那样的速度怪兽抗衡，但是谁又舍得将它开得那么快呢？得益于“保时捷轻量化环保理念”，这款限量版跑车的百公里平均耗油量低于10.3升，燃油效率可与未配备动力套件的911 Carrera S Cabriolet相媲美。此外，该车还配备了7速PDK双离合手自一体变速箱，亮银挡板彰显着它的奢华气质，手感也十分细腻，由于传动比更大，在达到相同速度时的耗油量则会更少。作为一款显赫的限量车款，该车还为驾驶者和乘客提供了堪称完美的保护。手刹拉手同样采用亮银配色，旁边是开关车顶顶篷的控制按键，一开一关方便好用。使用机械式手刹可以为驾驶者带来更多的驾驶乐趣，在做特别的动作时，机械手刹还是很重要的一项配置。在此基础上，工程师们还特别针对这款车型改进了作为标准配置向所有保时捷敞篷跑车提供的翻滚保护系统。总而言之，911 Speedster出现在车坛的意义并不仅局限在于一款新的跑车，更多的是保时捷追逐完美精神的最佳诠释，如同当年的356A Speedster一样，势必会是保时捷百年历史过程中的一座丰碑。

保时捷 Carrera GT

21 世纪的头十年是精品跑车井喷的十年，经历了 20 世纪 80 年代的萎靡不振和 90 年代的缓慢复苏，人们对跑车的热情程度与经济的发展状况有着惊人的一致。让人惊讶的是这种热情之中，有一个显著的特点，是将跑车外观的重视与跑车性能的重视摆在了相等的地位。于是以兰博基尼为代表的“剪刀门”和以奔驰 SLR 为代表的“鸥翼车门”造型成为人们瞩目的焦点，昔日跑车王国的简单格局很快就演变成了群雄割据的场面，这和 2000 多年前的战国末年的演进恰好相反。在这种纷繁复杂的格局之中，始终坚持内外兼修的保时捷推出了一款名为“Carrera GT”的超级跑车，它被称做是保时捷的“精神领袖”，完美的 Carrera GT 似乎又在说：只有保时捷才能超越保时捷。

简单地说，Carrera GT 是为了“赚钱”而生的，既没有 959 那样独特的历史意义，也没有 911 Speedster 那样的纪念价值，而是纯粹的以一种“讨好市场”的姿态打造出来的，其目标对手就是堪称经典的法拉利 Enzo 跑车。由赚钱这个现实的目的出发，就要遵循两条

要求：一条是现实的天性，那便是保时捷惯有的出众的性能和操作性，另一条也叫现实，即用出彩的外形赢得青睐。单单从赚钱这个目的来说，Carrera GT 可谓是失败的，它总共只出产了 1270 台就宣告停产了，这个数字与它原定的 1500 台还有不小的差距，原因是它的销路不够好，而罪魁祸首无疑是人类社会制度的自我约束，因为这款车难以达到美国最新的安全法规，而美国又是全球最大的跑车市场。

尽管赚钱的直接目的并未实现，但是保时捷的高层依旧对 Carrera GT 赞誉有加，因为正是它的出现，令保时捷在全世界车迷心目中树立了更为光鲜的形象，因而有车迷称它是保时捷的新图腾，而专家一致认定这是保时捷近些年来的代表作品。

首先来看看 Carrera GT 是如何“现实”地去吸引众人眼球的。提起它的外形就不得不提起它的前生，那是一个被中断的赛车研制项目，因此在看到它之前，我们就可以想象到它浓浓的赛车味道了。当它与法拉利 Enzo 并驾齐驱时，风采显然难敌火红色的 Enzo，但是 Carrera GT 也有自己的优势，那就是强烈的赛车气质，关于这一点，可不仅是烤漆的颜色所能体现的。充满霸气的扩张感在 Carrera GT 的车头上就显露了出来，左右两侧自头灯向后延伸所突起的肌肉钣件，让人一

眼就认出这是保时捷的手笔。从正车头望去，Carrera GT 可以形容成突破传统的新旗舰，既有张力又有爆发力，可谓是最不像保时捷的保时捷；再从侧面看去，它的赛车气质表现得更为直接，在后视镜、散热孔、翼子板等处的赛车零部件展露无遗，即使是一颗螺丝，都是以赛车的标准来设计和制造的。柔美的线条保证了保时捷惯有的乖巧内敛的一面，而张扬的部件则再次宣告它的非比寻常。

车尾的气势当然也不遑多让，极度的低扁让 Carrera GT 在车阵中格外抢眼，这也归功于融合在后保险杆的双出排气管，营造出的最令人向往的赛车风格，其上的可变高度尾翼，则是另一项让人极为倾心的原厂配备，除了杰出的扰流效果，其整合于尾厢线条的完整流畅性尤为高超，看上去霸气有余，精致至极。

创新精神所带来的成功体现在车体上，带给车迷全新的震撼，而一贯细腻的德国工艺在内饰中也表现极佳。桶型座椅继续演绎着它的赛车情结，但是这次却采用了真皮纯手工制作，但评论家却说它感觉有点儿硬，保时捷人笑道："说它硬的人多数只是摸摸而已，只有当它表盘上的指针超过 180 的时候，才能感受到它是多么的舒适。"为了给驾乘者更好的驾乘舒适感，保时捷的工程师们在设计制造上可谓煞费苦心，例如一键触摸式自动车窗和电动可调式加热反光镜。该车还带有一个旅行袋、西装袋、公文包、单肩挎包和中控台挂包，所有箱包都用与车辆内饰相同的真皮制成，让车主感受到 Carrera GT 的细致几乎无处不在。更为显眼的要数方向盘和中控台，它们的位置全部采用人机工程学设计，以便驾驶员能够轻松触及。

点火开关的位置位于方向盘左边，而不是右边，这是为了在进入汽车时能够更轻松地启动。点阵式显示屏用于显示行车总里程、单次行程里程和其他数据，并且车辆也可以装备导航系统和博士（美国顶级音箱品牌）立体声系统。如此人性化的赛车内饰也注定了它昂贵繁琐的护理与保养程序，护理与保养时必须拆下四片车内结构，再插入四片特殊铁片，才能让它离开地面。而进行一次保养需要十公升的机油，耗时一个下午，那么若非财力雄厚而执意拥有 Carrera GT，无异于一场奢华冒险。

冒险的不仅仅是物质上的耗费，还来自于精神。这款车搭配的 5.7 升的自然进气 V10 引擎，612 匹的超强马力推动由铝合金及碳纤维打造的 1300 余千克的车体，从静止到百公里加速所需的时间为 3.9 秒，比保时捷 959 慢了 0.2 秒，但是最高时速达到了 330 公里 / 小时，超出 959 足足 13 公里 / 小时。最高时速的优势还得益于 Carrera GT 全新的空气动力学设计以及轻量化的车身，采用高档材质制成的地盘扰流护板发挥着最大的整流效果，达到稳定车体最大功效的同时，连同时速 300 公里 / 小时以上会产生 400 千克下压力的尾翼带给车身最平稳流畅的移动性能。采用石墨碳纤复合材质所打造的单体式车体结构，从行李厢延伸至后引擎室的整个操驾空间，在保证足够强度的同时大大减轻了车体的重量。

除了动力系统的强劲表现，在制动性上保时捷也保持惯有的优良传统，陶瓷复合刹车（PCCB，约铁材的 1/3 重，可耐热 1400 摄氏度）是制动性的最佳武器。动静自如的表现，优雅大气的外形，在与其他奢华跑车的较量中，总是留有 Carrera GT 的绝对地位。

道奇的美是一种健硕的力量之美，澎湃的动力、肌肉感十足的外形，给人的印象却绝非只是匹夫之勇，完美的细节演绎更让人折服于它的睿智与涵养。它爱天涯路，无所畏惧。

底特律的黑色勇士

道奇

历史篇

LISHIPIAN

美利坚的历史很短，所以美国人对于自由的追逐显得更为迫切和渴望，因为没有过往历史的负赘和传统的拖累。这种自由主义可以透过美国的汽车来一探究竟，凡是来自美国的设计师完成的作品全部带有明显的美国人的特点，例如张扬、肌肉感和身材魁梧，这与早期的清教徒来到美洲演变成拓荒者的情节是一样的。他们从骨子里就流露着一种豪放、自由、奋斗的情怀，而美国的设计师最擅长的就是将这种美国精神视觉化，与一脸正气的凯迪拉克不同，满脸坏笑的道奇更像是一个来自汽车城的黑帮匪徒。

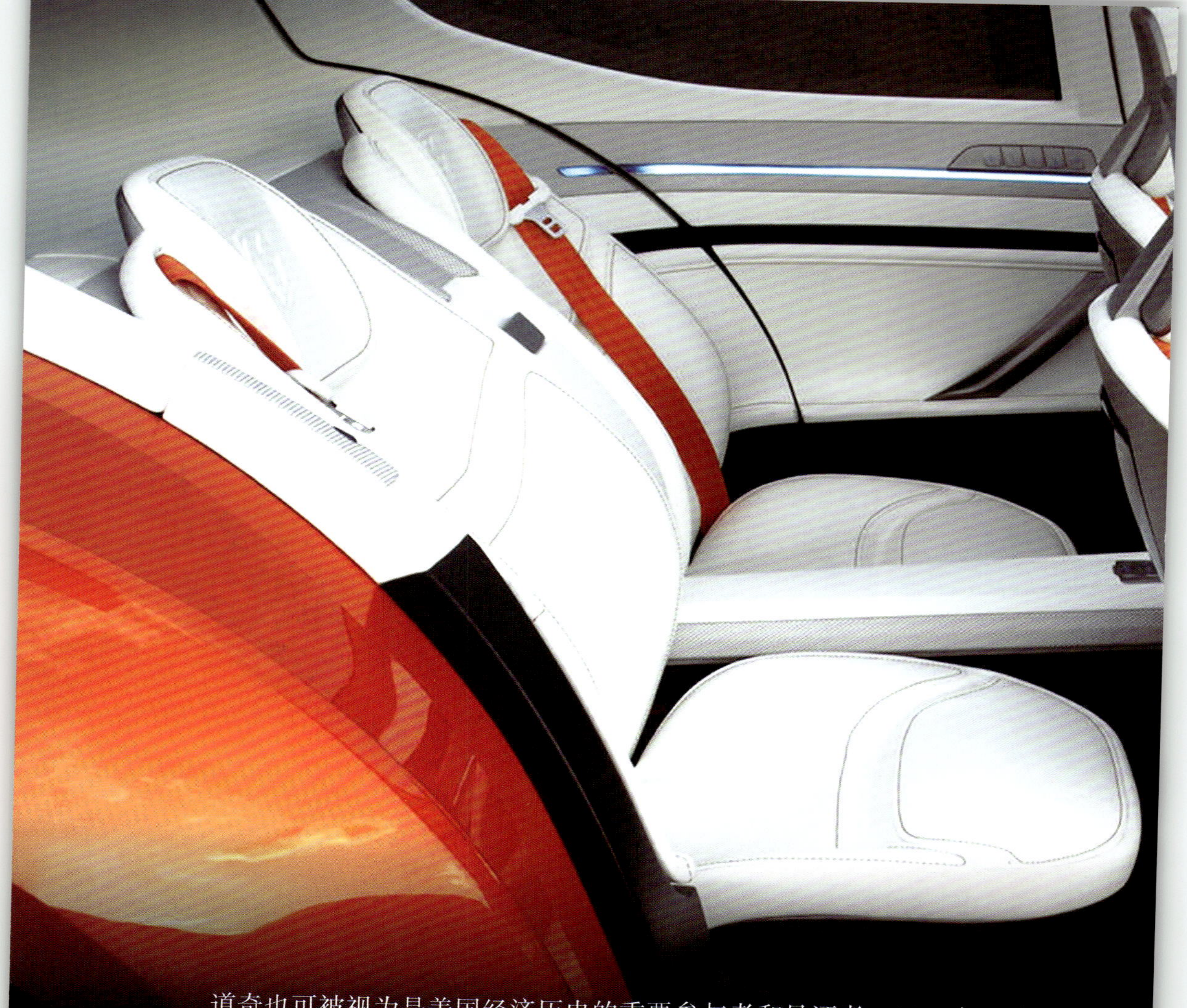

道奇也可被视为是美国经济历史的重要参与者和见证者。1887 年，南美战争的战火刚一熄灭，道奇家族的两兄弟便来到了底特律开始他们的创业历程，当时底特律最壮观的景象非自行车莫属了，这也是促使道奇兄弟选择了自行车行业作为自己的第一份职业的缘由。尤其是当天资出众的弟弟发明了无尘轴承之后，颇具商业头脑的哥哥便决心创建用“道奇”命名的自行车公司，这个公司很快就得到了其他大企业的青睐，当时的加拿大国家自行车公司便吸纳道奇公司成为其公司的一部分，但是道奇却始终拥有轴承专利的所有权。随后道奇兄弟又用第一笔资金开始了投资制作变速箱等零部件的生产。有趣的是当加拿大自行车公司倒闭之后，作为对道奇兄弟的补偿，他们将原本制造的一些机器赔给了道奇兄弟。

命运总是眷顾有准备的人。不断在机械领域拓宽业务的道奇兄弟又得到了当时蒸蒸日上的福特汽车公司这个合作伙伴，擅长商务的哥哥约翰·道

道奇的商标是一只公羊，寓意动感强劲，睿智进取，个性自由，健硕乐活。

奇甚至还一度成为福特公司的副总裁。然而道奇兄弟也意识到了所依附的这位巨人另外的打算，他们发现福特公司积极打造一个全能型的自给自足的“机械巨人”。于是道奇兄弟果断地结束了这一段与福特甜蜜甚至让许多公司羡慕的合作关系。舍弃同样也意味着得到，如果没有这段舍弃，恐怕世界汽车史上顶多是出现了一个叫道奇的零部件生产商，而不会有如今的道奇汽车。道奇随后的历史推动了汽车时代从两轮时代到四轮时代的改变，道奇从此成为革新者。

在很多人的印象中，以福特为代表追求效率和标准化生产才是美国企业的最大特点。这些特点同样出现在道奇身上，这也是道奇跑车在世界顶级跑车领域中以“物美价廉”著称的原因所在。道奇的最大特色是在于它强劲的性能和让人印象深刻的肌肉感。多次为政府提供了军用运输汽车的道奇经过两次世界大战的考验，给追求自由、酷爱冒险和远足的美国人提供了绝佳的选择。遗憾的是在这段期间里，道奇的两位创始人相继去世，后继者逐渐改变了低端和粗野的外貌，而追求更高档次的轿车设计，这也导致道奇陷入了历史上的第一次危机。要不是当时美国的另外一个汽车巨擘——克莱斯勒公司的援助，道奇的历史恐怕就此打住。克莱斯勒对道奇的收购，也使它成为足以与福特和通用汽车公司平起平坐的汽车巨人。直到今天，道奇始终是克莱斯勒公司的重要品牌组成部分。

它还是美国汽车史上第一个进行汽车安全试验的汽车生产商，1914 年，转行进入四轮时代的道奇公司就建造了美国第一条试车道，约翰驾驶他的两辆轿车，以每小时 20 英里的车速撞进砖墙内，进行了一次早期轿车初步的安全性试验。这也就不难理解，在 2007 年，道奇为什么能够获得美国政府颁发的碰撞测试最佳安全奖。20 世纪五六十年代的道奇相继在发动机和外形上不断取得突破，以垄断性的优势开创了汽车史上的“大马力汽车时

代”。强劲的性能和相对较低的售价，使得八九十年代的道奇汽车在世界汽车市场上异常活跃，尤其是以“厢式旅行车”和“蝰蛇跑车”为代表，前者开创了多用途汽车的历史，MPV（Multi-Purpose Vehicles，多用途汽车）概念也从此产生并传播开来。后者则成为跑车界的新车神，其强劲的性能和十足的肌肉感，加上张扬的外形和让人胆寒的称谓，使它成为从底特律奔赴世界各地的“黑帮匪徒”。

道奇 2008 款 蝰蛇（Viper）SRT-10

虽然道奇的历史已将近一个世纪了，然而它制造跑车的历史只有 20 多年，这就是为什么它品牌的历史能够与福特和雪佛兰等老牌美国车相媲美，然而它的跑车只能算作是福特野马和雪佛兰克尔维特的晚辈。不论当年是谁选择了蝰蛇这个名字，他都是个天才。不是响尾蛇，因为那会让人联想到车的驾驶感受；也不是蟒蛇，那会让人觉得太臃肿；更不是眼镜蛇，这个名字被使用得太多了；蝰蛇，听着和看着都有芒刺在背的感受，它敏捷、迅速而又凶狠，于是道奇蝰蛇跑车诞生了。

与它的名字一样另类，它的车标也显得夸张。道奇汽车品牌的车标原本是一只公羊，可为了衬托出这款跑车的不同个性和创新性，于是道奇专门设计了一个与其名字相符的“蝰蛇”标志——血盆大口下的两颗獠牙在闪着寒光的眼睛的配合下给人无比的威慑力，让所有的对手不寒而栗。

道奇蝰蛇继续传承着美式跑车的精髓，以赛车的操控水平为追求目标，极力打造出顶级的民用跑车，是绝对的美国风情超级跑车。道奇蝰蛇是继承美式跑车传统的经典范例，将大排量进行到底，从

道奇蝰蛇的格言中就可以了解一切："There's no replacement for cubic displacement（排气量无可取代）!"自 1992 年第一款量产的蝰蛇跑车诞生以来，2008 款蝰蛇 SRT-10 完成了对这一型号的最完美诠释。

我们很难想象，在美国这样一个追求效率和标准化生产的国度里，会出现蝰蛇 SRT-10 这样的手工打造的量产跑车。在底特律的科勒大道装配厂里有一条长达 215 米的生产线，这是道奇蝰蛇的"产地"。每一辆蝰蛇都需要 48 位熟练的技师合作完成，并且在每一个工作区里都需要停留 49 分钟，以便给这些技师们足够的时间对其中的细节处进行调校，这种程序方式可以省去传统的维修站，因为所有的程序都会由手艺者来检查。这也使得 2008 款蝰蛇成为了道奇公司的形象代言人。作为一款性能类似于赛车的超级跑车，2008 款蝰蛇 SRT-10 的校正机构可以在悬挂的上下运动中设置主销后倾角和外倾角，令车子行驶在正常的驾驶高度。工厂预出厂所设置的主销后倾和外倾角被设置到正常状态，使得这款蝰蛇 SRT-10 成为唯一拥有

如此设置的美国量产车。

张扬霸气的外形、强劲的动力、标杆式的制动、世界级的操控性以及赛车风格的内饰构成了 2008 款蝰蛇 SRT-10。这个腹部紧挨地面的钢铁怪兽突起的轮毂露着血性十足的秉性，更准确地说，这是它突出性能前提下所露出的傲气。2008 款道奇蝰蛇 SRT-10 沿用了 SRT 系列的一些经典特征，依然提供两种车身造型：Roadster（敞篷）和 Coupe（双门）。两种车身造型都采用了新型发动机罩，以适应新型发动机的使用。新型发动机罩具有更大和更有效的进气口以及更大的实用型通风槽，有助于为更加强劲的 8.4 升 V10 发动机提高冷却效果。

此外，在修长的身躯上，还有十字交叉格栅，霸气外显，强劲的发动机的嘶哑声响从这里传播出去，好似叫前面的车辆赶紧让出道来。深刻的侧面扇形凹口，如同健美的男子身上凹凸的肌肉线条，呈现出力量的美感，后掠式翼子板以及更低的发动机罩线条，则为这款速度机器提供了安全支持。

如果说手工制作汽车在美国汽车制造业中算是少见的话，那么提供专门定制服务更是罕见。这款车提供了各种配件、外表漆色以及内饰等多种定制服务，除了在驾驶舱保留了特有的红色按钮启动器之外，以性能为导向的实用型仪表板，以及中央安装式转速表和车速表，都可以按照客户的要求进行特殊的改造。中央仪表板和控制台的众多仪表框和装饰环提高了个性化配置水平，满足了高端的个性化需求。此外，宽大的米其林轮胎和新款 GKN Visco-Lo 速度感应式防滑差速器，使牵引控制的缺乏并未造成太大的困扰。

刹车系统是该车的一大特色，要制服如此强悍的发动机，源自赛车的四轮独立式悬挂为 2008 款道奇蝰蛇 SRT-10 提供了良好的行驶平顺性和操纵性。这种悬挂采用了轻量化和高性能的铝制控制臂和转向节，以及上部带螺旋弹簧的轻量化

减震器。2008 款道奇蝰蛇 SRT-10 装配是高性能的 Tremec T56 6 速手动变速器（称为 TR6060）。这种变速器采用了宽度增加 10%的齿轮，以提高扭矩传递承载能力。另外，这种变速器运用了新型同步器组件，在新型换挡系统的配合下，进一步简化了换挡过程。

作为道奇品牌史上最成功的一个跑车系列，蝰蛇完成了将道奇跑车带到超级跑车的荣誉殿堂的使命，为了纪念这段特殊的历史，道奇专门推出了限量 50 辆的最后一个版本的 SRT-10 跑车。即使是仅有 50 辆，厂方也同时提供多种式样，包括跑车版，敞篷版与赛车版，每一部都采用石墨色车漆与黑色中间条纹并配有红色的边纹，还采用了黑色的风挡包围，以及独特的侧面槛板标志。

更为重要的是，恐怖的 8.4 升 V10 发动机最大功率可达 600 马力，百公里加速不超过 4 秒，极速可以超过 363 公里/小时。尽管它是从上到下哪一点都不超过街车的规格，但是它骨子里散出的仍是赛车气息。

道奇 2012 款 Charger SRT 8

如果说“一战”时美国的角色多数扮演的是看客或商人的话，那么“二战”时的美国则更像是主人。战后的美国也成为战争利益的主要分嗜者，随后的 20 多年让这个国家成为当今世界上最强大的国家。这段时间是美国企业和产品走向国外最繁荣的时期。在美国汽车制造业中也有一个不断壮大的品牌，这就是道奇 Charger，这款车在 20 世纪 60 年代给世界车迷留下的深刻印象足以和 F1 相提并论。创造这个以肌肉感著称的高性能汽车最初的目的是为了对抗当时颇受欢迎的福特野马车型，而当 Charger 跑出了 322 公里 / 小时的圈速记录，成为当时世界上最快的汽车之一的时候，其经典的双门斜背造型在无数的电影和汽车比赛中给无数车迷留下了欢呼的理由。45 年过去了，当道奇再次推出 Charger SRT 8 的时候，当年的辉煌似乎注定重演了。

全新道奇 Charger SRT 8 的设计概念以四门轿车为出发点，不论是外形还是内饰，甚至包括发动机也力图创新。宗旨就是为了让整台车更加流线化，摆脱四四角角的美国车传统造型，侵略性的车头是 Charger SRT 8 最醒目的地方，搭配颜色犹如张着血盆大口的赤色鲨鱼，在宽大的车前格栅的衬托下显得霸气十足。

与普通版道奇 Charger 相比，SRT 8 拥有不同的前脸，上下进气隔栅在视觉上连为一体，细密的高光泽黑色蜂窝状网格凸显它的运动感。发动机盖中部微微隆起，预示着 SRT 8 拥有无比强悍的动力。此外，SRT 8 的侧裙和排气管等部分均与标准 Charger 不同，而独特的 20 英寸轻合金轮辋也是

SRT 8 车型所独有的。该款车的顶部也与一般的美国汽车不同，显得更为低平，就是为了营造独特的轿车车型的韵味。两侧的折线不但让线条更锐利，而且还增加了车体表面的轮廓肌肉感，但只限于外观视觉，对风阻系数和高速稳定似乎并没有实质性的帮助。

车尾增加小型尾翼提升它在高速行进中的稳定性，后尾灯的造型并未革新，继续传承着经典的美国车尾灯设计，使用的是 164 颗 LED 作为光源，与车灯并排的是四根排气管，雄厚的声音和给力的设计同样为视听感觉加分不少。

当年驰骋赛场的 Charger 的无敌表现在新车上通过全新的发动机再次演绎了一遍。SRT 8 舍去了普通 Charger 的 6.1 升 V8 引擎，取而代之的是 6.4 升 V8 引擎，别小看这 300 毫升的排气量，有时攸关胜负就在这小小的差距

上。全新引擎可以发挥最大 465 匹马力的动力以及 640 牛顿·米的扭力，百公里加速所需的时间为 4 秒左右，从静止到 400 米的加速为 12 秒左右，最高时速 281 公里 / 小时，这样的成绩应该可以跟超级跑车平起平坐。传统观念美国车跟耗油画上等号，这点设计者也想到了，道奇 Charger SRT 8 在引擎负载较小时，使用四缸引擎作动力巡航，以降低不必要的油耗。

科技在这款新车上得到了全面的应用，全新的电子控制悬吊，可以接收车速、节气门开度、转向速度及横向 G 值来微调悬吊设定，除了自动模式下，车主可以依照使用需求改为手动调整 Sport 模式。50 厘米铝圈搭配电子控制悬吊，可以让道奇 Charger SRT 8 摆脱坐船一般的摇晃感。布雷博代工的四活塞刹车卡钳对这台静止至 400 米加速有 12 秒的怪兽应该是不够用，事后的刹车升级应该是车主第一要务。

内饰上则大量使用碳纤维材质和钛银金属材料，在部分区域加以麂皮点缀，在呈现出年轻氛围的同时，也弥漫着一种贵族的气息。椅背上的“SRT 8”字样带给车主独特的感受，这种独特还体现在科技上。多功能仪表板除了可以显示车辆的状况外，还可以测试百公里加速、静止至 400 米加速和时速百公里到静止的制动能力，使得 SRT8 的独特性和功能性得到了补充和平衡。此外，平底式方向盘、运动座椅、仿碳纤维内饰部件及铝合金装饰面板则在渲染它运动化的氛围。该车的前排座椅具有加热和通风功能，其他亮点配置包括哈蒙顿（美国顶级音箱品牌）音响系统，带有 8.4 英寸触摸屏显示器的系统，以及多达 19 颗高中低音的扬声器，让开车也变成一种享受。

没有宾利的贵气，也不及法拉利的速度，它以“简”为尚，视“轻”为荣；没有兰博基尼的蛮劲，也不及布加迪的显赫，它以“典雅”为格调，视“品位”为标志。它就是路特斯。曾与法拉利、兰博基尼并称“世界三大跑车”的路特斯，在经历了十几载的低迷之后，奢华复兴，如王者归来。

典雅的公爵夫人

路特斯

历史篇
LISHIPIAN

如果有人问，世界三大跑车品牌是什么，相信多数人会在法拉利、兰博基尼、布加迪、保时捷等品牌中去作选择，可是就这个问题如果再加上一个限定词“20世纪六七十年代”，那么问题的答案就会统一许多，那就是法拉利、兰博基尼和莲花，这个雅韵的名字“莲花”就是路特斯。

路特斯的历史可以追溯到1952年，一位和阿森纳足球俱乐部史上最成功的教练同名的人物在英国创建了一家跑车公司。早期的公司并没确立真正的

路特斯集团在2011年进驻中国市场的时候，正式将中文译名定为“路特斯”，而不是早些年就在中国国内名声大噪的“莲花”。原因是莲花这一名称被中国另外一家汽车生产公司所注册使用，为了避免与这家中国汽车企业在名称上的混淆，路特斯放弃了“莲花”的意译名字，而选择了音译名——路特斯。

名称，它的建立完全是出于它的创始人查普曼先生对于赛车的热爱。能够称为天才的人物并不多，查普曼绝对算是最特别的一位。与其说他是一位造车工程师，倒不如说是一位赛车手更为准确。这位酷爱比赛却从来不做赛前热身的车手，总是一上场就将赛车油门全部打开，使得他的工作人员不得不为他的赛车多增加一个润滑装置来保证赛车的安全。

与赛车年代的风光完全不同，初期创业的查普曼一方面精心打造着属于他特有风格的赛车，一方面又不得不面临汽车的销售问题。和当时的多数手工跑车的销售方式一样，查普曼也选择了拍卖的形式，可这几乎很难销售得出去。这个时候，拍卖行的工作人员就会在这些没有品牌的汽车上写上“lot u/s（Lot unsold）”。个性十足的查普曼索性就将这些字母加以简化，从而出现了“lotus”（莲花的意思）的品牌名。当然了，查普曼从来没有告诉别人，他为什么要以印度的国花来命名自己的公司，另一种更为浪漫的说法是，他对妻子黑兹尔的爱称就是“Lotus blossom（莲花盛开）”。

提及路特斯的历史，就不得不提到它的一位出色的总裁——迈克·金伯利先生，这个在影响力上仅次于创始人的人物在刚加入莲花汽车不久，便测试了一辆公司借来的邦德臭虫三轮车，但翻车了，并把车给弄坏了，查普曼非常难堪，于是当场把迈克·金伯利解雇了。后来又借来了一辆邦德臭虫，结果查普曼自己驾驶时也翻车了，地点就在他刚刚为莲花F1车队准备的凯特灵汉姆会堂的总部里。他明白了应该受到指责的完全是那款车，于是就把迈克·金伯利请回来了。是非分明、勇于担当的查普曼深深

地打动了金伯利，经过这件事后也让金伯利全心全意地为之效力。这位总裁的一大创举就是为公司创建了一个极为有序的型号数字系统。每一个新项目都有一个数字编号，最初的路特斯 Seven 的字面意思就是它是公司的第七款车。路特斯 Elise 111 特别版的名字也是来自它的车型编号，而目前的 Evora 的项目编号是 122。这些数字可以给人一种印象——路特斯所进行的汽车设计的型号是何其宽广！

对于天才而言，非物质性的动力有两种，一个是恨，一个是爱。与兰博基尼在对法拉利的“因爱生恨”的过程中诞生完全不同，路特斯是基于对驾驶乐趣和纯手工跑车的兴趣而生的。这种重视驾驶乐趣和赛车体验的独特造车追求，也让路特斯有着与一般跑车完全不同的风情。从 20 世纪 50 年代中期开始，查普曼设计的跑车随着在各项赛事中取得优异成绩，其销路也随之慢慢打开。那个时期出品的 Mark 系列赛车，更是让路特斯成为

“英国汽车生产和销售协会”的成员。另一款 Eleven 赛车则打破了欧陆赛车对于勒芒赛事的冠军垄断，成为当时少数能够与意大利赛车一较高下的汽车品牌。

随后的 20 世纪 60 年代是路特斯奠定其在汽车王国地位的十年，经典的 Type 系列赛车相继在国内国际的各种比赛中荣获奖牌，尤其是在代表跑车顶级性能的 F1 赛道上更是风生水起。由查普曼设计的一体化车身单座赛车见证了路特斯的 F1 时代，1963 年至 1978 年，它总共夺得了七次车队总冠军，因此又有人称那个时代为“路特斯时代”，或者“查普曼时代”。

这种风光的历史一直持续到了 20 世纪 80 年代初期。1982 年，不幸降临在了路特斯身上，创始人查普曼突发心脏病去世，这个跑车工厂也如同失去了灵魂，在极短的时间里，被不同的企业来回收购，他们中止了参加 F1 赛事，一直到今天，路特斯的 F1 车队再也没有出现过。随后的十几年显得平淡了许多，他们的跑车再无新意，公司的老板也从通用公司转换到布加迪公司，再到一些无名的小企业之间流转，就在世人几乎要将它遗忘了的时候，转机出现了。在 1997 年，来自马来西亚的宝腾集团完成了对路特斯的收购，而这也成为这个昔日的顶级跑车复兴的开始。

如今的路特斯宛如夏季水池中生机勃勃的莲花，在顶级跑车的王国里傲然绽放。路特斯在慈善和环保等领域的大量投入也为这朵迷人的莲花增添了更美好的背景，在复兴以来的 15 年里，路特斯比其他任何品牌都能更好地定义路特斯的“轻质化促进性能”基因，将轻量化视为品牌的标杆，尽管它和完美有时候不沾边，因为它追求驾驶的乐趣远多过“眼睛里的虚荣”。它依旧仿造全盛的 20 世纪 60 年代的做法，继续进行配件的减税政策，在不能提供装配说明书的情况下，天才的查普曼巧妙地为它的跑车准备了拆卸说明书，而客户只需要照着这个说明书反过来做就行了。

极品之选 JIPINZHIXUAN

路特斯 Elise SC

作为路特斯复兴之路的旗舰车系，Elise 所承担的使命不仅取得了良好的市场业绩，更为重要的是向全世界的车迷宣告了当年那个不可一世的路特斯超跑的强势回归。每一个人都会不自觉地向这个风格独特的轻跑之王行以注目礼，然后再在它颠覆传统的造车理念中遐想一番，而这款限量生产的 Elise SC 版更是车迷和专家们心目中永久的经典。

Elise 天生就是运动健将，这个 SC 款更是将运动的特性进一步展现了出来。前脸造型为半弧形设计，车头两边有很明显的弧线隆起，采用双透镜式大灯设计，并加入了 LED 日间行车灯。进气格栅在车头靠后位置分布在两侧，运动风十足。前部夸张的大嘴进气口也比普通版要更张扬一些，体现了 Elise SC 超跑身份的绝对自信。车前部的不规则曲线一直延伸至反光镜处，在车门位置有所缓和，而后便再次变换隆起，这种形体与线条的表现如同是

在观摩一幕跌宕起伏的影片，又或者是在聆听一首旋律曼妙的歌曲。尾部的造型相比车侧与前脸要简洁，但仍不失其时尚的运动性格。尾翼与车尾部融为一体，塑造出独特的尾部轮廓。两对红色圆形尾灯的造型也具有浓厚的超跑车型特征。字母 R 造型的反光镜很是时尚新颖。轮毂的造型很时尚且强调了其不凡的运动本能，针对 Elise SC 所实行的定制车轮服务，后轮宽度相比普通版的 Elise 增大了 0.5 英寸，达到了 8 英寸，标配的装备是横滨 AD07 LTS 225/45R17 轮胎。根据路特斯公布的数据，Elise SC 在外形上的改进可以使这款车的阻力系数相比普通版要降低至少 4%。

环顾了车身的迷人风姿之后，打开车门的瞬间就能体会到路特斯的“轻量化”主调。Elise SC 的座舱，基本上可用“一眼望穿”来形容。门槛、车室底板、中控台之处，随处可见赤裸裸的铝合金车架外露，丝毫不加过多修饰，就好像当年奔赴战场的斯巴达勇士一样，只要一把剑、一个盾就足够开疆辟土。所以过于花哨的豪华配备难见于 Elise SC 座舱之中，这就是为什么路特斯又有“斯巴达风格”的称谓，举凡空调、音响、电动窗等配备皆付之阙如，坐上路特斯只能从事“驾驶”一件事情，只能享受“驾驭”一件趣事。乘客座双眼所及，铝合金休息踏板及底板中央的铝合金隔

板，也大胆直接地施以镂空打洞处理，在最细微的地方仍不忘减轻车重。

值得一提的要数 Elise SC 的座舱，由于 Elise SC 的底盘离地距离甚短，两组座椅几乎是直接固定在底盘上方，加上相当粗厚的车门门槛，基本上很难以传统的方式坐进车舱。所以驾驶员必须先坐在门槛上，再将双脚踏入车室，双手双脚取得支撑后，再进一步将屁股和上半身移进座舱内。这个看似尴尬和难堪的情景，却始终在坚持路特斯追求轻量化的宗旨。此外，ProBax 座椅在人体工学的设计上，针对躯干、骨盆和大腿等处提供完整的包覆和支撑效果，相信在激烈操驾下会相当受用。坐在 ProBax（一个专为高性能赛车和跑车提供安全、舒适座椅的高科技品牌）运动化座椅上，尽管座椅水平高低和椅背角度无法调整，却不难找到适合的操驾姿势；手脚与方向盘、踏板组间的间距也适宜。

Elise SC 在性能上的数据并不算惊艳，尤其是在高端跑车市场上，但是 Elise SC 追求的是驾驶的乐趣，是均衡的动力与轻量车身的关系，它并不是单纯的竞速机器，而是能带来强烈动感和操控快感的尊品。在几乎贴近地面的座椅上坐定之后，脚尖已经自然地来到了三组铝合金踏板上，稍微感受了一下它的弹力。双手也没法空下来，那个小直径的方向盘和带着轻微金属手感的排挡杆让人不自觉地玩弄了起来。插入钥匙转开电门，按下左手边的引擎启动按钮；倏忽地一声闷响，机械增压引擎便就此启动。220 匹的马力虽然无法和法拉利等相匹敌，然而需要注意的是，它所驱动的整车重量仅为 903 千克。所以这个代号 2ZZ-GE 的 1.8 升机械压引擎发动机似乎是在唱着一首欢快的歌曲，在轻松地迈着脚步。

虽然引擎源自丰田，然而这台直列四缸引擎的实力却不容小觑，强健的引擎本体使其压缩比可高达 11.5：1，转速 9000 转 / 分钟，加上 VVTL-i 可变气门正时与扬程系统，以及机械增压辅助，2ZZ-GE 引擎为 Elise SC 贡献出 217 匹最大马力，扭力有 210 牛顿·米的水平。不难熟悉的离合器接合点，带上一点油门，Elise SC 起步并没有想象中困难。更准确地说，Elise SC 让你发现，轻松的驾驶乐趣在超跑的世界里是如此唾手可得。

路特斯 Evora S

时间总是在做两件事情，一个是摧毁，另一个则是沉淀。当罗马帝国在欧陆上逐渐衰亡之后，曾经为它所有的繁华城市埃武拉（Evora）也在摩尔人和西哥特人的占领下逐渐地沉淀了下来。千百年以后，这里依旧怀着罗马人的智慧、哥特式建筑的壮观以及摩尔风格的华丽。这个看似与跑车毫不相关的城市，在路特斯看来却倍感熟悉，因为和埃武拉城一样，路特斯也经历了昔日的辉煌、沉沦以及到近些年的复兴。不知是为了对古老的讴歌，还是出于对有着同等际遇者的缅怀，路特斯将它的另一大旗舰车型命名为 Evora，其中的 Evora S 车型是表现最为出色的车款。

在一般情况下，路特斯的某个系列如果推出了特别版，那么在“轻量化”主旨的指导下，这个特别版往往要比普通版更轻一些，可是这一次，Evora S却是个例外。路特斯的Evora S在略微违背“轻量化”主旨的背后，是对驾驶的舒适度和驾驶乐趣的极大提升，这也是说，这种“增肥”的过程同样是一种飞跃。尤其体现在汽车内部，相比标准版的Evora，Evora S前后悬架的减震筒强度均提升了10%，并获得了经过改进的悬架几何尺寸，以及直径增加0.5毫米的横向稳定杆。弹簧强度本身没有任何改变，因此它的柔顺程度依旧，不会肆意横行。也许Evora S最值得赞许的特点在于它能与周遭环境融为一体，使得你可以全心全意地专注于驾驶本身。它的转向感觉极其出色，只比标准版略沉了一点点，但是那种直接而线性的反馈却足以让人立刻对车辆的反馈心生信赖，并不断地尝试极限的滋味。方向盘不会像Elise普通版那样晃悠，金属感也不是很强。由于配备了助力转向系统，现在打方向也无需竭尽全力。所以，Evora S驾驶起来颇为轻松，但操控乐趣却没有任何折扣。

同样的凹凸外形前盖，同样的滴水状车灯，Evora S同样忠实于经典的路特斯外形，更忠实于路特斯无与伦比的驾驶乐趣。这个特别版的Evora的转向操控堪称完美，而额外的动力则让人更容易体会到反打方向的乐趣。这种乐趣的背后是强劲发动机的存在，它的最大动力输出从272匹马力、345牛顿·米暴增至349匹马力、395牛顿·米，或者让车速从静止到百公里时速所需的时间都控制在5秒以内。此外还奉上了更为深沉的咆哮声和机械增压器发出的令人愉悦的呼呼声，这点和前面提到的Elise SC有些类似，但是二者的发动机却迥然不同。

Evora GTE 其实是路特斯旗下的又一华丽艺术品，采用丰田的 V6 发动机，在更大的机械增压作用下爆发的 443 匹马力的动力，似乎在不卑不亢地传达路特斯永恒的宗旨：驾驶的乐趣。

只要看看标准版和 Evora S 的输出特性曲线，就会发现采用强制进气之后的 V6 引擎，在 2000 转 / 分钟到 7000 转 / 分钟的区间里爆发出的扭矩力量，已经完全超越了普通自然吸气版本的峰值数据。如此丰沛的扭矩输出，让驾驶者绝大多数情况下都无需换挡，除非迎接驾驶者的是非常局促的发卡弯。

但是，如果就此放弃了换挡的权利，那么将失去这款车最值得一试的亮点。由于更换了飞轮、离合器、变速箱油、换挡联动装置，Evora S 的离合器踩起来更轻，换挡手感也更加顺畅，且富于机械的吸入感。

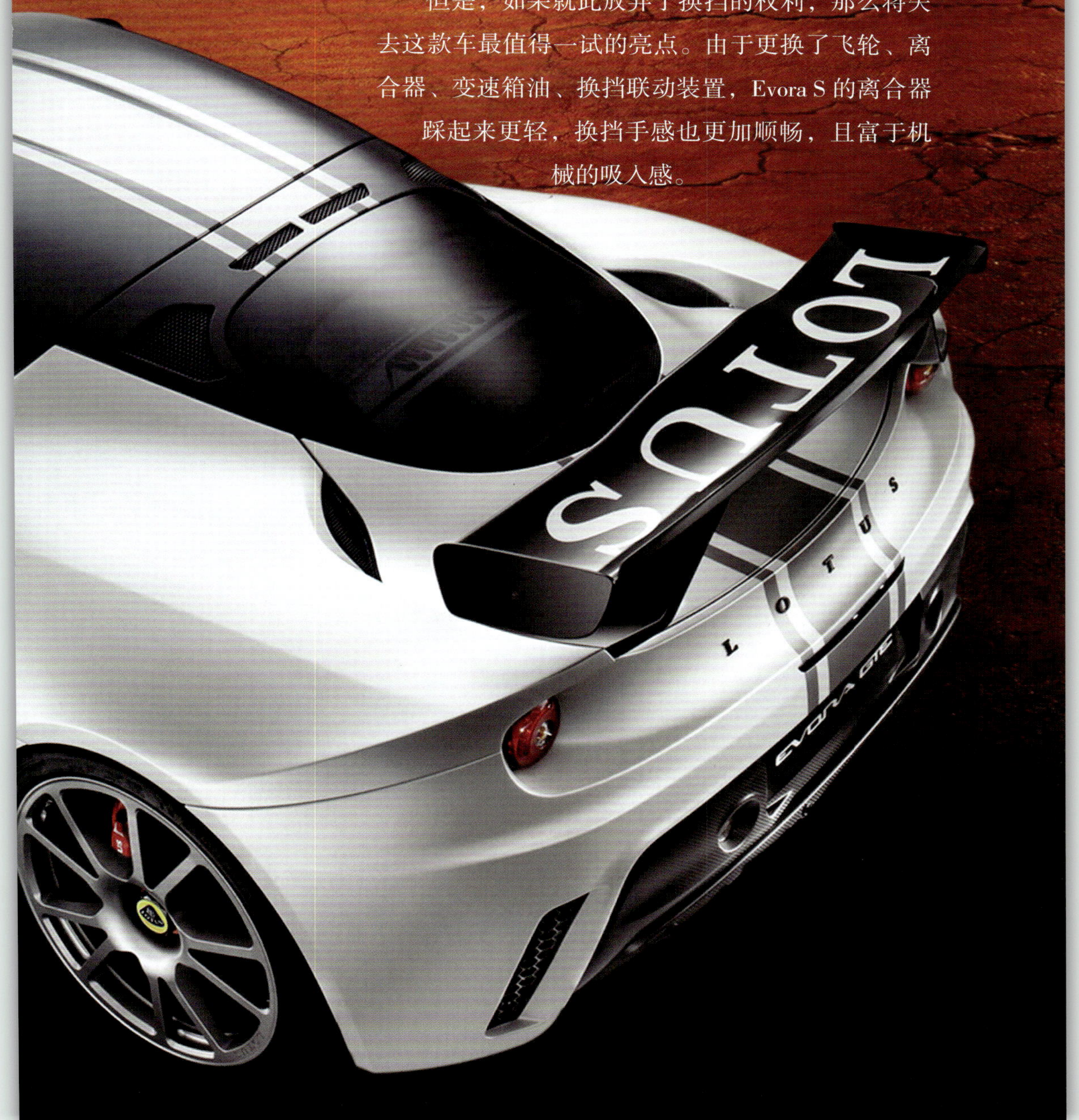

这里需要特别强调一下由于注重了舒适度和内饰之后所导致的不足。这种不足首先体现在仪表盘上，它沿袭了标准版 Evora 就有的瑕疵，在强烈的阳光下，辅助的数显仪表着实难以辨认，仪表板上反光的装饰也过于泛滥，这也会影响到车主对主要讯息的阅读。然而这种瑕疵仅仅是那些纯粹的路特斯迷才会顾忌的，因为他们的心目中原本就有了一个路特斯的“简单、轻巧”的形象，而不是这个加以修饰的“繁杂”之物。

然而事实上，Evora S 在高速巡航时一点也不聒噪，而且非常平顺舒服，所以缺憾很难撼动车迷对它的热爱。据设计者介绍说，从汽车内部的摩擦程度来说，Evora S 比保时捷 Cayman S 少 50%，比奥迪 TT 少 75%。所以对于 Evora 来说，车内的各个零件都有足够空间来展现自己。就好像驾驭者路特斯跑车的车主一样，总是能够在关于速度和身份的世界里找到属于自己的地位和空间。

路特斯 Exige Cup 260

在欧洲人不断追求造车技术，美国人不断提升汽车马力的年代里，以“轻量化”著称于世的路特斯再次用一款新车型彰显了它的与众不同。很多跑车都自诩可以直接进入 F1 赛场，因为强劲的发动机性能和可进行高速行进的汽车构造，可是几乎没有哪个赛车能够直接就被允许走出赛场到城市车道中行驶，这既是出于安全的考虑，也是相关法律明令禁止的。但是这款 Exige Cup 260 却可以名正言顺地进入公路，因此又有“合法公路赛车”之称。

对于“驾驶乐趣”和“轻量化”的追求始终是它的主题。Exige Cup 260 得到了来自 Exige GT3 赛车的技术升级，因此不仅是赛手，甚至连普通人也可以享受到 Exige Cup 260 跑车带来的驾驶乐趣。这种乐趣得益于轻质材料的车身、轻型运动轮毂以及内饰方面的使用，新款 Exige Cup 车型的重量仅为 890 千克，这就让新车的功率质量比达到了 291 匹马力 / 吨，所以新车的百公里加速时间缩至 4.1 秒。动态稳定控制、循迹防滑、自手排变速箱和计算机辅助控制系统让新一代高性能路特斯跑车比以前要顺畅得多，那是一种全由自己掌控一切的快感。

Exige Cup 260 由性能版 Exige S 衍生而来，并以标准赛车化的规格，来设计整体的空气力学。除了以碳纤维打造的车顶、车侧共三个进气孔之外，Exige Cup 260 在车身设计上还融入了 2007 年日内瓦车展发表的 Exige GT3 设计元素：轻量化、碳纤维材质尾翼。相比 2009 年式的 Exige Cup 260 所采用的尾翼，2011 年式车款的尾翼不仅宽了 181 毫米、高了 46 毫米，同时也略为向后 61 毫米，为 Exige Cup 260 提供更好的空气力学性能，而新设计的尾翼更能在时速 160 公里 / 小时提供 42 千克的下压力。

除了尾翼之外，Exige Cup 260 也采用了和 Exige GT3 赛车相同的后下导流器与平整化下护板，这不仅提升了 Exige Cup 260 的空气力学性能，也进一步强化了车身后底盘刚性达 30%之多，让操控性能更为精进。专为竞技考量而设计的双向调整减震筒也列为 Exige Cup 260 的标准配备，它可提供

驾驶者更个人化的操控风格选择，使车主能够依据喜好而设定为公路或者是赛道模式。

Exige Cup 260 的动力系统也如同 Exige S240 一样，借由路特斯一贯的轻量化哲学，来达成性能提升与环保要求两大矛盾间的平衡。这还得益于该车款大量应用碳纤维套件，在将车身后底盘刚性提升30%的前提下，同样达到了轻量化的需求。这种轻量级选手往往能够将大它几圈的对手挑落下马，而凭借的是近似于凌波微步一样的设计思路。为了满足需要，大量的碳纤维材质得到应用，一切能够简化的设备都被大刀阔斧地拆除，结果就是总重量比

这款名为路特斯 Elite Concept 的双门四座跑车最早于 2010 年在巴黎车展上亮相，强劲的动力源自一款 5.0 升的 V8 引擎，使得该车极速达 314 公里/小时，另外，在 F1 赛道上被广泛使用的能量回收系统也在这里得以使用，可为引擎在短时间内增加额外动力。除了良好的动力性能和时尚的车身造型外，舒适的内饰同样叫人眼前一亮，极具动感且融合多项赛车科技的方向盘表明了它的张狂性格，精致细腻的皮革装饰又布满了路特斯的徽标，一举将路特斯的贵族精神展露无遗。它像是个温雅的绅士，却拥有着骑士的血统。

标准版本轻了 80 磅，这几乎相当于比其他跑车少载一个人。此外，这款车还搭配轻量化的运动化铝圈，成为路特斯 Exige 车系中性能的巅峰之作。

作为赛车的公路版，与此对应的是强劲的发动机。这款车采用的是一台 257 匹马力的丰田发动机，排量 1.8 升，加装了 Eaton M62 机械增压装置，这使得 Exige Cup 260 能够在 4 秒之内加速到 100 公里 / 小时。要补充的是，即便推重比有优势，但这款车的极速仍然不会很高，原因有很多，车身刚性是其中的主要因素。最重要的是，由于获得了欧盟的相关法律允许，它才得到了可以上路行驶的权利！

路特斯 2-Eleven

路特斯的每一个系列都追求轻量化，每一个系列也都追求驾驭的乐趣，可是当问及哪一款最能够代表路特斯时，路特斯的总裁很迅速地回答说："2-Eleven。"把时间再拉回到 20 世纪的 60 年代，就会发现，路特斯所有的成功都源自赛车在赛道上取得的优异成绩，再把眼光放置在世界车坛的派系上，还会发现与大部分欧洲赛车追求高科技、美洲跑车追求更大马力相比，路特斯的轻量化理念已经逐渐成为一个独立的派系，甚至已经深刻地影响到了世界车坛。当"科技派"和"马力派"开始追逐轻量化的时候，在此领域沉淀多年的路特斯无疑最具优势，赛车精神加上轻量化理念，这也使得 2008 年推出的 2-Eleven 成为总裁眼中最完美的"路特斯跑车"。

所谓的赛车精神不仅仅是理念，而是它看起来和驾驭起来都是一部真实的赛车。当年叱咤车坛的路特斯车队虽至今仍然没能出现在顶级赛场上，但随着路特斯的复苏，他们对重新回归顶级赛场充满

了渴望和信心。这款 2-Eleven 就是路特斯旗下专门为研制赛车性能的“Lotus Sport”特制而成，其目标就是为了那些赛车狂热者而设计，整车仅仅 670 千克，将路特斯的“轻者为王”的造车哲学提升至更高境界。外观造型延续了一贯的凹型前脸设计，两个水滴型头灯同样是标志性样式，见过 Elise 的人一眼就能认出这是路特斯的车型，即使他之前完全不知道 2-Eleven。前唇显得十分贴地，配合上车身鲜艳的图案，更像是一只贴地飞行的猛兽。碳纤维的尾翼能够提供很好的下压力，保证高速行驶的稳定性。而当它俯身并且发出低沉的声音时，那就意味着它很快就会消失在人们的视线中了。

作为一款准赛车，安全性是设计的一大重点。其底盘设计上为了提升在赛道上的安全性，除了在车身前方采用了轻量级的铝合金与玻璃纤维挤压而成的材料外，还加强了旁边的冲击保护，加装了 FIA（国际汽车联合会）认证的六点式防滚笼。2-Eleven 车身更是超轻量级（40 千克）综合车身，而且所有嵌板均易于拆卸，以便维修保养。全独立的悬挂系统由 Ohlins

两段式可调整的避震器与 Lotus Sport 可调式前防倾杆组成，前悬挂特别为 2-Eleven 的特低车高进行上摆臂设定，尾悬挂也特别为赛道上缓冲区作出调节，成为一部赛道特设的组合。在制动性能上，路特斯 2-Eleven 将“制服”速度的使命赋予车胎和刹车系统。车胎和刹车很大比例是移植现有的 Exige，轻量化的五幅轮圈，搭配横滨的前 195/50R16、后 225/45R17 轮胎，刹车方面采用 288 毫米开坑通风刹车碟，前轮由 AP 刹车系统公司（当今世界上最知名的制动系统产品生产商之一）提供的双活塞刹车卡钳和后轮布雷博（Brembo）单活塞刹车卡钳的名厂制动套件。为了提高刹车性能及缩短刹车距离，2-Eleven 另装置了赛道调节 ABS 刹车系统，增加了其在赛场上的安全性。

简洁同样是为轻量化服务的。2-Eleven 可以说拥有顶级跑车中最简单的驾驶舱，没有一丝多余的配置，简单的方向盘、仪表盘、换挡杆、手刹杆和两个座椅就构成了它的全部内饰，整个驾驶舱被银色的金属面板包围，很简洁，也看不到任何舒适配置，完全是按照赛车规格打造的车厢，座椅后面的防滚架显得有些唐突而有些与车体不符。三辐真皮方向盘周围没有多余按键，车手只需留意仪表盘。车椅是驾驶舱的主角之一，桶式安全座椅配上四点式安全带，包裹性、安全性都无可挑剔。为了安全，路特斯从不“吝啬”。值得一提的是这款车的独特的可调节限滑差速系统，这个系统是通过引擎运作的，当车辆入弯时，引擎自动降低动力输出从而维持转向的循迹性，它比起许多刹车系统反应来得更加迅速，可调节限滑差速系统有十层可调整水平，司

机只需简单地将按键一扭，便可将牵引力调节至所需要的程度。作为路特斯赛车新生的一大重点产品，2–Eleven 均以充满动态和独特的 Lotus Sport 三色系列印花为标签，采用了强化的空气动力学配备，包括下动力碳纤维尾翼、下动力前扰流器、刹车灯等，来保证该车符合 FIA 等级的安全标准。

动力永远是赛车的灵魂。然而相对较轻的“体重”使得 2–Eleven 有着明显的优势，它采用的是后置后驱 RR 的动力布局，结构紧凑，没有沉重的传动轴，也没有复杂的前轮转向兼驱动结构，也是多数跑车如保时捷等习惯采用的布局方式。发动机依旧采用了丰田的 1.8 升 VVT–i 引擎，这台带中冷器的 1.8 升机械增压发动机在每分钟 8000 转时最大输出功率 255 匹马力，每分钟 7000 转时输出 242 牛顿·米的峰值扭矩。2–Eleven 这台发动机装配了两个机油冷却器以应付大负荷运转时的润滑油散热。针对发动机强大的动力，2–Eleven 采用运动型离合器从动盘和重载型离合器压盘保证动力传递的可靠。可手动开关的 LTCS 牵引力控制系统在车速超过 8 公里 / 小时时开始介入。关键是这台引擎加装在 2–Eleven 仅仅 670 千克的车身上，使得车辆的推重比高达惊人的 380！这样的动力表现连许多超级跑车都自愧不如，可想而知 2–Eleven 的启动以及加速会是多么迅猛，也就难怪其静止至百公里加速仅需 4 秒左右，静止至 160 公里加速仅需 8.9 秒。

力量、美感和灵魂，这是标准的骑士精神必备的要素，也是阿斯顿·马丁的造车理念：强劲地动力、迷人的外形以及英伦跑车的百年内涵。

ASTON MARTIN

大不列颠的圣骑士

阿斯顿·马丁

有人说它是一个悲情的英雄角色，在百年的岁月沉浮中经历了太多的沧桑，因为它不停地更换着主人，从赛车手变成了拖拉机制造商，再换成追逐利润的商人，主人的忠实度似乎在逐渐淡漠，可它依然是一个英雄，百年从未改变过对于力量和美的坚持。于是有人说它是一位大不列颠的圣骑士，当信仰的城堡遭遇危机时，它从不问敌人有多少，而只问敌人在哪里！

和众多英伦品牌一样，阿斯顿·马丁也是两位天才人物合作的结晶。1913 年，在第一次世界大战爆发的前一年，莱昂内尔·马丁和罗伯特·班福德创建了马丁·班福德公司，并且在第二年就完成了新公司的第一件作品，当时的莱昂内尔·马丁还是一位职业

的赛车手，他驾驶着这款新车参加了英国阿斯顿·克林顿举行的一场汽车赛，并且在众多豪强当中揽下冠军，也许是初战告捷的喜悦需要表达，也许是为了向更美好的未来表达期待，公司很快就更名为阿斯顿·马丁，并且一直沿用至今。阿斯顿·马丁这个浓郁英国古典气质的圣骑士紧随在劳斯莱斯和宾利之后，成为英伦汽车的代表。

不论是将赛车运动视为游戏还是职业，都需要为之支付高昂的“本钱”。而这，也意味着专注于造车和赛车，而轻视销售的阿斯顿·马丁公司危机的到来。1947 年，无力承担债务的莱昂内尔·马丁不得不将车厂出售，而这也成为阿斯顿·马丁命运多舛的开始。接纳它的是一个叫戴维·布朗的拖拉机制造商，这让人联想到兰博基尼，也曾有一位拖拉机制造商“父亲”，继而猜想戴维·布朗肯定也是一位有钱的大老板。他随后又收购了另外一家超跑车厂——拉贡达公司，并将两家车厂合并，取名为阿斯顿·马丁·拉贡达公司。这个老板并没有改变车厂的名字，只是选择用自己的名字来命名车型，这就是在 20 世纪五六十年代盛极一时的 DB 车型，这一命名方法至今还被保留。在拖拉机制造商手中停留 25 年之后，阿斯顿·马丁于 1972 年被再次兜售，频繁地更换主人令其元气大伤，直到 1987 年，美国的汽车巨擘福特汽车公司将其收购，在福特公司这个追逐利润的团体中，阿斯顿·马丁依旧保持着它骑士般的秉性，坚守着“造型别致、精工细作、性能卓越”的理念。

如果说赛车时代的优异战绩成就了阿斯顿·马丁的性能美名的话，那么与007的结缘则成就了它的世界性声誉。这一声誉是在那个拖拉机制造商戴维·布朗时代缔建的。1964年，肖恩·康纳利扮演的代号为“007”的特工詹姆斯·邦德，在电影《金手指》中首次与他的阿斯顿·马丁DB5结缘，当时邦德问Q博士：“我的宾利呢？”Q博士回答说：“它的日子已经到头了，你现在可以开这辆阿斯顿·马丁。”阿斯顿·马丁在已经上演的22部电影中成功出镜7次，这已经平了第三任007罗杰·摩尔的出演纪录。诚如德国作家沃夫冈·拉茨勒所说：“世界上没有一个真实的人物或者艺术形象能够像邦德那样，完美地表现奢侈品，尤其是技术类奢侈品。”阿斯顿·马丁继而也成为人们心目中“气质高雅、性能出色、外形靓丽”的英雄式跑车。

然而这个与邦德英雄密切相关的跑车还是难以逃脱英雄人物的多舛命途，随着福特公司经济危机的到来，昔日的汽车巨擘再也无力为这位跑车骑士的信仰埋单。2007年，阿斯顿·马丁再次被出售。不过幸运的是，这一次却是英雄的归巢。英国赛车运动与设计公司普罗迪夫（全球最大的独立赛车和车辆技术服务商之一，总部位于英国）的创始人大卫·理查兹和约翰·辛德斯高价收购了阿斯顿·马丁。

在这逝去的近百年时光里，阿斯顿·马丁仅保持着几十辆到几百辆的年产量（甚至低于宾利），这使得阿斯顿·马丁跑车的生产总量仅为16000辆，更为惊人的是其中的75%还可以继续使用。它绝对不做大众的汽车，而只为信仰的维护者。如今已重归英国本土的阿斯顿·马丁在熟悉的英伦环境下再次踏上了征程，承载着保护英伦跑车领地的神圣使命。

极品之选
JIPINZHIXUAN

阿斯顿·马丁 DBS

提到大不列颠，有两个词是密切相关的，一个是足球，另一个是绅士。英国人似乎并没有保持住他们在足球王国的发明者的地位，越来越多的国家的实力足以与之比肩。然而绅士却始终是这个国家的专属文化符号，从汽车奢侈品到文化产业无处不在流露着这种情致。如今重回故里的阿斯顿·马丁徜徉在这样的氛围里，并重温这种母乳文化而茁壮成长，继而萌发了这款最能体现绅士精神的 DBS。

1947 年，当拖拉机制造商戴维·布朗成为阿斯顿·马丁的新主人后，车史上最悠久的 DB 系列便诞生了。正是这个系列完成了阿斯顿·马丁由赛车到汽车的定位转变，以及地区内汽车到世界顶级汽车

地位的转换，这其中也不断经历着更换主人的低迷，也有过与 007 合作时的辉煌。直到重归英国，这个系列将近百年来酝酿的“力量、美感和灵魂”的元素付诸现实，DBS 就此诞生。它用一种俯瞰的姿势统治着之前的 DB 系列，以及后来的 V12 Vantage。毫无疑问，DBS 才是阿斯顿·马丁的国王。

DBS

用绅士来形容一款跑车，对于意大利车款来说是不那么恰如其分的，但是用于 DBS 上却显得如此恰当。DBS 的线条设计流畅但又有着复杂的曲面，刚性的轮廓让它看起来像是一件无与伦比的雕刻品，线条的复杂好似绅士细腻的内心，流畅的外形彰显绅士着装的利索和行动的敏捷。手工制作的格栅和碳纤维后裙板不仅精致，而且轻巧。具有空气动力学优点的车身线条从引擎盖到行李箱盖一贯到底，中途并无其他的干扰。富有魅力的线条还展露了这个绅士的进取精神和力量美，好像一个有着强健肌肉的运动员身着紧身运动衣，令人感觉充满了力量。从组成主格栅的五个手工制作的合金板条，到发动机上部突起的碳纤维引擎盖部分，以及在经典阿斯顿·马丁铸造金属侧面装饰槽上的发光二极管指示灯，每一处都是如此的漂亮而又实用。

低俯的车身像是一位绅士在行礼，又像是在蓄势待发，总之力量的美感和线条的美感从任何一个角度都能获得。每一个表面、每一条曲线、每一条直线、每一个折缝都有其自身的特点，尽情地展现着这款车在动力、性能、灵敏度、速度上的出色表现，再加上延伸的扰流器、外展的轮楣和纯手工打造的完美通气口……所有这些都表达了纯粹的英伦汽车特色和毫无掩饰的运动精神。

真正的绅士，内心远比外表丰富，DBS 同样如此。深灰背景白色数字的仪表盘让阅读更为清晰，焕然一新的方向盘则使 DBS 的操控更加完美。中控台同时有刻度显示及数字显示，并安置了一套高档音响系统、MP3 接口及卫星导航系统，且皆由实心铝制旋钮旋转控制。点火是由不锈钢镶蓝宝石的

“情感控制器”——ECU 来完成，其精致程度好像是一座上等的时钟。而一旦将 ECU 插入仪表板，ECU 红光闪烁与 V12 缸发动机显赫的启动声交相辉映。难怪有人会说：“启动 DBS 后就好像是坐在了剧院里。”为了减少车重，设计师们使用了柔软并散发独特芳香的特殊的半苯胺革来制造大部分的内饰。运动型的电动可调节座椅上浮有个性化的 DBS 缝线图案及标志。特殊轻量级座椅为热衷于跑车的驾驶者提供着强有力的支撑。据介绍，这种座椅由碳纤维与芳香聚酰胺纤维两种材质压制而成，同时采用复杂的双针脚缝制法，精细地展示了阿斯顿·马丁独特而又娴熟的手工工艺。

DBS 被认为是 DB9 和 DBR9 的合体与升级，在操纵性能上体现得更为明显。像 DB9 及它的兄弟 DBR9 和 DBRS9 一样，DBS 使用阿斯顿·马丁顶

级的全合金垂直水平构造及轻质咬合铝结构，车身重量虽轻，却坚固无比。作为阿斯顿·马丁史上第一款广泛使用超轻型碳纤维材料制造车身的车型，它依旧采用了经典的6.0升12缸发动机，再加上独特的布局——85%的车身重量位于前后轮的车轮轴距离之间，使得DBS的极惯性矩（该数据越低，车辆的操控性、稳定性和舒适性越高）非常低，从而保证了车身灵活易操控。

DBS的便捷的操纵性、强劲的发动机以及轻车身并不是建立在牺牲安全性上的，而是建立在高科技的运用上。DBS的自适应阻尼系统能够捕捉车的运动特征，保证车在处于激烈驾驶状态时，提供更“强硬”的阻尼，以便驾驶者更好地操控车辆。另外独特的DSC系统（动力稳定控制系统）能在极具挑战性的行车条件下使牵引力达到最大值，当出现操控失误时，DSC会自动开启，增加行驶过程中的平稳性。在正常情况下，也可以选择按住按键两秒钟，DSC的“赛道”模式将被启动，这时，经验丰富的老手可以尽情地探索车辆的极限性能，进一步感受驾驶的乐趣。

值得一提的还有它的刹车系统，碳陶瓷刹车系统首次应用在DBS上，这一系统包括前车轮直径为398毫米的配备六活塞整体合金制动卡钳的通风制动盘、后车轮直径为360毫米的配备四活塞整体合金制动卡钳的通风制动盘。出色的刹车系统使得驾驶者即使在最难以控制的行车状态下，也能够很好地掌控车辆，让制动距离变得更短。

阿斯顿·马丁与积家共同开发了一款名为“AMVOX 2DBS Transponder”的手表，作为DBS的开启钥匙。这款创新计时器完美地融合了钟表工艺和转发器集成电路，不仅是顶级的腕表，还能通过按压表面玻璃上的“开启”与“锁定”控制这款DBS汽车的车门开闭。

阿斯顿·马丁 Rapide

欧洲跑车在工艺上的精益求精，使得欧洲的汽车在舒适性上远远超过了“追求大马力”的美国汽车。对于舒适性的追求，阿斯顿·马丁既不苛求意大利跑车的那种激情澎湃，也不追求瑞典跑车的怪异，而是以一种祥和的姿态、优雅的外观去打造一种舒适的驾驶观念。如果说 DBS 是一位以“操纵性”为主要特征的英国绅士的话，那么 Rapide 就是以“舒适性”为特色的英国管家。和任何一款阿斯顿·马丁一样，作为一个遗传了赛车基因的超级跑车，Rapide 在视觉上依旧延续运动型轿车的摩登面孔。

最前面的抛光合金上下护栅如同在做大口呼吸，静止时也仿佛能看到这款车运动的力量；在道路上行驶时就更加有型，新的前灯罩盖住一个单独的透镜双氙气前灯，配以创新的灯管侧灯，将 Rapide 同其他运动型轿车微妙地区别开来。车门是这款车最大的特色之一，四扇“天鹅翼”门以 12 度向上向外打开，避免在加高的人行道边停车时的划伤和刮擦，门在打开时，角度被增大到了 70 度，最大限度地方便了出入的便捷性。

除了“身材”比例匀称之外，Rapide低矮的车顶线同独特风格的车轮相结合，增添其运动姿势。当车门打开的时候，即可盖住侧面的LED指示灯，如果闭合了门窗，你还会发现设计师专门为玻璃窗框创造出的一种无缝玻璃。当汽车在飞速行驶时，侧面玻璃将进一步升高嵌入车窗密封条以消除噪音，层压的玻璃用以改善噪音并使之近乎绝缘，这是来自听觉的舒适；坚固的后尾部暗示着内在的动力，创造出一种典型的阿斯顿·马丁跑车轮廓。侧翼镜经过特别的设计，增加了外围视觉的范围，为驾驶者提供最佳可见度，这是视觉的舒适；在后部，一个实用的后挡板为301升行李空间提供了足够大的出入口，这里还置有一盏有阿斯顿·马丁识别标志的“C”形尾灯（罩着360个LED灯泡）加以侧护，从而完成了车外饰的连贯性和整体性。

这个如英国管家一样在舒适性上近乎完美的汽车，在内饰上也做到了与外观的极致呼应。这是一个纯手工完成的浓缩装饰艺术，更是每位乘客

和驾驶者都能享受的自助空间。前面，是经过人机工程学设计，为驾驶者提供需要与全部信息的仪表板和控制器。而后是前排的座椅，Rapide 拥有一种新的前座设计，在驾驶者处于精神饱满状态下驾驶时，这种座椅给予一种支持性的运动感，而在更为悠闲的旅程中，则会提供高度的舒适感。双边缘缝合设计提升了座位的视觉效果，并将注意力引向细节和手工技艺。加热的和任选的冷却的座位具备两个特别中置旋转刻度盘，一个在前一个在后，为所有乘客提供指尖控制。后排两位乘客可分别享受他们自己各自单独的供暖和空调系统，这两个系统采用与前排座椅系统各自独立的方式运行。由一部位于数字显示器前面的单独旋转刻度盘控制，两个空气出口的方向将空气导向车顶部位，起到快速而有效地让乘坐者暖和或凉爽的作用，同时空气还被单独导向脚部空间。还可以通过位于前座之间的旋转刻度盘控制后部供暖及空调，给驾驶者提供完全自主的控制和享受。

除此之外，强大的娱乐效果让驾驶者和乘客不必担忧旅程中的无聊，两个 LCD 屏幕被无缝隙地整合到前座头靠的背部之内，位于眼睛水平的最佳位置上。不论是戴上耳机，还是闭目养神，一部红外遥控器可以便捷地控制着一切。值得一提的还有车内的音效系统，这个由 Bang & Olufsen（全球顶级音箱品牌，总部设于丹麦）公司提供的定制系统，是将 15 个扬声器完美布置于整个车舱之内，以环绕出最优质的声音，当乘客打开这套系统时，两支声学透镜从仪表板静静地升起，随后就乘客能享受到来自剧院一般的美妙感觉。

越是残酷的检验，也越能证明 Rapide 追求舒适的信心和能力。为了确保 Rapide 满足所要求的质量、耐用性、性能以及动力水平，它不得不面临一系列近乎苛刻的测试。比如暴晒在超过 50 摄氏度的美国死谷或者科威特、中东等地进行热气候测试，或者在零下 40 摄氏度的瑞典进行冷气候测试，抑或是在意大利的纳多测试场进行高速测试，再就动力到德国的纽伯格林进行磨炼。这个不断在磨难中得到完善的顶级跑车同时还具备时速超过 300 公里 / 小时的能力，这也意味着，它既可以满足人们对于跑车在速度上的追求，又用舒适的驾驶感受让人体验轻松的驾驭。6.0 升 V12 发动机给予了它源源不断的强劲动力，这款发动机是在同样位于德国科隆的专业工厂的阿斯顿·马丁工程师们亲自手工打造完成的。

和宾利的品牌标志相类似，阿斯顿·马丁的标志也是一个飞翼，但是宾利中间是字母“B”，而阿斯顿·马丁则是其英文全名“Aston Martin”。同时宾利标志更像是飞翔的雄鹰，羽翼中的轮廓较为圆滑，而阿斯顿·马丁则表现出强烈的刚性，条理轮廓极为线性。

在一些关于舒适性的问题上，阿斯顿·马丁设计者的原则就是“舒适高于一切”，这也是为什么 Rapide 会比 DB9 要长 29 厘米的原因所在。在减震和稳定性上，采用了类似 DBS 的一些关键技术，再加上安装于汽车后部的驱动桥上的 6 速 Touchtronic 2 型自动变速箱，尤其是在高速公路和主要道路上，则会提供一种优雅、放松和毫不费力的驾驶体验。

阿斯顿·马丁 One-77

维多利亚时期，大不列颠帝国取代西班牙成为真正意义上的日不落帝国，这种霸气十足的称谓就像附着在英吉利海峡上空的浓雾从未消散。这几乎象征了日不落帝国的脾气，带着尊严地活着，兼顾霸气和优雅地承载着这份豪气，也因此孕育出神奇的 One-77。

如果说 DBS 是戴着王冠的阿斯顿·马丁的话，那么 One-77 就是王冠上最璀璨的一颗宝石，它的意义等同于信仰。且不说是世界上最贵的跑车，也不计较它限量仅仅 77 部，单就它的速度、外形、设计等便足以称霸于车坛。仿佛要进行一次百年的加冕仪式，阿斯顿·马丁 One-77 才能把日不落帝国的霸气展现得一览无余。对于这样一个售价如此之高、产量如此之低的跑车而言，阿斯顿·马丁人会说：“我们就是想知道，我们到底能够做些什么，这就是 One-77 探寻的意义。”

如果说布加迪威航在数年前还叫嚣自称是世界上最华丽的王者的话，那么在One-77 面前，却不得不低头。One-77 像是英吉利海峡上空的那一股日不落帝国的豪气，但是又不盲动，绅士的气质让它霸气的造型看起来又多了几分翩翩风度。它始终坚守着英国人对手工和奢侈品的关联模式，独具特色的水箱格栅中每一条金属隔断都经过单独的削磨，在满足不同倾斜角度的同时，金属隔断装置能把气流均匀地引向后面的散热器上，并且这种装置本身也呈现出一种独特风格。车身的覆盖件也是由手工加工的铝板组成，其一体化的车身结构由碳纤维制造，这使得它行动起来更加轻盈灵动，刚性的线条组成的复杂轮廓表明它的力量与潜力。从侧面看去，这个修长的贵族无时无刻不在流露着关于力量的表达，几个粗大的出气口在车门附近盘踞着，舒展的线条宛如一个风流倜傥的青年才俊。一体式尾灯和隐藏式排气管宛如绅士穿着的燕尾服，把设计师别出心裁的设计和英国的绅士情节再次结合在一起。

这个重量不到 1.5 吨的奢华艺术品，能够在 3.5 秒的时间内完成从静止到百公里的加速，强劲的动力来自于它搭载的世界上最强大的自然吸气 V12 发动机，7.3 升的排气量中能爆发出 750 马力的最大功率，在纳多测试场的最高时速达到了 350 公里 / 小时。大量使用碳纤维和铝合金材质让 One–77 在保持轻量化的同时仍具有极为坚固的车身，巨大的碳纤维塔杆让 One–77 的车身抗扭转刚性高达 34000 牛顿 / 度，当然全碳纤维结构的车身框架也带来了高得吓人的制造成本，不过对于 One–77 的顾客来说，金钱已经不是问题，而这台阿斯顿·马丁有史以来最强的跑车所表现出的技术精华才是他们看重的卖点。值得一提的是，中置发动机使得这款车的前半部分比其他系列显得更修长，驾驶员与它最前端的距离达到了三米，而驾驶员的座椅几乎紧挨着后轮。

如果你知道一辆 One-77 等值于 10 辆 DB9 的话，想必对于 One-77 内饰便会有无比的好奇。坐进 One-77 立刻感觉到如同置身皇宫一样的奢华，手工缝制的座椅采用最高级别的真皮，精致的金属装饰带有手工抛光的痕迹。大量凝聚着英国手工艺者高超劳动水平的就是 One-77，它不仅仅是一台性能卓越的跑车，更像是一座可以移动的行宫。当你被名厂出品的跑车座椅环抱时，那种被巨大财富所包围的感觉真的是妙不可言。用购买一架私人飞机的钱去买一辆汽车确实是一件奢侈的事情，但是阿斯顿·马丁官方表示，购买 One-77 并不仅仅是购买一辆车，而是购买一种经历和体验。每辆 One-77 的车主会被邀请到工厂，可以与 One-77 的设计者和工程师们面对面，参与设计自己的汽车，以使自己的爱车完全满足自己的要求。可以说，每一辆 One-77 都是独一无二的。

只有亿万富翁才有资格购买，而大部分人也只能是想想而已，因为它只有 77 辆。它诠释了阿斯顿·马丁百年不变的信念，那就是要做世界上最完美的跑车。但同时它也是世界上内涵最深厚的跑车，兼有宾利的正派和劳斯莱斯的典雅气派，却又明显与两者区别开来。尽管贵气十足，却明显活力无限，极具动感，加上设计团队精心设计的时尚感，让这款车保守中又显得霸气十足，典雅里又透漏着一股子野性。无与伦比的发动机配合着轻盈的车身，快意犹如那不知倦怠地旋转着的车轮，又如耳边呼啸的风，驾驶者还将何欲何求？

如果你还沉醉于法拉利那让人绷紧神经的速度，如果你还沉迷于兰博基尼那摄人魂魄的轮廓，如果你难以忘怀阿斯顿·马丁那令人舒心的驾驶感受，那么可以肯定地说，你还没来得及见识年轻的帕加尼。从外表上看，它是狂野的，可是在内饰上，它又精致到极限，当粗犷遇到含蓄，精致遇到急速，一切的激情都由帕加尼诠释了，而我们只需用心去感悟。

阿根廷的风之子

帕加尼

车迷和信徒一样，都有各自的信仰与圣地，在信徒们朝着耶路撒冷的方向行礼的时候，车迷们会默念着摩德纳的名字朝拜。张扬的法拉利，狂野的兰博基尼，优雅的玛莎拉蒂……这些奇葩的出生地被誉为是“引擎之乡”，是跑车王国的精神归宿。诚如五夺F1总冠军的阿根廷传奇赛车手范吉奥在面对一位试图创建超级跑车的年轻人时所说的那样：“若你想制造世界最美的车，没别的选择，一定要去意大利的摩德纳实现梦想。”

这个年轻人就是奥拉西欧·帕加尼，一个纯粹的阿根廷人，因酷爱赛车而成为阿根廷F3赛车的设计师，当时还是默默无闻的他在一次车迷见面会上遇到了范吉奥，这个年轻人以无比崇拜的心情向车王表达了要制作世界上最完美的跑车的愿望，于是范吉奥由衷地向这个年轻人讲述了上面的那段话。带着对车王的崇拜以及对梦想的追求，奥拉西欧·帕加尼只身来到了摩德纳，并在范吉奥的推荐下，成为兰博基尼的最底层的技师。

对于一个投奔梦想的人而言，在偶像的眼皮底下做自己喜欢的事情，这个时候所拥有的动力是无比强劲的。奥拉西欧·帕加尼通过自身的努力逐渐从一名底层的技师晋升为兰博基尼的首席设计师，并且还在雷诺、奔驰、法拉利等车厂的赛车部门开发赛车，兰博基尼的很多赛车就是奥拉西欧·帕加尼的作品。尤其值得一提是，这个逐渐在跑车设计中显现天分的设计师在 30 多年前就看到了碳纤维在未来造车材料中的地位。

经过六年的沉淀和学习，奥拉西欧·帕加尼的梦想逐渐具备了实现的条件，他开始成立自己的设计工作室，并且很快就完成了一幅草图。这时的“指引人”车神范吉奥已经年过 80 岁，他看到这个草图时显得激动不已，当奥拉西欧·帕加尼告诉他，准备用“帕加尼·范吉奥”作为这辆车的名字时，范吉奥还做了一个当年他夺冠时的庆祝动作。奥拉西欧·帕加尼坚定地说：“我始终相信自己能够制造出世界上最完美的汽车。”然而，不幸的事情还是发生了，就在这款车即将完成之时，伟大的领路人范吉奥去世了。奥拉西欧·帕加尼伤心到了无法抑制的程度，他甚至不忍再用这个伟大人物的名字，当这辆跑车正式诞生时，他用了“Zonda”这个名字，意思是“来自安第斯山脉的风”，这也是奥拉西欧·帕加尼和范吉奥的故乡的象征。

1999 年的日内瓦车展上，一辆在外形上足以媲美兰博基尼，在性能上足以与法拉利一较高下的超级跑车引起了轰动。在展厅的一侧，阳光刚好从它的侧面照射进来，经过周围挡板和玻璃物件的折射，在这款以碳纤维为外壳的车身四周形成了独特的风采。鲜明的赛车风格加上前卫的碳纤维车身，让它成为世人关注的焦点，这华丽的亮相者正是帕加尼的第一款车——C12。

与那些量产车相比，纯手工的帕加尼宛如天工之作，因而又有了“后现代艺术品”的称谓。亦如创始人梦想的那样，“要做世界上最完美的跑车”，Zonda 正是他梦想的真实写照。随后帕加尼又相继推出了 Zonda F、Zonda S、Zonda R 等车型，不断地诠释着跑车之完美永无止境的涵义。

高端艺术品某种程度来说意味着“纯手工工艺”，同时也意味着限量和定制。到目前为止，帕加尼一共生产的车辆还不及其他车厂一天的产量。他们用心地对待每一个客户的每一个要求，从发动机到外壳的颜色，甚至是内饰上的图案都会让客户得到满意的答复。由于车厂较小，难以像法拉利那样生产所有的器件，所以有相当大一部分的器件来自于天南海北，比如梅赛德斯 - 奔驰的发动机，来自米兰的内饰等。这种组装的方式并没有降低帕加尼的身价，帕加尼反倒因为定制和个性化显得更为珍贵。性能的出众更是它名声远扬的重点，在相继完成对法拉利、兰博基尼和玛莎拉蒂的挑战之后，帕加尼又在外形、重量以及操纵性能上引领着意大利跑车的新风尚。

当年的 F3 赛车制造者奥拉西欧·帕加尼在范吉奥的指引下，凭借着天赋、努力以及理想成为跑车王国的新王侯。这位载着安第斯山脉风之精髓的意大利跑车生产商，被誉以“风之子”的盛名诠释着御风的艺术。

帕加尼 Zonda F

范吉奥对奥拉西欧·帕加尼成长的精神意义远大于指导意义。不论是最初发现了奥拉西欧·帕加尼的天赋，指引他去往摩德纳，还是后来向兰博基尼车厂举荐奥拉西欧·帕加尼，以及在垂暮之年给予奥拉西欧·帕加尼的作品更多的肯定，都为帕加尼跑车的诞生提供了无穷的精神动力。范吉奥不仅是奥拉西欧·帕加尼的偶像，更代表着帕加尼品牌的精髓——天赋、速度以及来自安第斯山脉的挑战精神。2005 年，摩德纳的主角已经不再是法拉利和兰博基尼，而是一部全新的帕加尼 Zonda F。其中的“F”就是意指范吉奥。

作为对精神领袖的缅怀，帕加尼对于 Zonda F 的重视程度可想而知。有近 60%的零部件是与前一车型不同的，更为重要的是，在舒适性和操纵性上对前一车型 Zonda S 进行了极大的提升。在《Top Gear》中，Zonda F 以完美的表现打败了兰博基尼的蝙蝠跑车，随后的单圈测试更是一举刷新了这里的单圈最快纪录，将法拉利和保时捷的一些当家“明星”挑落马下，成为当年车坛最劲爆的车款。它也

因此被帕加尼视为品牌史上的一座里程碑，是将帕加尼跑车从“速度至上”转变为“艺术至上”的一件典范之作。要知道，这是由一个沉默少言的阿根廷人在 30 名工人的作坊里完成的；要知道，这里是摩德纳，是跑车的圣地，却从 Zonda F 开始让帕加尼争取到了在世界顶级跑车界的话语权。

这是一个颀长的“俊男子”，张扬的肌肉线条无处不在勾勒着它强劲的性能外观。Zonda F 的前部比 Zonda S 还要长出 10 厘米，这要归因于向前延伸的鼻翼，它给 Zonda F 带来了更大的下压力。改进的空气动力部件还包括碳纤维的尾翼，再加上底部扩散器的联合作用，Zonda F 在时速 300 公里 / 小时所获得的下压力接近 600 千克，目的就是为了最大限度地符合空气动力学的原理。四个车轮前面的进气口都加大了，前面的是用来增大下压力，后面的则是为了满足贪婪的发动机。不过整车的外形并没有什么明显的变化，它依然是一只形状扁平、长着一双大眼睛的猛禽，车内的人可以从猛禽的眼睛里面洞察周围的一切。然而这个比 Zonda S 还大一号的车型却更轻了，这得益于该车对大量碳纤维的使用。不仅材料轻便，在意大利精湛的手工工艺下，这些碳纤维材料变成了艺术品的一部分，诚如购买了该车的郭富城所说："其实这部 Zonda 的碳纤维车壳是我最欣赏的地方。虽然好多超级跑车都用了碳纤维，但这部 Zonda F 做得好像名牌手袋那样，全车的碳纤维纹路都可以对得上，所以我买的时候就选了这只原色车壳。"同样是为了减轻重量，碳纤维甚至"扩张"到了刹车系统，成本极高的二方向组织结构令刹车碟具有极高的机械强度，性能明显优于传统标配的钢制刹车碟，从时速 200 公里 / 小时到静止的刹车时间仅为 4.4 秒！为了适应巨大的轮毂尺寸，底盘的几何结构也重新设定过，悬挂系统的部件重量也得到了减轻。在定制的米其林 Pilot Sport 2 轮胎的辅助下，这个轻装上阵的跑车显得自信满满。

意大利人最得意部分莫过于内饰，帕加尼也不会让它的顾客在车里受苦。这辆车里面也像普通汽车一样装备了空调、卫星导航系统和立体声音响，不过这些已被专门的设计减轻了重量。真皮座椅、铝制铸件、碳纤维材料和高档玻璃都烘托出这款车的雍容华贵，并且各个部件设计完美，做工精细。即便是吹毛求疵的专家，也很难发现任何一处皮革的毛边、劣质的碳纤维件或是古板生硬的铝铸件。别的汽车里的地毯往往粗制滥造，不过帕加尼却能保证每一个细节都不是随随便便。重新设计过的仪表板比原来更加珠光宝气，不过实在是有点小，而最高读数竟然达到了 402 公里 / 小时。这样一来，在不超速的情况下，那个细细的指针基本都不会大动。华丽的车厢看上去似乎有点脆弱的感觉，仪表板、手套箱等都被固定在横跨车厢的一根横梁上，碳纤维结构更是直接暴露在外。血红、炭黑和抛光铝材的内饰给人强烈的震撼，宛如在参观一个微型

的意大利手工艺术精品展。这个时候，人们才明白，这个全球限量生产25辆的跑车，售价过千万是何其的名副其实。

这款车成名于世归功于它的发动机，虽然整车重量低于1300千克，而动力系统却保持惯有的凶悍。在按动排挡杆上的红色“启动”按钮后，发动机的声音开始让大家头脑清醒。这款配备了大功率发动机的跑车并不像一匹野马般难以驯服，恰恰相反，这款车的油门反应异常敏捷，操控性极佳。这款发动机来自德国AMG车厂重新调教的自然吸气V12引擎，要知道，奔驰的SLR Mclaren也不过采用的是AMG V8引擎而已。Zonda F上的进气和排气系统均进行了改良，里面的气流更为顺畅，同时，重量也减轻了一些，装备钛合金连杆的这款发动机最高转速可达每分钟7700转，车内还可以选装钛合金消声器。

如果说Zonda S是男中音的话，Zonda F的声音则是来自F1的尖叫。配备了如此凶悍的引擎，Zonda F的加速时间也很惊人，从静止至百公里加速仅需3.6秒，而极速则是惊人的402公里/小时。可以说Zonda S为帕加尼品牌树立了性能强劲、安全性强、轻量化等多项标杆，当它打败兰博基尼，挑落法拉利的时候，人们知道，在摩德纳的名誉册上，又出现新的王者。

帕加尼 Zonda R

它常被称为“风之子”，它并不是有钱人的玩具，以“玩”的心态来驾驭它可能是一件危险的事情，没有足够的驾驶能力的人最好还是离它远点儿；它也不是喜欢炫富的人的标签，以“炫”的心理来与它相处是一件困难的事情，因为整个世界上知道它的名字的人已经足够少了。它在走上完美的路，哪怕付出独行的代价，也要保持着那份执着的信仰，它便是帕加尼 Zonda R。

当 Zonda S 在与“蝙蝠”和“Enzo”两款跑车的竞争中显现出优势之后，帕加尼的底气也明显更为充足了。当法拉利推出更强劲的 FXX 时，帕加尼便为它打造了新的对手 Zonda R。如果说 Zonda S 足够完美的话，那也只能停留在公路跑车的范畴里。然而还有一些人已经不满足于周末驾驶民用公路汽车去玩，他们需要的是赛车带给他们的刺激。尤其是喜欢冒险和驾驶着汽车在公路上狂奔的美国人，他们其中的一位已经拥有了三部帕加尼跑车，但是他更想拥有一部和赛车一样性能和操纵性的跑车，他以这样的方式描述这项计划：“就算是在公路上，我也希望能够得到 F1 赛道上的那种感觉，但是它绝对不应该是一辆赛车，而只是一辆跑车。”于是更注重

性能的 Zonda R 诞生了。它的终极目标就是：在保证安全的前提下，不惜一切地追求终极性能。

对于注重性能的 Zonda R 来说，发动机的能力具有决定性的意义。一直与帕加尼合作的梅赛德斯－奔驰完全支持帕加尼的这个想法，于是专门为之提供了一台可以输出 750 匹马力的 V12 发动机。这台发动机是在梅赛德斯－奔驰的冠军车型 CLK GTR 使用的发动机的基础上改造的，重量更轻，重心更低，并且经过 GT 锦标赛的考验。其中的一个苛刻的要求是：就算是一直跑在赛道上，这部发动机也要实现 5000 公里内免维护，而这个挑战帕加尼方面毫不犹豫地答应了。对于性能狂热分子而言，这台 V12 发动机使用了碳纤维进气管、赛车用的多片式离合器和 F1 样式的排气管。多种赛车技术的使用，让人们对它的性能充满了期待，在纽伯格林赛道的测试中，这款 Zonda R 再次刷新了赛道记录，时间定格在 6 分 47 秒。

除了发动机之外，这款由帕加尼本人设计的超级跑车采用了中央碳纤维底盘，还使用了笼式的车身，整车零件的90%与Zonda F不同，主体的碳纤维车身配合防滚架和橡胶油箱组成完整的车体。一台6速顺序变速箱和4油泵油箱是强劲性能的必要辅助组成部分，车体左侧有一个GT赛车使用的快速加油口，可以从各个方面减少准备的时间。即使是专为赛道而生，这款车也没有忽视其他方面的要求，比如其外观品质、工艺细节都丝毫不输帕加尼的公路车型。

此外Zonda R还有一套订制的HIFI音响，驾驶者可以选择在勒芒赛或是纽伯格林赛时听听音乐。前后的副车架都经过全新的设计，采用新的几何结构，并用铝合金制造。镁合金的轮毂和中心的大螺帽配合一个快速气动升降系统，可以使换轮胎的工作既快又毫不费劲。轻量化的使用在这款车上更是到了登峰造极的地步，要知道，虽然它比Zonda F还略大一些，但是重量上却足足少了200多千克。

虽然是主张性能至上，但是身在意大利这样的艺术跑车王国，外观和内饰的精美也同样不能被忽略。Zonda R 的车身每一个细节都经过科学的计算之后加以雕琢，只是为了使它在任何速度下、任何弯角处都能得到最大的下压力。加长的前面板同挡泥板融为一体，后发动机罩上装有可调整的尾翼。加上源自赛车设计的尾流导流器，Zonda R 可以让你以想象不到的速度过弯。此外，在电子科技的辅助下，Zonda R 可以记录并且显示跑车在任何时候的下压力，配合可调整的尾翼可以使驾驶者在任何赛道轻松找到最好的设置参数。虽然是赛车版，但是车内部配备两只定制的座椅，可以

给驾驶者和乘客提供最好的侧向支撑。车厢内的材料与 Zonda F 大致相同，同样的高级碳纤维材料和纯手工缝制的高级皮革，带来了绝无仅有的私享感受。数字化的仪表盘只显示一些行车最基本的信息，不过一台技术成熟的行车电脑可以记录汽车各个部件的工作数据。并且它只取其需要的内饰环节，只有这样才能保证正常行驶时的最轻量化需求。

帕加尼 Huayra

安第斯山脉的风为帕加尼带来了赛车手的挑战精神和造车手的创新精神，当寓意“风之子”的 Zonda 将一个又一个的对手甩在身后时，它也完成了挑战的使命，而创新却从未停止。2011 年，最新的帕加尼 Huayra 惊艳地出现在世人面前，这个喻作“风神”的新车系再次向人们诠释“御风”的艺术。

如果说 Zonda R 是为了要“知道自己到底能够打造出怎么样的跑车”的话，那么 Huayra 则是在寻求一部建立在高性能基础上，又能带来丰厚利益的跑车。这款 Huayra 的一个重要作用就是打开世界市场，尤其是美国这个全球最大的跑车消费市场。习惯了大功率、高性能跑车的美国人对于跑车性能和品质的要求也显得独树一帜，以“细腻”著称的英法跑车远不及以“激情”著称的意大利跑车受欢迎。作为帕加尼品牌第一款正式进入美国销售的车型，它的历史意义和经济意义同等重要。Huayra 的原型测试车在 2011 年之前的五年中测试里程总计达到 50 万公里。不管是在安全、排放，还是车型的动力性能方面，Huayra 都进行了最严格的测试，完全符合美国人对于高档跑车的定义标准，它也成为帕加尼自建立以来经历测试最多的车型，即使在整个超跑界这种强度的测试也是屈指可数，而对于一家小型的独立车厂则更是难能可贵的。

这款车比 Zonda 系列稍显“嚣张”，夸张的鸥翼车门是最显著的区别，从远处看，如同一只在风中恣意的飞鸟，带有空气刹车功能的分体式尾翼也为这只飞鸟找到了激情与潮汐的平衡。更大开口的进气孔以及来自 Zonda R 的双氙气大灯搭配 LED 行车灯，进一步对张扬的性格作了修饰。水滴状的玻璃车厢展现着完美的曲线，独特的后视镜居然固定在了前翼子板上，目的是为了在打开鸥翼车门的同时，也不会影响到后视镜的功能。在车身材料上，Huayra 也同样保持着“新材料领军者”的形象，一如既往地大量采用新材质，譬如说车门、翼子板等部分采用碳纤维，而在车架等方面则应用全新的碳钛合金打造，既满足了对轻量化的追求，同时也充分利用了钛合金那种超高的强度。

从整体而言，新车型比 Zonda 增大了不少，但是在重量上却相距甚微，加上十几年对车身线条上的研究，使得这款车拥有更完美的车体线和更迷人的轮廓。内饰设计一眼就能认出是台帕加尼，全手工的精致让车内显得气派和个性。多功能的方向盘集成了灯光、雨刮、指示灯控制钮，甚至是赛车用控制钮、精密的仪表盘和个性化的车形状的钥匙都令 Huayra 与众不同。除了高水平的内饰材质，新车款对于车载功能的丰富也比过往车型更为重视，最显著的变化是中控台提供了高清触摸屏多媒体系统，该系统可以实现导航、音响、蓝牙电话等一系列功能。这款内外兼修的跑车注定是引人关注的，在正式上市之前的订购活动中，就已经有 60 多个买主在等候了，尽管它同样是千万的身价。

如同瑞士是钟表的品质象征一样，摩德纳就是跑车性能的保证，全新的 Huayra 在性能方面自然是毋庸置疑的。它搭载的是由 AMG 特别定制的M158 系列的 6.0 升 V12 双涡轮增压发动机，但是这种发动机同梅赛德斯 – 奔驰自用的版本会有所差异，减少了涡轮迟滞以改善油门的响应速度，同时采用了新型的活塞、进气歧管来适应这种变化。

同传统一样，Huayra 也有两个动力版本，其中普通版最高可以输出 700 匹马力的最大功率以及 900 牛顿·米的扭矩；而运动版 Huayra 更是可以输出 730 匹马力的最大功率以及 1100 牛顿·米的最大扭矩。再配合重新配置的 7 速顺序式变速箱之后，其百公里加速仅需 3.3 秒（变速箱和百公里加速度与 Zonda R 较为相似），而极速更是可以高达 370 公里 / 小时，同时也更加注重舒适性和赛道性的平衡。值得一提的是，这款车专门设计了一个 85 升的大油箱，以保证了 Huayra 的续航里程。跑得快、跑得帅气、跑得舒适、跑得久，这就是全新的帕加尼。

德意志人对于机械的理解有一种与生俱来的天赋，这得益于德意志人自始至终的严谨态度和过人的天赋。当严谨的态度遇到冰冷的钢铁，当工艺天分变成追求完美的秉性时，他们便成了艺术家。将完美视为追求的民族是有美好信仰的民族，梅赛德斯－奔驰就走在朝圣的路上。

Mercedes-Benz

贵族的行走艺术

梅赛德斯－奔驰

Mercedes-Benz

历史篇
LISHIPIAN

英国人注重身份，所以勋章比金钱重要；意大利人喜欢户外，因为他们享有欧洲最温暖的阳光；德国人却相对要务实得多，他们严谨而低调，这些不同的特点形成了他们各自的生活态度，甚至延伸进产品的特性。于是，梅赛德斯－奔驰说："The best or nothing。"尽管它难与英伦汽车的贵气比拟，也不及意大利跑车的激情四溢，却始终坚持着自己的造车哲学——安全实用，大气舒适，质量完美。

历史上出现的汽车品牌很多，高傲的世爵汽车虽然保持了珍稀的高性能本性，却不得不面临 75 年

梅赛德斯－奔驰的美名和它的"三叉星"标志一起成为汽车王国不朽的经典，然而这个标志是由戈特利布·戴姆勒本人设计完成的，最初来源于戈特利布·戴姆勒给他妻子的信，他认为他画在家里房子上的这颗星会为他带来好运。这颗三叉星还象征着奔驰汽车公司向海陆空三个方向发展。

的销声匿迹；道奇虽然存活了百年，却始终是作为一个配角而存在；而科尼塞克和帕加尼又还太过于年轻……能够像梅赛德斯－奔驰这样百十年来保持不变本色，还能抵挡住各种变迁和冲击的恐怕也只有它一个。梅赛德斯－奔驰的历史可以追溯到19世纪80年代，那时的世界太过于世俗，金钱是那个年代的主宰。不过那个年代天才却也层出不穷，戈特利布·戴姆勒、卡尔·奔驰、威廉·迈巴赫均是当时公认的机械天才，他们在研制“不需要用马来拖拽的车子”。原本他们三个都有很舒适的工作环境，也都得到了各自公司的认可，然而多数天才都是偏执狂，与金钱资本所支持的“研究大型固定发动机”的思路不同，这三个人几乎是不约而同地对小型发动机充满了兴趣。于是他们相继或重组、或新建了自己的公司。1883年，卡尔·奔驰首先创建了自己的工厂。

七年之后，戈特利布·戴姆勒和几位资本家创建了戴姆勒公司，威廉·迈巴赫同样也是戴姆勒公司的重要成员，这三位德国汽车发动机制造业的先驱也成为德国汽车制造史上的传奇人物。但不可思议的是，卡尔·奔驰和戈特利布·戴姆勒这两位天才人物却从未见过面，尽管他们所在的城市只有区区80公里的距离。

卡尔·奔驰的车厂在1886年就推出了世界上第一款真正意义的汽车，当他为这款车申请专利之后，他都未意识到这个发明将会改变整个世界。而那张专利号为“DRP 37435”的专利证书则成为汽车史上最重要的里程碑之一。早年的汽车多数还只是限于有钱人的玩具，但他们期待更高的移动速度，以及更遥远的行驶里程，这时对于发动机的要求就要高很多了。在当时，生产汽车发动机远远要比火车发动机艰难得多，戴姆勒和迈巴赫可谓是当时最成功的发动机生产商，戴姆勒公司生产的发动机一度被英国企业大量收购，可不幸的是，1900年正当公司日渐兴旺的时候，戈特利布·戴姆勒因心脏病离开了他喜爱的机械王国。后来的十几年是属于戈特利布·戴姆勒的后人以及卡尔·奔驰的后人的汽车时代，他们继承了父辈对于机械的

忠诚和热情。随着经济危机的来临，为了最大限度地降低研制、生产和销售的成本，戴姆勒和奔驰合并成为戴姆勒－奔驰公司。后来加入公司名字的“梅赛德斯”的称谓却与三位创始人并无太大的关联，而是当时的一位奥地利汽车经销商的女儿的名字，在西班牙语中的意思就是“幸运”。创建标志和使用“梅赛德斯”之后的新公司几次汽车比赛成绩以及销售量都有了可喜的增长，这也坚定了他们对这个标志和名称的使用。

1926 年，也就是希特勒的代表作《我的奋斗》正式出版的第二年，奔驰和戴姆勒正式合并为戴姆勒－奔驰公司。随后的汽车厂却成为独裁希特勒的一个附庸，那时的戴姆勒－奔驰公司为其提供具有防弹性能的高级轿车，据说这款轿车留存的仅有三辆。然而盛极一时的车厂如同希特勒的政

治生涯一样，在炮火中毁于一旦。这是历史上最大的聚集性危机，可是勤劳而严谨的德国人很快就在“二战”后又恢复了生机，并且成为汽车制造业的典型代表。从此以后，梅赛德斯－奔驰复兴了汽车先驱们当年的承诺：为世界装上车轮，并且引领它一直前进。

它被誉为德意志民族的瑰宝，是德国最耀眼的明星。从集团合并至今，梅赛德斯－奔驰创造了无数的世界第一。这些世界第一的名单包括：第一款增压汽车、第一款量产柴油轿车、第一款量产配备 4 冲程燃油喷射发动机的汽车、第一台 5 缸发动机、第一辆涡轮增压式柴油轿车……这个汽车王国的领军人物不断铸造新的经典，以赛道上的激情和荣耀去震撼每一个心灵，以至臻完美的外形造就一个又一个传奇，以永不止步的创新去守护生命的完善，淬炼为汽车王国卓越的领导者。

梅赛德斯－奔驰 SLS AMG

在梅赛德斯－奔驰的历史中，发动机是其最骄傲的部分。三位创始人戈特利布·戴姆勒、卡尔·奔驰以及威廉·迈巴赫都是当时世界上最出色的发动机制造商，戴姆勒公司的发动机一度占领过骄傲的英国人的市场；卡尔·奔驰生产的发动机更是其完成世界上第一部汽车壮举的珍品；而迈巴赫的发动机更是著名飞艇齐柏林的动力之源。在梅赛德斯－奔驰人追求完美的路上，另外一家名为 AMG 的赛车生产商也成为梅赛德斯－奔驰的附属。这个在 1967 年成立的公司，其创始人就是奔驰公司曾经的发动机调试工程师，所以 AMG 同样是梅赛德斯－奔驰在发动机性能上的维护者与发扬者。梅赛德斯－奔驰从与之合作到将其完全收购的过程也是其精神的殊途同归。

限量和高性能是让全世界车迷癫狂和痴迷的词汇，AMG 就是这样一个专为少数人生产高性能跑车的“伙伴”，而其打造的 SLS AMG 最为耀眼。作为 AMG 部门提供的顶级的代表者，也是 AMG 性能最高、价格最贵的跑车，开门的那一瞬间，就宣告了它的非凡秉性，SLS AMG 将简洁的强劲设计风格和独特的鸥翼式车门完美地融为一体，形成与其他超

级跑车迥然不同的风格。

经历过“二战”战火的摧残之后，梅赛德斯－奔驰复兴之后的目标重新回归到了当时盛行的赛车运动中，一款名为 300SL 的赛车横空出世了。在各个赛场上的优异表现让它成为当时车迷心目中的“赛车之王”，然而真正让它成为焦点的则是它创造性的鸥翼式车门。这也成为梅赛德斯－奔驰引领时尚的一大标志，更为重要的是它就此确定了“需求决定一切”的品牌理念。出于车身强度的考虑，该车的铝合金外壳伸展在管状框架上，两侧车轮上方的造型比普通轿车更加突出，这使得传统车门的安装变得异常困难，但工程师们的灵感迸发却造就了一种不同寻常的车门开启方式。车门借助伸缩弹簧向上打开，门把手丝毫不影响侧面的视觉效果，这就是经典的鸥翼式车门。

全新的 SLS AMG 进一步续写了 300SL 的传奇，SLS AMG 的设计没有辜负前辈的威名。在产品细节方面，包括鸥翼式车门、车侧散热口、B 柱曲线等诸多部位均还原了 300SL 的风韵。全新风格的前后灯组设计则充满新意，但没有太多现款量产 AMG 车型上的设计。凭借修长的车鼻发动机罩、简短的外悬、完美后移的驾驶室以及线条强劲有力的车尾，SLS AMG 成为梅赛德斯－奔驰最新的典范，在古典风的衬托下，将新鲜感和刺激感集于一身，展示出极为与众不同的格调。

与外形的低调古典形成鲜明对比的是内饰的奢华，在经典的复古造型下，SLS AMG 的内饰氛围同样充满了不落俗套的战斗气息。70 度的鸥翼式车门在打开的瞬间就开启了让人怦然心动的奢华之旅，

飞机驾驶舱风格的驾驶舱内，混合使用了真皮、麂皮、碳纤维和铝合金材质，可选的内饰颜色也达到了五种，内饰全部采用手工缝制而成，极尽奢华之能事。然而线条却极为简单，并不会打搅乘客在有限空间里的视觉享受，极具经典的资质。仪表盘的布局同样很简约，换挡拨片是必不可少的，中控台部位混合应用了碳纤维和金属材质，精致的换挡杆的背后是奔驰新研发的双离合变速箱。对于一款超级跑车来说，车身形式和布局不仅直接关系着车辆的性能取向，更直接体现着车辆的性格。全新 SLS AMG 仍然采用了前中置引擎后轮驱动的布局，发动机位于前轴之后，变速箱后置，而前后双叉臂悬挂形式更是走的最传统的性能路线。就这样，一个简约奢华风格的驾驶室，完美地将飞翔灵感和赛车元素结合了起来，也将最佳的人体工程学设计所带来的舒适度与井井有条的操控设计所带来的便捷的驾驶乐趣结合了起来。

这款总重量为 1620 千克的跑车要比经典的 300SL 要重一些，可是为了追求更高的舒适性和安全性，SLS AMG 还是选择略微地“牺牲”重量。然而设计者还是尽量在各个方面加固和减重，例如承载式车身大量混合应用了各种铝合金材质，最大限度地平衡了车身质量和整体强度，其中钢制部件仅占车身质量的 4%。极为坚固的铝质车身构架仅重 241 千克。铝制双叉臂悬挂和碳纤维驱动轴同样实现了超凡的轻质效果。发动机和变速箱由扭矩杆连接的合理结构，更可靠地确保了跑车前后轴之间特有的重量分配。

作为梅赛德斯 – 奔驰第一次完全自主设计和全部器件自己生产的车型，它还将继续追逐当年的 300SL 的赛车梦想，而这就不得不提及它的发动机了。这款超级跑车配备了世界上最强劲的量产 V8 自然吸气式发动机，该发动机基于 AMG“一人一机”的理念，由一位工程师独立打造而成。由于装备了经过性能优化的进气管和排气歧管，AMG 前中置发动机可输出 571 匹马力的功率和 650 牛顿·米的峰值扭矩，而干式油底壳润滑系统摒弃了传统的湿式油底壳结构，使发动机可安装在车辆中极低的位置，成为实现出色操控动力性和强大横向动力性的完美方案。而在加速性能方面，这款超级跑车也体现出超凡的能力。这得益于采用了新开发的、配备一体式机械差速锁的 AMG Speedshift 双离合变速箱，从而实现在牵引力几乎不间断的情况下快速换挡。创新的赛车技术已在弯道上得以验证，并实现了令人难以忘怀的驾乘体验。

梅赛德斯－奔驰 S65 AMG

人类的历史首先是一段躲避饥饿的时期，然后才是追求极致完美的过程。当人类完成了从森林走到河畔，找到足够的食物和建立起安全的居所之后，人类开始了对美的追求，比如创作装饰品和艺术品。梅赛德斯－奔驰就是一部浓缩的人类史，它首先为世界装上了车轮，满足了人们便捷出行的需求，随后，又将追求完美视为神圣使命，因而它的多数车系都被视为钢铁艺术品，这款 S65 AMG 更是拥有“行为艺术家”的美名。

没有传奇的故事，也不借用某个不痛不痒的传说，S65 AMG 却依旧处处是“焦点”。就好像真实的艺术家一样，S65 AMG 也有着强烈的气场，举手投足之间都流露着个性强烈的艺术气息，就算是慢悠悠地行走，也很有冲击力。它就像一架正在向起飞跑道滑行的超音速飞机，之所以没有起飞是因为现在还不到时候。它的外形显得很慵懒，就好像沉思的艺术家在舒

展身姿。与普通版的 S 级相比，S65 AMG 在前脸有一些小范围改动，主要的改动集中在保险杠和前裙板。大灯和家族式的盆状进气格栅则保留了梅赛德斯 – 奔驰的家族风格，保险杠更加宽大，前裙摆张开的三个进风口和两个镀铬的圆形雾灯都非常醒目。

艺术家们总是无意识地表达出自我的个性，S65 AMG 也是如此，它带有自动清洁系统的复式氙气大灯，自动防眩功能的外后视镜，以及有反射红外线的夹层隔热板的全车深色私密玻璃等豪华配备。此外，那个镶有 AMG 标志的车门踏板和前翼板上的“V12 Biturbo”字样都在彰显着 S65 AMG 的特立独行。

坐进驾驶舱，就仿佛一下子走进了一个艺术家的内心世界，那是低调的，又是高贵无比的。专用的真皮装饰和特制皮革车顶首先诠释了这个“艺术家”高贵的内心，带加热、按摩、电动调节功能的前后排座椅带给每一个区域驾乘者自主享受的权利。座椅还自带豪华头枕，再加上 AMG 人体

工程学方向盘，以及特别的雕刻造型，还有可直接换挡的铝制换挡钮，让整个室内空间在舒适无比的同时，更显得个性而高贵。

和艺术家一样，它总会时有让人觉得惊讶的地方。S65 AMG 最抢眼的地方要数中控台的“IWC Ingenieur”设计，瑞士名表万国的风范和德国工艺的结合让奢华的氛围又提升了一个等级。也许我们并不清楚为了这些字母要多花多少钱，反正确实不能小看这个小小的细节，必须承认这一位于中控台中心位置的标志具有举足轻重的地位。豪华的被黑色和高档皮质包裹着后排座椅的乘客舱弥漫着一股奢华气氛。皮质是 AMG 专属的高级配皮，在一些细节方面也体现了 AMG 的印记。S65 AMG 属于“舒适至上”的典范，这也契合奔驰“让所有人都能很容易掌握”的宗旨。此外，仪表盘内清晰的夜视系统和中控台的电视功能，在奔驰特别设计的钢琴键式按钮的装饰下，显得高雅无比。

对于艺术家而言，性格里有一股蛮劲，那是他们伟大的根源，可是大多数情况下，他们还是显得很温柔，S65 AMG 也是如此。对于一个适于舒缓驾驶的座驾，这个手工调教的 6.0 升 V12 双涡轮增压发动机多少显得有些“多余”。艺术化的身躯和内涵，却有一个如此“蛮力”的动力装置，不知道设计者是想让它也能爆发一次，还是想保持着奔驰惯有的强劲发动机的传统。然而它的百公里加速依旧需要 4.2 秒，这让它在很多跑车中很难显出优势，但这也正是奔驰的特点，在如此大的动力下，依旧可以保持车身的稳定和行驶过程中的舒适度。这在很大程度上得益于全新的变速箱以及来自赛车的创新 Know-How 装置，它们在保证动力的同时，也保证了发动机的平稳性，对材料的利用也更为充分。而且 AMG 前端还集成了一个引擎燃油冷却器，轮毂里也放置着额外的冷却剂容器。在整体的设计上，这个强劲的座驾仿佛是先通过发动机把力量放置在车身，然后按照驾驶者的需要，有所保留地释放力量，从而保证了在拥有强劲动力的基础上，行车的安全性和舒适性。

这辆暴躁的车很擅长做直线运动，却不太喜欢做变线运动。在绕桩过程中，悬挂能够有效地支撑住沉重的车身，奔驰车冷淡的路感在极限状态下开始活跃起来，另外前排的动态座椅可以在过弯时主动地为靠背内的气囊快速充气，为驾驶者的身体提供有效的侧向支撑，例如当你往左侧大幅转弯时，立刻就可以感觉到后背右侧的支撑明显增强，防止身体的侧倾。与同级的车型相比，S65 AMG 的操纵

这款名为“SLR Stirling Moss”的超级跑车采用全新的外形设计，一改梦幻造型，极具古典气息，又不失激进色彩，与经典的梅赛德斯－奔驰 300 SLR 遥相呼应。该车只需 26 秒，就能到达 300 公里 / 小时；特别设计的空气动力学刹车套件能在车速高于 120 公里 / 小时的时候辅助刹车，让这个内涵强劲的绅士在运动与静止之中获得足够的自由。

性稍显不足，这同样因为那款强劲的发动机。

在我们认为已经了解了 S65 AMG 的时候，它又再次诠释了“艺术家”行为的难以理解，它屏蔽了周围大约五米范围内的所有 GPS（全球定位系统）信号，除了它自己的。有人说，这是艺术家专享的私密特权，也有人说，这是王者的霸气。

梅赛德斯－奔驰 SLR 722

时间的坐标点拉回到 1955 年的法国米勒·米格莱赛道上，当时的时间正好是 7 点 22 分，一辆号码为 722 的赛车在一堆意大利赛车和法国赛车的夹击中出发了。要知道，在此前十年间，冠军几乎被法拉利囊括了。充满激情的意大利人对于速度的理解远远高于优雅的英国人、严谨的德国人以及浪漫的法国人。然而这一次，事情的发展却非同寻常，当广播大声宣告冠军赛车即将到达终点的时候，观众看到的不再是他们熟悉的意大利赛车，而是一辆造型独特的德国车，就是那个 722 号，人们欢呼了起来，就好像欢呼以梅赛德斯－奔驰为代表的德国工业的复兴一样。那辆赛车正是梅赛德斯－奔驰历史上最重要的 300SL。如果说 SLS AMG 是对其造型的复兴和升级的话，那么 SLR 722 就是对其荣耀的缅怀。

为了铭记那段艰辛却欣喜的岁月，也为了让那辆 722 号赛车不被时间所埋没，在与 F1 赛车车队迈凯轮合作之后，梅塞德斯－奔驰推出了这款 SLR 722 跑车。SLR 722 外形传达出的最主要信息就是彪剽悍、粗犷以及不甘示弱，就像当年的 300SL 身处于意法赛车的包围中所呈现的姿态一样。作为一款怀

旧跑车，它并没有过分地表现出优雅以照顾它的历史意义，反倒是将横冲直撞的霸气显露了出来。超大型的发动机使得车头必须延长至前轴线的后端。修长的流线型线条，简洁的前翼板空气散热片，拉风的侧置排气管，以及经典的鸥翼式车门，这些设计特征早在 1952 年就引起了轰动，至今依然是纯正梅赛德斯 – 奔驰跑车的标志性特征。

另外，设计师引用了传奇赛车SLR 前翼子板上的鳍状空气散热片设计，但这并非仅仅为了复制 1955 年传奇赛车的造型，而是它的侧面出气口同样有助于发动机舱的通风。此外，设计师还将流线型线条延伸至鸥翼式车门，从而突出其实用功能。尾翼也会在紧急制动和高速行驶时自动抬高 5 度，产生惊人的下压力，使车在高速行驶中也能保持车身的稳定。再加上经典的椭圆形双前照灯车头和三叉星标志，仿佛一下子就把奔驰的前世今生全部集合在了一起。

欧洲纯正血统的手工艺在这里同样得到了展现，当车门向上开启之后，里面是纯粹的科技和奢华的世界。坐进贝壳形的真皮座椅里时，会发现中控台上使用了很多碳纤维材料，不过在这里它的装饰作用更大一些。指向精确的方向盘比较小，并且用珍贵的皮革包裹。方向盘桨式换挡手柄，缩短了加速进程。整体上的炭黑色内饰都散发着纯正欧洲血统跑车的气息，将驾驶舱装饰得高档而充满科技感。可进行衬垫个性化调整的斗式座椅，多功能转向盘上配置的赛车式手动换挡按钮，以及布局合理的计时器式仪表，确保了驾驶者始终能够享受一切尽在掌握的轻松体验。

高档铝材、碳纤维和“银箭”皮革营造了新款高性能跑车的内饰风格，这种柔韧的皮革专为新款跑车制作，并在品质和材料厚度方面创立了全新的标准。车内全部使用黑红相搭配的高级真皮，用手工制成。而方向盘的设计更显新颖，以 F1 式方向盘为原型再配合 SLR 722 的特点而重新设计，进而为驾驶者提供赛车般的驾驭享受。当然了，这还要求驾乘者具有较高的驾驶水准，因为谁都不知道，这个霸气外露、内涵丰富的家伙会做出何种惊天动地的事情来。

然而乘坐过 SLR 722 的人会说：“这应该是最不像梅赛德斯 – 奔驰的跑车了。”他所说的意思是从来没有一辆奔驰会像它这样注重性能甚至不惜略微淡化舒适性，但这正是 SLR 722 的基本态度。设计师说：“我们就是要完成一部具有赛车特点的跑车来铭记 300SL。”他们做到了，这一切是建立在那款性能强劲的发动机的基础上的。SLR722 搭配了 5.5 升汽油发动机，最大马力达到了 650 马力，爆发出的强大扭力也证明了这是一款集美观与速度于一身的完美汽车。它的百公里加速仅需要 3.6 秒，而加速到 200 公里 / 小时也就需要 10.2 秒。它最高车速达到了 337 公里 / 小时，因而它又被称作是“史上最快的梅赛德斯 – 奔驰之一”。

没有哪辆梅赛德斯 – 奔驰车在转向时能如此富有攻击性和迫不及待，除了 SLR 722，在 5 挡自动变速器的辅助下，它能以极快的速度过弯。优秀的底盘和强劲的抓地力，加上牵引控制功能，无论做怎样的危险举动都很难让它惊慌失措。但若没有这个附加功能的辅助，它就变得难以掌控。追求性能的同时，梅赛德斯 – 奔驰在安全性上从未马虎过，19 英寸轻合金车轮以及 390 毫米陶瓷刹车碟来保证它在动静之间的平衡过渡。

论历史，它堪称是汽车的原点，论格调，它诠释了尊崇的极致，以优雅、动力和完美的细节追求去满足人类对极致的期望。它叫迈巴赫，王族血脉的传人。

极致完美的跑车王族

迈巴赫

57S

历史篇
LISHIPIAN

中世纪的欧洲人生活结构很简单，他们的生活被划分成物质和精神两个世界，皇帝掌管着物质世界，而教皇则是精神世界的领袖。然而有一个不争的事实是，当问及他们心目中的最高统帅时，绝大多数人选择了教皇。这就类似在德国汽车中，奔驰和迈巴赫的关系，奔驰无疑是现实世界的贵族，而迈巴赫则是人们心目中唯一的王者。

1865 年，还在一家机械工厂当督导员的戈特利布·戴姆勒结识了年仅 19 岁的威廉·迈巴赫，志同道合为两人搭建了友谊的桥梁，这也让德国汽车工业史有了一个良好的开端。在 1884 年，他们正式合作，并推出了著名的“老爷钟” 发动机，随后戴姆勒

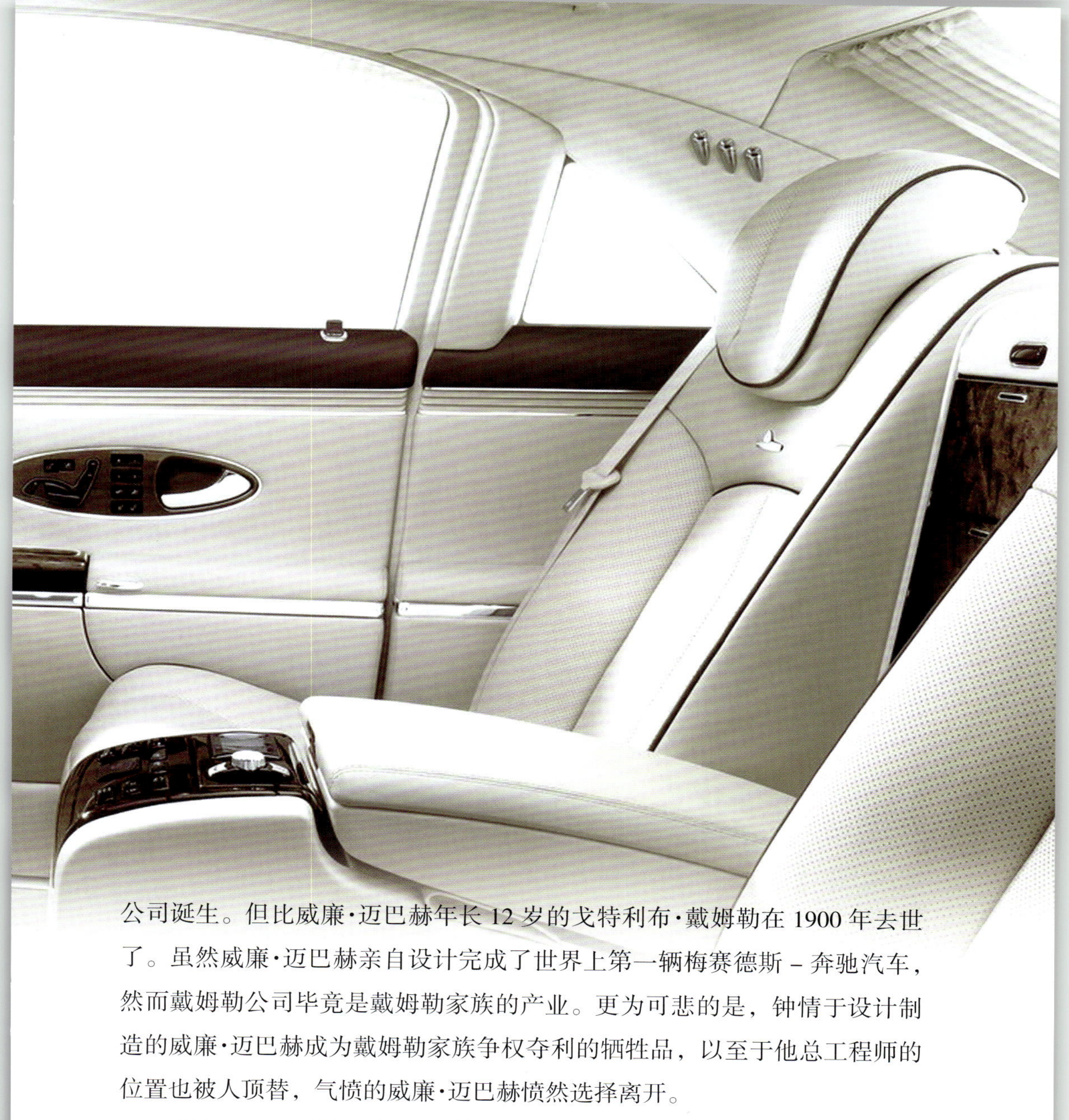

公司诞生。但比威廉·迈巴赫年长12岁的戈特利布·戴姆勒在1900年去世了。虽然威廉·迈巴赫亲自设计完成了世界上第一辆梅赛德斯－奔驰汽车，然而戴姆勒公司毕竟是戴姆勒家族的产业。更为可悲的是，钟情于设计制造的威廉·迈巴赫成为戴姆勒家族争权夺利的牺牲品，以至于他总工程师的位置也被人顶替，气愤的威廉·迈巴赫愤然选择离开。

这次离开，正是威廉·迈巴赫与梅赛德斯－奔驰关系的结束，也是迈巴赫品牌诞生的开始。对于威廉·迈巴赫而言，机械带给他的不仅仅是工作，更是理想的养分。上天也确实给了他这样的机会。1908年5月，齐柏林的飞艇遭遇风暴坠毁了，而威廉·迈巴赫则受齐柏林先生的邀请为其制造新的飞艇引擎。于是第二年，威廉·迈巴赫便和他的儿子卡尔·迈巴赫一起创建了“飞行器发动机公司”，为齐柏林制造飞机引擎。1918年底，新的迈巴赫汽车公司诞生了，迈巴赫父子开始着手打造独立的汽车，1919年，第一辆迈巴赫汽车的出厂宣告了迈巴赫品牌的正式成立。他们借助于在航空引擎上的经验以及威廉·迈巴赫在发动机制造上的天赋，打造出一部又一部传奇的轿车。当他们的汽车出现在随后的柏林车展上的时候，人们被它那高雅的外表、精致的做工，尤其是强劲的动力性能所折服。从那时开始，欧洲上流社会掀起了抢购“微生产量”的迈巴赫的风潮，包括梵蒂冈教皇、意大利富商以及英法贵族，都会选择迈巴赫作为座驾，尽管其售价足以购买三栋豪宅。随着年岁的增长，迈巴赫汽车的工作由卡尔·迈巴赫接管，这也开启了迈巴赫品牌的黄金时代。

1929 年的倒数第三天，威廉·迈巴赫去世了，他的墓地选择落在了坎施塔特，因为他一生最好的朋友戈特利布·戴姆勒就葬在这里。卡尔·迈巴赫为了完成父亲当年的心愿“创造出一部马力强劲的顶级豪华轿车”，1930 年，著名的迈巴赫齐柏林轿车诞生了，这个以著名航天器齐柏林飞艇命名的跑车，不仅验证了发动机的强劲动力，更诠释了威廉·迈巴赫从飞艇引擎开始创建迈巴赫品牌的历史渊源。接班人卡尔·迈巴赫还由此确立了迈巴赫奢华品牌的特点，他曾经表示：“对于那些品味非凡的客户而言，在为其定制车架、悬架、发动机、变速器、散热器、前围板和其他组件时，完美的技术细节显得非常重要。”因此，不论在车身制造方面，还是内部装饰及车身涂装方面，迈巴赫始终坚持只与该领域最优秀的配套厂及专家合作，以满足消费者的需求，提供与消费者自身形象相得益彰的出色产品。然而，这段美好的岁月还没有来得及持续太久，就因战火戛然而止了。到 1941 年停产时，存在了 12 年之久的迈巴赫仅仅出厂了 1600 部汽车。

直到 2002 年，这个历经沧桑的品牌才得以在梅赛德斯－奔驰的帮助下重新复活。有人开始用“德国的劳斯莱斯”来比喻它的地位，这个比喻还是有着明显的纰漏。因为，劳斯莱斯已经归入德国宝马集团旗下，而另一个超豪华品牌宾利也已加入了德国大众集团。在这种背景下，不愿输给“老对手”的戴姆勒集团推出迈巴赫汽车，显然是出于一种战略考虑，它是将迈巴赫作为超豪华车市场上的一把尖刀，而不让宝马独享这块市场。这位“悲情英雄”大行于世后有着非凡的号召力，因为对于这类超奢华轿车而言，品牌的号召力远远超越了品质的意义。

从 2002 年开始，迈巴赫先后发布了迈巴赫 57、迈巴赫 62，以及高性能版迈巴赫 57 S 和 62 S 车型，再加上最新的迈巴赫 Landaulet 和迈巴赫齐柏林，迈巴赫以独特个性、极致优雅和强劲动力来满足客户对顶级尊崇享受的最高期望。然而，正当这个超奢华汽车品牌以无出其右的气势席卷着豪华车领域时，梅赛德斯 – 奔驰集团又开始思考这样一个问题，是将这个超豪华但是巨额负债的汽车品牌外售，还是选择与阿斯顿·马丁合作生产新一代的迈巴赫产品？显然这个“悲情英雄”的故事还在持续着。

极品之选
JIPINZHIXUAN

迈巴赫齐柏林（Zeppelin）

1908 年，齐柏林勋爵在德国创建了人类历史上第一个真正意义上的飞艇制造公司。但在一次飞艇飞行中齐柏林飞艇发生了爆炸，让他意识到了发动机在飞艇飞行中的重要性。在此前一年，戴姆勒公

司已经选用了另外一名总设计师，迫使立下汗马功劳的威廉·迈巴赫在失落中选择离开。此时齐柏林勋爵便邀请威廉·迈巴赫为其设计飞艇引擎，于是这位年近60 岁的“设计之王”又重战江湖。可以说，齐柏林勋爵不仅为自己的飞艇找到了强劲的动力，还消除了因气愤离开梅赛德斯－奔驰的威廉·迈巴赫心中的失落感，更成就了汽车史上一个伟大品牌的诞生。

这样一层纪念性意义就足以让迈巴赫公司推出一款纪念版车型，也是因为在飞艇引擎上的成功让迈巴赫父子有了创建自己的汽车品牌的愿望，即威廉·迈巴赫一生的追求：“创造出一部马力强劲的顶级豪华轿车。”虽然早期的迈巴赫产品得到了世人的认可，但真正的顶级豪华轿车直到老迈巴赫去世之后的一年才得以完成，它被命名为“齐柏林”，继而开启了迈巴赫到 1941 年停产时的一段“黄金时代”。为了这两件重大的事件，复燃的迈

巴赫决定再次推出一款“齐柏林”新轿车。已登奢华之巅的迈巴赫再次刷新了奢华的定义。

最新款的齐柏林是在迈巴赫 62S 的基础上升级而成的，其发动机顶盖镶嵌了一块标有“MAYBACH ZEPPELIN–ONE OF 100”字样的铭牌，骄傲地向人宣告它仅有 100 辆的尊贵身份。作为梅赛德斯 – 奔驰公司旗下最高档的品牌，它同样选择了经 AMG 改进后的 6.0 升 V12 双涡轮增压发动机，输出功率高达 640 匹马力，扭矩达到 1000 牛顿·米，从而拥有史无前例的动力性能，百公里加速时间仅为 5.1 秒，最高车速 250 公里 / 小时（电子限速）。对于一辆以奢华和显赫为标志的座驾，这样的速度对于一向追求平稳的车主而言已经足够。

齐柏林沿袭了迈巴赫标志性的双色专用漆面，并在原有的设计基础上有所突破，连接最前端的两盏大灯，勾勒出齐柏林的尊贵容貌；20英寸轮毂也采用了镀铬渐变抛光技术，使轮毂看上去充满时尚的动感。暗红色尾灯和排气管的垂直分区为车辆后部添加了引人瞩目的视觉效果。在色彩上，齐柏林依旧采用鲜明的双色专用漆，浅灰色肩线贯穿整个车身，与车身其他部分使用的大雅黑漆面搭配，独具光彩。

作为世界上唯一能够与劳斯莱斯媲美的品牌，迈巴赫对奢华的理解在这款齐柏林上得到了充分的诠释。它采用珍稀石材作为内饰配件的原材料，此次采用的印度星河花岗岩呈深黑色，这种天然发亮的长石和周围隐约闪烁的三维水晶相映衬，装饰效果非常奇特。迈巴赫的细节品质更是独具匠心：豪华而典雅的车内氛围，100多种用手工装配的珍稀木质装饰，可供选择的多色调稀有高级真皮与木材，可根据个人习惯定制的数十种电子科技选装配备，根据生活方式定制的包括行李组、纯银香槟酒杯、雪茄盒、高尔夫球包、天鹅绒地毯以及旅行毛毯等个性化设施等。据说，劳斯莱斯幻

影和宾利雅致的内饰搭配也只有70多种选择，而齐柏林足足有80种之多。它展示了迈巴赫的内在魅力，这些魅力还通过车内的一些精雕细琢的识别标志来表现，在它的前排中央控制台、选配的隔板及标准配置中的银质香槟酒杯上，均带有“MAYBACH ZEPPELIN”字样，而车门面板和钥匙扣则雕刻着“ZEPPELIN”字母，无处不显示出它的尊贵身份。

尤其值得一提的是，新齐柏林可选配世界首款车内智控香水系统，只需轻轻触动一个按钮，即可酣畅享受一次心灵感官的愉悦旅程，而这一创新技术的秘密就藏于车座后部中心的控制台，车主可以将自己喜欢的香型添加到齐柏林特制的智控香水瓶中，伴随着控制系统的激活，精心调制的个性香气顿时弥漫在车内。更为别致的是，这款香水装置还可以自动休眠并在一定时间后重新激活，以保证乘客一直能感受到香气氛围。作为超豪华轿车的巅峰力作，齐柏林凭借其标志性的独特双色外观，对内饰工艺和材质至臻完美的细节追求，更加强劲的动力性能，以及由此带来的无与伦比的顶级尊崇享受，进一步巩固了迈巴赫品牌在超豪华轿车市场的王者地位。

迈巴赫 Landaulet

如果说这个世界上有一款车，在身份的显赫程度上足以媲美劳斯莱斯幻影，在身价上又可以与布加迪威航一较高低，那恐怕只有迈巴赫的这款Landaulet轿车了。Landaulet的原意是"活顶四轮马车"，它的设计理念源自经典的迈巴赫敞篷车，该车曾是20世纪40年代梵蒂冈教皇的座驾，因为能够随意地开启天窗而闻名于世。为了缅怀那段辉煌的岁月，这款最新打造的顶级豪华车同样满足了"活顶马车"的设计诉求，比如前后座舱分开和后排车顶打开等，然而它的主旨更在于完美、奢华和显赫。

作为迈巴赫的旗舰代表作品，Landaulet 的存在就是一份显赫的身份证明。这款基于 62S 改进完成的车款保持了 62S 的基本造型，但同时在追求个性和显赫身份上表现得更为直接和明确。出色的漆面工艺以及纯手工精制的生产工艺，让迈巴赫 Landaulet 拥有与众不同的完美品质。宽大厚实的车头采用迈巴赫传统的中央格栅式设计，迈巴赫的“双 M”立标位于中网上端，非常醒目。纯手工打造的精湛工艺无处不在，在前轮的上方配有 Landaulet 的小铭牌，工艺精湛的镀铬装饰线是迈巴赫 Landaulet 侧面的点睛之笔。精湛的头灯中央，也镶嵌有迈巴赫的“双 M”造型标志，头灯设计严丝合缝地嵌入了车身的整体轮廓中，在头灯的透镜灯头上巧妙地预先镶嵌迈巴赫的标志，把对品牌价值的炫耀融入了产品的细节之中。

奢华的白色内饰与车身配色遥相呼应，更是其奢华和完美的重点表现区域。它诱人的魅力便来自于独特的敞篷车顶式设计，与传统的敞篷豪华轿车相比，迈巴赫 Landaulet 更像是为富人准备的童话马车，设计师将迈巴赫 Landaulet 头顶的星空毫无保留地献给了后排尊贵的乘客，而前排驾驶员与副驾驶的车顶依旧沿用传统轿车的设计。

在打开迈巴赫 Landaulet 后排车顶的同时，设计师保留了完整的车身后部骨架，而后排的软皮制顶棚可以通过电动控制打开或收起。为了捍卫富豪们的惬意生活，手工缝制的软顶棚打开过程异常的安静、平稳，短短几秒便可以完成开启和闭合操作。

迈巴赫的设计师通过颜色的差异与空间的转换将迈巴赫 Landaulet 的前排与后排分割开来，追求奢华与浪漫的后排采用了与车身色彩搭调的白色皮面，而注重严谨驾驶的前排则选用了稳重的黑色皮面。

在敞开的车顶下，迈巴赫 Landaulet 的后排内饰极度奢靡，任何一个角落都被缝制考究的顶级皮革和珍贵木材所覆盖，很明显，这样的一款轿车所搭载的注定是高贵的人士。柔软的座椅为两名乘客量身设计，中间被折叠小桌与冰箱的功能区隔开。这组座椅可以电动放倒和收起，提供了包括制冷、加热、按摩在内的一切功能，全心全意地为主人服务。乘客只要按

下“脉冲”按钮，腰部的中央气垫便会以设定的频率和强度进行充气膨胀和排气收缩。甚至有专家证实，这种脉冲按摩能够缓解背部肌肉压力，并促进椎间盘新陈代谢。每次背部按摩可持续五分钟，并可重复进行。座椅的调节按钮被安排在车门上，从这里可以看到梅赛德斯-奔驰的影子，但按键的工艺却是明显的迈巴赫特色——精细无比。迈巴赫Landaulet的四门配有自动关紧功能，车门虚掩时可以自动收紧关闭。与后排纯白色的高雅、奢华和舒适不同，迈巴赫Landaulet的前排则以严谨的黑色为主，这既要求驾驶者以严谨的态度掌控行程，也表现出它一副严谨的管家风格，想必这也更符合迈巴赫Landaulet前排的实际用途需要。

在变速箱两侧设有很多功能按键，包括ESP（车身电子稳定系统）、空气悬架以及自动保持与前车距离的定速巡航等。任何地方的做工均一丝不苟，从内饰一直延伸到迈巴赫Landaulet所搭载的顶级个性化功能设计。其前后排之间用隔音板分开，既保证了后座上的尊贵主人的个人隐私安全，同时后座上的人又可以通过隔板上端的一组高画质的液晶屏幕享受娱乐，这套液晶屏幕与全车多媒体影音系统连接在一起，从视觉到听觉上都是完美至极的享受。由BOSE提供的高品质车载音响，既为这套娱乐系统提供了音质上的满足，同时也符合迈巴赫Landaulet的千万身价。

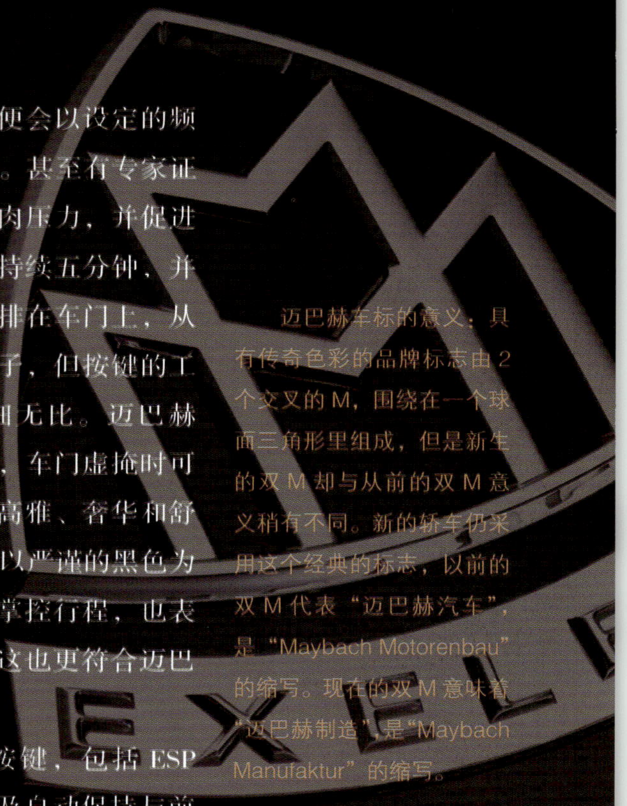

迈巴赫车标的意义：具有传奇色彩的品牌标志由2个交叉的M，围绕在一个球面三角形里组成，但是新生的双M却与从前的双M意义稍有不同。新的轿车仍采用这个经典的标志，以前的双M代表“迈巴赫汽车”，是“Maybach Motorenbau”的缩写。现在的双M意味着“迈巴赫制造”，是“Maybach Manufaktur”的缩写。

迈巴赫 Exelero

如果说布加迪威航是狂暴的战士，那么迈巴赫 Exelero 就是一位优雅的骑士；如果说劳斯莱斯是尊贵与显赫的象征，那么迈巴赫 Exelero 就是低调和内敛的标志。它是黑暗中的幽灵，那鬼魅的身姿隐在孤僻的静处，那也是地位的制高点；它是独行的侠客，定制服务是它的存世哲学，因而它也成为整个迈巴赫王国的孤品。

作为迈巴赫历史上的第一款跑车，它的售价达到了惊人的 4500 万人民币，难怪它会说："我的对手只有豪华游艇。"谁都不会相信，生产这样一款车的首要目标，不是投入市场，而是为了给一家德国公司测试轮胎使用！这家名为富尔达轮胎的公司是一家拥有百年历史的企业。更为重要的是，早在 1938 年，正值威廉·迈巴赫最鼎盛的时期，富尔达也特意向迈巴赫定

制过一辆名为SW38 的大功率跑车用来测试轮胎。这一次，富尔达公司希望，通过全新的迈巴赫 Exelero 来得到同等级跑车轮胎行驶时的试验数据，以便其开发出更适合跑车使用的新一代加宽专用轮胎。就这种意义而言，Exelero 勾起了富尔达重温 SW38 经典战车的美好回忆，而迈巴赫则又通过这款顶级跑车吹响了复兴的号角。

优雅的骑士在亮相的那一秒就表明了他的身份和态度，尽管他的本意不在于此。新款迈巴赫 Exelero 由意大利著名设计师斯特拉亲手打造，同时迈巴赫设计中心和德国普福尔茨海姆学院的学生也参与了该款超级跑车的设计。Exelero 沿用了 20 世纪 30 年代流行的设计风格，宽大的车头和车前轮防尘罩让我们仿佛看到过去。同时整车也融入了更多的现代风格，流线夸张的整车曲线，扫帚形的车尾设计，都给我们带来时尚的气息。

在车头设计上，Exelero 仿佛刻画出猛兽的前脸特征。更大更醒目的迈巴赫标志性的镀铬前散热器格栅，像猛兽张开的大嘴，而镶嵌在拱起的前轮防尘罩上的风眼形组合前大灯，就像猛兽明亮的大眼睛。此外，前保险杠极小的离地间隙，也让 Exelero 的跑车特征更加明显。在车尾设计上，五组尾灯呈线形依次布置在车尾的两侧，使整个车尾现代感十足。其实早在 20 世纪 30 年代起，梅赛德斯 – 奔驰就开始生产流线型轿跑车，相信这次迈巴赫 Exelero 的推出将是对那些富有传奇色彩的梅赛德斯 – 奔驰跑车现代版最好的诠释和继承。

优雅的骑士也有狂野的一面。这款超级双座轿跑车，配备了同样搭载在迈巴赫 57S 上的一款 V12 双涡轮增压发动机，但是该发动机经过 AMG 公司的进一步强化与调校后，在转速达到每分钟 5000 转时可输出 515 匹马力的最大功率，而 1020 牛顿·米的峰值转矩，在发动机转速达到每分钟 2500 转时，便源源不断地喷涌而来。另外，还搭载梅赛德斯 – 奔驰特有的 5 挡自动变速器和富尔达 23 英寸后轮（轮胎型号为 315/25 ZR23）。虽然整车自重达到 2660 千克，但充沛的动力性还是让 Exelero 爆发力十足，从静止到百公里加速时间仅为 4.4 秒，这比迈巴赫 57S 快了将近 1 秒的时间，虽然与布加迪和法拉利等顶级跑车还有不小的差距，但是当这个成绩是发生在以奢华和舒适著称的迈巴赫身上，并且是其第一辆跑车身上的时候，就显得非常不易了。另外，在意大利的纳多测试场上所进行的初步测试当中，在这款大功率发动机的推动下，Exelero 最高车速达到了 351 公里 / 小时（符合 FIA 测试标准）。

人们更愿意用“最新科技产品的大集合”来赞誉它的先进性能，可是打开车门的瞬间，若不是那两个“桶状”座椅的存在，人们很难将它与迈巴赫57S区分开来。据说，这款甚至都不打算量产的跑车却在展览的首日就被一位阿拉伯富商以800万美元的价格买走了。

当车迷们诧异这耗费巨大的精力打造的超级跑车仅仅作为一个展览品时，专家们介绍说：“这款给人留下深刻印象的迈巴赫超级跑车除了展示其高超的设计和开发能力外，还进一步体现了它可以根据客户需求提供个性化规格和解决方案的能力。”这也意味着，尽管以“Exelero”命名的跑车只有一辆，但是任何一位喜爱迈巴赫的人都可以向车厂提出个性化的定制要求，迈巴赫的设计部分已经证明了他们拥有这样的能力。

迈巴赫 Xenatec Coupe

在富人的世界里，只要是钱能够解决的问题，就不算问题。所以富豪们拥有劳斯莱斯轿车和法拉利跑车就显得很容易了，可是要想得到一款法拉利顶级轿车，或者劳斯莱斯超级跑车的话，就显得有点儿为难了，但是迈巴赫可以。和劳斯莱斯、法拉利一样，迈巴赫同样是在追逐汽车细分市场上最顶尖的一类人，如果少了双门跑车，就是一种巨大的损失。自从 Exelero 以惊艳的效果宣告迈巴赫在跑车制造上的实力之后，迈巴赫又推出了真正意义上量产的双门跑车——Xenatec Coupe。

在迈巴赫官方网站中你绝对找不到任何跟这部双门跑车有关的资料，这主要是因为它是一款限量版的改装车。就像是原厂推出的量产车款，但实际上却是由德国 Xenatec 公司以手工打造的定制改装车。在设计上整部车仍以四门的迈巴赫 57 S 为基础，在维持既有的车身安全结构前提下，将它从原本为后座买家服务的四门豪华房车变身成为一部个人化硬顶双门轿跑车。虽然是以同门的 57 S车型为蓝本而打造，但还是能从 Xenatec Coupe 的外观看出其特有的个性，除了

"Coupe"的特定标签外，与 57 S 车型相比，它的车身更加低平，并且宽度更加充裕，5.7 米的车长在轿跑车中绝对算是一个夸张的数字了。从前脸造型来看，迈巴赫 Xenatec Coupe 同传统 57S 显得大同小异，只是在 LED 车灯等等小细节部分进行了改造。同时车尾部分的设计也呼应前脸的变化，大尺寸的镀铬排气管显得与众不同。

为了能够让车型更加符合轿跑车的气质，Xenatec 重新设计了车型的车顶造型并使用倾斜角度更大的 C 柱设计，从而更加符合轿跑车的气质。其他方面，迈巴赫 57S 宽敞舒适的特性得到了保留，3391 毫米的超长轴距更是带来了同级罕有的空间感，并且使用了 21 英寸的超大抛光轮毂设计。对内部设施有更高要求的用户还可选择全景天窗，从而得到更广阔的自由感。

迈巴赫的内饰搭配的种类达到了惊人的 200 多万种，丰富了客户的自由选择。迈巴赫 Xenatec Coupe 大致符合 57S 的布局风格，全真皮（高档的山羊皮）手工缝制的座椅展现了德国手工艺的精湛水准，中控台和内门侧饰板等在使用顶级材料的同时，更是体现了豪华的气质。相比标准的四门款迈巴赫 57 S，Xenatec Coupe 在车顶、车身与内装架构方面均经过大幅修改，拥有后倾角度更大的 A 柱与前挡风玻璃，车顶、C 柱钣件、车门与后翼子板也都换上专属制品的同时，也特别考虑到后座乘客进出车内的便利性，而加大车门开启角度并搭配电调座椅。

作为迈巴赫 Exelero 的开拓者，Xenatec Coupe 的动力性能也采用了同样经过改造的 V12 双涡轮增压发动机，然而这款车还是能够看到迈巴赫在研制跑车中难以舍弃的舒适和稳定性，这也令整车重量达到了 2.5 吨左右，以至于这个提供高达 630 匹马力的最大功率的发动机表现得极为平平，从静止到百公里时速所需时间达到了 4.8 秒左右，甚至比 Exelero 还慢。

经过全面改造后的 Xenatec Coupe 看起来更低且流线感十足，但毕竟其诉求仍是一部极尽奢华之能事的双门跑车，因此后座的乘坐舒适性并没有受到车顶线条所影响，重新设计的后座椅同样具有电动调整功能，甚至连大面积的全景天窗也出现在选配项目中。Xenatec 是一家专改加长版车款、手工车的车厂，对这部 Xenatec Coupe 采取接单订制的方式贩卖，因此你不会看到两部完全相同的 Xenatec Coupe，每一部皆针对客户需求而量身订制。

拒绝了欧陆跑车的渗透，选择自主研制，它的血液里是纯粹的美国精神；因为不屑于俗世的喧嚣，它只青睐真正的贵族，那稀缺的产量让它本已绚丽的身姿更显缥缈。没有道奇那悠久的历史，也不及凯迪拉克和林肯车的显赫，萨林站在年轻的战场上，尽管它很少现身于江湖，但江湖却处处有它的传说。

矜贵的游侠

萨林

历史篇

LISHIPIAN

历史的很多篇章是没有创意的，比如很多国家的建立都是通过战争完成的，美国也不例外。然而历史又总是在不经意间叫人眼前一亮，在短短200多年时间就打造出一个“先锋”的国度时，我们不得不被这种建立在“自由、冒险而又崇尚法律”之上的美国精神所折服。而这种精神的具体体现是他们把对自由的渴求转换成对法律的忠诚和妥协。如今，这种“有前提”的妥协成为美国精神的标志，也成为年轻的萨林跑车的标准：它既不单方面地追求轿车的舒适，也不轻易地放弃美国式的强劲动力，而是同时向舒适和动力进发。更为准确地说，是在舒适、强劲性能、安全和轻松驾驶之间寻找一种平衡。

SALEEN

萨林最懂得速度，常被冠以“美国版的法拉利”。这个于1983年成立的造车新秀第一次出现在大众面前时居然还只是一个汽车改造公司，但是与一般改造车厂不同，它只为顶级客户提供从发动机到外形的全方位的改造服务。这种强大的改造能力与经验也使萨林有足够的实力来制造属于自己的汽车，这一愿望很快就在1984年实现了，这辆汽车采用特殊的空气动力学，带有一个引人注目的高性能的驾驶室和一个精致的驾驶操作悬浮吊板。此种模式的汽车是有限的，因为美国顶级的跑车公司往往更加在意大功率、大马力，而忽视驾驶的舒适度。再加上该款车带有单独的系列号码，确保了它的专属身份。更为重要的是，在随后的加拿大多伦多莫斯褒特公园的24小时汽车比赛中，这款车一举夺得冠军，但讽刺的是，这次比赛的发起人是福特和通用轮胎公司。

当这个名不见经传的改造工厂变成了一流的造车公司时，人们对它的关注也陡然增加了。这个时候人们才意识到，它的创始人正是多次在赛车比赛中取得优异成绩的斯蒂夫·萨林。他从小就在身为制造业大佬的父亲的熏陶下，对制造和赛车表现出极强的兴趣，并且不断地自行改造赛车和参加各种级别的赛事。

多年在赛车场上的摸爬滚打，让这位青年才俊更加熟悉赛车的“秉性”，因为赛车手出身的他更加明白，从何处下手更有利于提升汽车的性能。他将这种对车的理解融合进改造汽车的过程中，赢得了不少车迷的欢心，在这种改造过程中，造车的梦想也就水到渠成了。

一个有趣的现象是，萨林改造汽车的数量远远超过了造车的数量。但是萨林却是完全意义上的造车公司，因为它拥有独立的造型设计专家团队，配备各种先进专业软件的计算机工作站，具有样车试制的全套装备，而且能够独立完整地设计、开发和制造用于自己整车上的特殊性能的发动机系统和部件，并且自己制造高性能树脂纤维车身覆盖件（省却了冲压和焊接环节）和自己完成涂装工艺，这是一种小而全的，完全自给自足的生产模式，这种模式也注定萨林的产量极低。与这种独特的生产模式相对应的是独特的销售模式，我们称之为“关系营销”。

萨林自造车之后，便不断地在赛场上取得好成绩，萨林便运用其赛车经验不断改善公司第一代城市用跑车的性能，其不断增进的性能也使得其获得忠实用户们的信服、推崇和拥趸，因为制造者和使用者都是发烧玩家，久而久之，在一种信服的状态中，这些发烧友与萨林之间形成了密切的合作关系，进而成为萨林的忠实客户。这种对于性能和品牌的拥趸犹如虔诚的信徒对于耶稣的信仰，以至于有人惊呼：“上帝也选择了萨林。”

随着声名的提升，萨林也在逐渐改变自己的营销方式，这个“低调的王子”也越来越多地出行在了人们的视线中。《冒牌天神》中上帝所驾驶的就是萨林，《变形金刚》系列电影中更是多次出现了萨林的骁勇身姿，从汤姆克鲁斯到哈里森·福特，那些富有责任感的人也都选择了萨林……不论是神，抑或是英雄，萨林总能让他们心

满意足。直到今天，萨林已经完成了对全球 60 多万辆汽车的改造，而生产量仅有区区一万多。所以，当有人把同样是追求性能和舒适度的奔驰拿来和萨林相比较时，请也考虑一下它们各自的客户对象和数量。

极品之选
JIPINZHIXUAN

萨林 S7

300 多年前的加利福尼亚州因为炎热无比，素有“石灰烤炉”的称谓，当一位西班牙人在他的小说中对这个遍地黄金又与世隔绝的地方进行命名之后，原本生活在此地热爱自由和冒险的亚马孙人和奇形怪状的生物就被来自世界各地的淘金者所驱赶，但加利福尼亚却很快就从隔绝之地被拖到了现代化的进程中来。300 多年过去了，曾经的荒芜之地已成为美国经济最重要的部分，昔日炙热的阳光也和温柔的沙滩“讲和”了，这里俨然成了富人的汇集之地。也是在这个变化极为迅速的地区，萨林的一个新车厂悄然而生了，而由它出产的 S7 型跑车也使

萨林完成了由默默无闻到“震惊车坛”的变更，一跃成为美国乃至世界上顶级的跑车品牌。

萨林将新厂址选在富饶的加州，既预示了萨林快速变革的决心，也预示着这个最新的产品将会成为富人的专享之物，同时也是契合了加州特点的里程碑式的作品。加州是美国的时尚之都，富人汇聚之地，海岸线之长与终年阳光普照特别适合豪车兜风，加上艺术设计人才荟萃，为新车的设计从气质到工艺上提供更直接具体的帮助，S7只在加州的工厂制造并设有专门的展示中心，可谓美国本国超豪华车的象征。

如果还有人将汽车视为一个“冰冷无趣的铁皮盒子”的话，那么他一定会在S7面前彻底转变观点。ST于2002年横空出世之后便成为无数媒体和车迷关注的焦点，然而令人激动的同时，一些数字却多少显得有些无情，出厂后将近100万美元的售价，年产量仅为12辆……有人说这辆车是“一头双涡轮增压发动机推动的怪兽”。因为它的功率输出高达600匹马力，扭矩949牛顿·米。可以在2.8秒的时间内完成百公里加速，以无可争议的实力将法拉利Enzo、兰博基尼蝙蝠等超级跑车甩在了身后，难怪美国的《福布斯》杂志会将其列为2002年度最值得期待的跑车，以及2006年度世界

上最昂贵的十款汽车排行榜之榜首。

在外观上S7同样是颠覆性的。车身采用了跑车热门材料碳纤维物料制成，这在一定程度上与其他的美国跑车区别开来。再加上车身上有多处鱼鳃造型和往后延伸扩展的车身线条给人以强烈的肌肉感，这是美国跑车的典型标志。铡刀状向上升起的车门仿佛S7是一艘来自火星的太空船降落地球，威风凛凛。只有1041毫米的车身高度，让这个“外星利器”宛如一个低俯的怪兽，准备给敌人致命的一击。其设计充分掌握空气动力学的原理，经过苏格兰的一个风洞实验室进行测试设计，能为高速行车提供足够下压力及降低风阻。重新设计的后导流板和前挡泥板进一步增强了S7圆滑、流畅以及符合空气动力学的车身轮廓。为了配合双涡轮引擎发挥最大性能，S7重新设计了蜂巢形框架的底盘。车架及悬挂系统，由萨林与英国赛车改装技术专家RML合力打造而成。前后悬挂均为双摇臂式配轻铝制吸震筒及弹弓，每一个悬挂点都进行了修改，并通过几何学上的修改使加速和制动时车身受到最小的震动。刹车片是至今为止量产车中尺寸最大的，前刹车片为15英寸，后刹车片为14英寸。

众所周知，在20世纪90年代后期开始，美国超级跑车制造商们一致追求的目标是在马力和扭矩上的不断突破，S7便是这种追求的代表之作。尤其是那款S7 Twin Turbo版，更是目前萨林所有量产车的极致，它不仅将萨林20多年来的造车完美理念集于一身，更将萨林提升到世界一流跑车的行列。时速 416 公里 / 小时的骄人成绩让萨林欣喜万分，激动得将该车的制作过程全部公之于众。当然了，这款萨林顶级的速度怪兽在外形上并无太大的改变，性能上的颠覆证实了萨林孜孜不倦的拼搏精神。

大多数美国跑车很容易忽略舒适性，因为他们太在乎动力性能了。这个百公里加速仅需 2.8 秒的超级怪兽证明了美国跑车的这个传统，但是它又颠覆性地在室内表现出舒适的一面。萨林 S7 的剪刀门远远不及兰博基尼的张扬，但依旧个性十足。车主必须按照既定的程序进入驾驶舱：先进右脚，左手留在外边，抓住打开的车门，像荡秋千一样把自己荡进去。每辆 S7 都会为客户定做专用的座椅、踏板和可移走的方向盘。驾驶室完全体现了萨林追求舒适的宗旨，驾驶室里全部被真皮包裹，虽然不是很豪华，但质感相当不错，配合上一些铝质饰板，很有高科技的感觉。在驾驶感受上自然远远超过了道奇的蝰蛇跑车，单单拿离合器的踏板来说，它就表现出高人一等的实力，因为它并不需要像蝰蛇的油门那样拼了命地往死里踩才有反应，只需适当的力度就会得到很好的反馈。

“昂”和“贵”是两种格调秉性，但萨林 S7 却做到了兼而有之。独特的观景天窗的零售价为 3999 美元，这种选择完全能够替代双门敞篷轿车天窗，并日夜提供极佳的全景视图；附加上的活动顶篷则价值 1299 美元；带有导流器运动杠、Speedster 设计的三件式汽车后座护面在内的套装，零售价高达 2550 美元……无数细处的精工细作为一件艺术跑车的最终诞生奠定了昂贵的基调。它还是美国第一辆也是唯一的中置引擎的超级街道跑车，自诞生起便成为全球公认的“世界上速度最快的量产车”。创始人斯蒂夫·萨林说道：“我们从赛车运动中积累的经验正运用于我们具有街车性能的萨林公路车。”

S7 并不是一个孤品，而是一个不断改进的系列。从最初的街道版 S7，到后来的赛车版 S7R，再到最顶尖的 S7 Twin Turbo，萨林将自己的汽车改造商的形象逐渐纠正了。这个过程，也是萨林步入顶尖跑车品牌行列的过程。不论是哪一个版本的 S7，总产量都控制在百辆以内，再加上动辄千万的售价，S7 终究还是疯狂车迷的幻想之物，但是它真实地存在着，就像一个新王，手捂着心脏，念着它的独立宣言。

SALEEN S7

在跑车的王国里，如果缺少了意大利人的激情，那么这个王国就像是蒸馏过的水，变得淡而无味了；同样地，如果没有英国人的绅士精神，这个王国就如同电影缺少了对白，瞬间黯然。它没有劳斯莱斯的保守，也不及宾利的古板，捷豹用它的美丽时尚来阐释别样的英伦风范。

英格兰的动感绅士

捷豹

古老的人类对于火多少存在一点儿情结，敬畏，但更多的是依赖。在北美洲印第安人的传说中，火就是美洲豹的爪子掠过地面时产生的，于是他们把对火的膜拜转移到了美洲豹身上。安静的时候，它是如此的温文尔雅，可一旦启动就势必是致命的，它是娇娆的兽首，双面的绅士。直到有一天，这种灵性的动物激发了一位英国造车天才的灵感，于是，一个视骑士精神和绅士风度为美德的民族成为了美洲豹新的“摇篮”，一只由这两种英伦风情滋养的美洲豹诞生了，这就是捷豹汽车。

捷豹的历史是从一个朴素的梦想开始的，1922年，年仅21岁的威廉·里昂斯和一位30岁的发动机制造商合作，创办了一家三轮摩托车公司，他最初只是想制造出一款优雅而强劲的三轮车，可是他很快就发现了四轮汽车在实践他的这一理想上更具优势，于是从1927年起，他开始制造汽车，直到1931年，一款名为“SS1”的汽车诞生。这个被誉为捷豹历史上第一款传奇汽车的作品并未直接和“捷豹”二字关联，因为当时生产SS1的机构还只是一个地地道道的三轮摩托车生产厂商。为了适应汽车生产发展的需要，也为了更好地阐释“速度、灵动外形和超凡动力”的理念，从1935年开始，威廉·里昂斯直接将车厂改名为“捷豹”。

捷豹与众多的顶级跑车生产商有一个迥然不同的发展历程，那就是在战争期间的生存状态。很多顶级跑车因为战争导致或厂房毁坏，或物资缺乏，或当时人均购买力下降，令战争期间的车厂总是处于萎靡甚至是停产状态。但是捷豹例外，它不仅在“二战”中存活了下来，甚至还取得了重大的进步。

捷豹公司在“二战”中曾受雇于政府，并将大部分精力集中于军用三轮摩托车的生产，且公司还乘机学习了飞机设计与制造技术，这也为后来捷豹车型外表和发动机性能的提升提供了优越的条件。随后捷豹于1948年汽车展上推出全新的XK120（发动机输出功率达到史无前例的160马力），从那时起它就注定成为最出色的跑车制造商之一。20世纪50年代早期的“Mark VII轿车”也成为捷豹历史上第一款被誉为经典的车型。而与这种经典车型同时诞生的，还有一段赛车史上最显赫的传奇故事。

战后的20年是跑车界最混乱的年代，也是“群雄割据”最激烈的年代。在捷豹的赛车参加勒芒赛事之后，人们意识到它能够制造出一流的赛车。但是以三轮摩托车起家的创始人还是有所顾忌，因为他更认可一种平凡优雅的汽车，就像劳斯莱斯和宾利那样，更注重外表的优雅和性能的稳定。但是他很快发现舍弃在发动机性能上的优势简直就是暴殄天物，最终威廉·里昂斯被说服以赛车的标准制造汽车，因此诞生了XK120C，它更为人们所熟知的名称是：C-Type。

1951年三辆C-Type汽车及时完工，并参加了勒芒汽车赛。人们认为捷豹车队的成绩属于未知数，但C-Type汽车在首次亮相汽车赛时即取得辉煌

成功。随后在被认为是最残酷的赛道——勒芒耐力赛的赛道上，捷豹再次大获全胜，进一步证明了捷豹当时已跻身世界一流赛车之列。

很少有像捷豹这样的跑车品牌，既能保持足够的销售量，又能保持在跑车界的奢侈品地位，这都要归功于它天才的创始人。1956 年，为了表彰威廉·里昂斯在汽车领域作出的杰出贡献，他被英国王室册封为爵士。但可惜的是由于在赛车场上找不到对手，赛车部门便随之解散。但这并不意味着捷豹放弃了对赛车的生产，因为赛车场上的成功是令捷豹销路增长的主要动因。它一边探索着赛车的最优模式，一边不间断地将这些有益的探索付诸汽车制造上。伴随着捷豹在赛车领域的辉煌战绩，捷豹随后又推出了经典的 D-Type，以及在 20 世纪 60 年代风靡美国上流社会的 E-Type，这也是有史以来最著名的跑车，在随后 13 年的生产周期内，一共出产了近七万辆，而其中 60%在美国。到 70 年代初期，虽然年迈的威廉·里昂斯宣布退休了，捷豹却依然频繁在各项赛事中取得好成绩。在此期间，捷豹形成了自己独特的品牌形象：“优雅迷人，动感激情。”直到今天，一直受英伦精神哺乳的捷豹一如既往地秉承了其不同凡响的品牌理念：“尽我所能、创造极致。”诚如 80 多年前的创始人威廉·里昂斯所说的那样：“汽车是我们所能制造出的最具生命力的机器。”

极品之选
JIPINZHIXUAN

捷豹 XKR-S

1938 年的夏末秋初要比以往任何一年都显得清冷，整个欧洲都被战争的阴云所笼罩，就在这个时候，一架从慕尼黑飞回的飞机停在了伦敦机场上，一位拎着帽子的儒雅老者满脸笑容地对等待着他的记者说：“这是历史上第二次英国首相从柏林带回有尊严的和平，我相信这是一个和平时代的开始。”他一边激动地表述着这个振奋人心的消息，一边又不由自主地将手中所谓的“和平协议书”举过头顶晃来晃去。他叫张伯伦，是当时的英国首相。就在首相返回政府官邸不久，一间展厅里响起了轰鸣般的掌声，他们并不是在看张伯伦的演说直播，而是在为一辆性能极为出色的捷豹汽车喝彩。这就是 3.5 升排量的 SS100 型捷豹汽车，这个在当时就能够跑出 160 公里 / 小时的最高时速的汽车可谓完成了在当时条件下难以想象的突破（160 公里约能折合为 100 英里，这也是该款车名字的由来）。就在这位首

相演说之后不到一年的时间里，第二次世界大战爆发了。整个捷豹车厂也开始为军方生产三轮摩托车，一切活动都必须听从政府的调配，而不再是市场。当战火弥漫整个欧陆时，1938 年那个高举“和平协议书”的老头子俨然成为了英国人的笑话。随后的七年是一段艰苦的岁月，当然了，后继的那个酷爱雪茄的首相还是引领着英国人和欧洲人熬过来了。

如果某项产品不断被追逐、仿效或复制的话，那它肯定是高出了当前时代的水准，这种观点在商品生产中尤为明显。就在战后的第一刻，英国第一批开工的企业中，最引人注目的就是捷豹，它重新开始了对 SS100 的生产，可由于纳粹的某个秘密警察部队的简写也是“SS”，所以捷豹给予了重新复活的汽车一个新名字——XK。这也成为捷豹历史上历史最悠久、最能够代表捷豹品牌形象的一个系列产品。不论是初出茅庐的 XK120，还是有着世界影响力的 Type 系列，每一款 XK 都能叫世界惊呼。当年的战争已变成了现世的警钟，而 XK 还在继续着它的辉煌，尤其是这款名为 XKR-S 的跑车更是将驾乘体验和尊贵身份提升到了捷豹历史上的最高点。

它复古的线条就是一种语言，向每一缕扫过它的目光诉说这近百年的荣耀。线条的组合同样也是设计者的语言，将稿纸上面的草图，一点点地演变出迷人的轮廓来。运动跑车的外观风范在这些略显华贵的线条的配合

下更显独特。独特的前部设计，体现在双引擎舱、两侧进气室以及碳纤维分流板和较低的扰流板处。发动机盖前缘上的横向槽有助于散热并减小发动机盖下的升力，延长的侧踏板强调了汽车的贴地式设计，独特的尾翼搭配碳纤维装饰，与众不同的后挡板搭配碳纤维后分流器，平衡前后升力。除此之外，上下前格栅、侧通风口、车窗嵌条以及行李箱盖饰板全都采用醒目的亮黑色，使 XKR–S 的运动外观更具魅力。该车提供有丰富多样的车身颜色，包括 XKR–S 独有的法国跑车蓝和最新的意大利跑车红，这使人联想起捷豹辉煌的赛车传统。采用锻造铝合金的轮毂上用红色的漆面加以装饰，再标注上鲜明的“捷豹”字样，将个性化和时尚感推向了顶点。

外表的时尚无法掩饰内涵的深厚，在跑车上呈现的便是奢华所释放的华贵，其实奢华也是一种境界。打开车门的瞬间，就能看到 XKR–S 选择的

运动风范内饰主题，暖炭色软细纹真皮，可选择搭配三种镶色线缝，包括蓝色、象牙色和红色。车门面板也采用碳皮革制作。独特的迎宾踏板上还带“XKR–S”标志。全新的16向可调节性能座椅采用暖炭色软细纹真皮，搭配镶色线缝和饰边。极为立体的侧靠枕，在带来舒适乘坐体验的同时，还能够在车辆急转弯时提供出色的横向支承。XK系列高效5.0升V8机械增压型发动机专为全新XKR–S进行了众多优化，使其成为捷豹迄今为止最为强大的道路发动机。

驾驭和骑马不同，骑马靠的是技艺和胆量，而驾驭更注重气场和度量，捷豹汽车无时无刻不在给予驾驶者奢华而充满乐趣的驾驭体验。这种奢华的背后，是驾驶乐趣与奢华风度的结合，也是科技实力的直接呈现。全新的6速自动变速箱由捷豹电子旋转换挡控制系统控制，这是一个设计精美的圆柱形控制系统，按下“启动”按钮后，便会缓缓升起至驾驶员的手部位置。驾驶者只要开启了该控制系统，即可选择“驾驶”或“运动”自动换挡模式。为了让驾驶员享受最大限度的可操控性，也可以使用方向盘后的一触式拨片手动控制换挡。更为特别的要数它的驾驶模式选项，可灵活适应不同道路状况和驾驶风格。冬季模式提供更为柔和的油门踏板反应，在湿滑路面实现更为渐进式的控制，采用特别的换挡设置延长并缓和换挡。动态模式能与控制电子系统交互作用，提供更加灵敏的加速反应、更加迅速的换挡反应和更具运动感的驾乘体验，总之，完美逐渐成为它的习惯。

捷豹 C–X75

提起跑车，人们总是能想到风驰电掣的速度，鬼斧神工的造型，流光溢彩的内饰以及强劲的发动机功率，而忽略掉排量。对于能够驾驭跑车的人而言，排量的经济价值自然是可以忽略不计的，这也是为什么在如今这个讲求环保的年代里，无数的跑车生产商还是一如既往地追求大排量、大功率的原因。然而，对于捷豹 C–X75 而言，新型的混合动力发动机所开启的跑车低排量时代，不仅仅是对“环保”这一时代潮流的契合，更是一种造车理念和造车实力领先的体现。

可以想象一下，在一次捷豹 C–X75 的车展中，当你依旧被它靓丽时尚的外形和强劲的新型发动机所吸引的时候，讲解员肯定会首先向你介绍说：“这款车的百公里二氧化碳排放量仅仅为 99 克”。要知道，一辆布加迪·威航的百公里二氧化碳排放量是 574 克，法拉利 Enzo 是 400 克左右，就算是经过改装的法拉利 FXX，这个数值也达到了307克。在最新的一次欧盟测试中，C–X75更是得到了百公里 28 克的惊人数据。这个时候，人们对于C–X75的惊讶一定会变成好奇：到底是什么让它成为世界上速度最快的低排量汽车呢？秘密还是来自新型的发动机。

全新的一代发动机将会用更小的面积提供更为强劲的动力，使用的是混合动力系统——四个 195 马力的电动机和两个小型燃气轮机，带来的新

车性能表现是百公里加速 3.4 秒。新车的动力系统并非普通车型的发动机，它的原理与喷射式战机的发动机原理相同，即“燃气轮机”，利用空气的多次冲压和喷射提供动力，它可以使用天然气、柴油和生物燃料，从而达到为车辆增程的目的。在纯电力模式下，新车可行驶 110 公里，而总计的续航里程则可以达到 900 公里之多！捷豹的设计者表示：“紧凑型发动机可以安装在汽车中更低的位置，不仅实现最佳的重量分配，还可同时保持概念车型的外观。”同时它还直接使用了 F1 赛车的一些技术，比如动能再生系统，使得 C–X75 成为世界上最高效的超级跑车，这些出色的增程性能产生的影响将极大推动未来超级跑车动力系统的发展步伐。

捷豹生而优雅。C–X75 更加充分地展示了捷豹优雅的可持续发展道路：无需牺牲一贯的标准，保持传奇性能、创新设计和无敌奢华，以高度责任感对材料精挑细选，兼顾汽车设计的纯粹性以及高效率。这一点从它的奢华内饰中可以一瞥究竟。C–X75 车身结构同样采用回收铝材制成，全身50%的金属材料可以直接回收。除了高品质之外，轻型金属还提高了车辆的性能和灵活性，使其在形形色色的超级跑车中脱颖而出。走进车内的瞬间，如同闯进了某个艺术品收藏室。陶瓷仪表板真皮材料和雾灰色真皮材料来自苏格兰的桥堰公司，该公司是全球最为环保的皮革生产商之一。除了环保材料之外，在驾驶乐趣上，C–X75 也表现得很优雅。在与 XKR 相类似的

车内空间里，最受驾驭者喜爱的要数广受赞誉的捷豹电子旋转换挡控制系统、含主动差速器的自适应动态控制系统，让其起步加速更加迅捷，换挡加速时间更短。

捷豹的成就不是某个天才人物顿悟的成果，也不是靠巨额的财富扶持，而是凭着它长久而认真的学习精神。当年为英国政府制造军用摩托车期间，捷豹学习了飞机制造的一些尖端技术，从而令捷豹得到了快速复兴，甚至称霸车坛。如今，捷豹又向 F1 车队学习空气动力学和新型材料的某些技术，于是最新的 C-X75 诞生了。

作为捷豹史上科技含量最高的一款跑车，C-X75 所要承载的使命不仅仅在于打开市场，更是在夺回当年捷豹在汽车王国的领导地位。按照捷豹公司的一位大股东的话来说：“更为实际的意义不仅仅是带回多大的利益，而是要夺回我们的领袖地位，尤其是在造车的工艺和理念上的领先。”它是

捷豹 80 余年历史沉淀的结晶，不仅有着可与任何量产跑车媲美的性能，同时有着可以媲美最环保小车的燃油经济性。不仅有迷人的数据，设计同样迷人。略微前倾的车身加上流畅的线条展现着捷豹在外形设计上的传统优势，车身周边多处设置有出气口，让静止的它也能够表现出粗犷的一面。但是简洁的外表依旧体现了它最显著的优雅特征，整体的优雅太过于让人印象深刻，以至于不张扬的车灯都像是在凝视远方。C-X75 的底盘将采用碳纤维制造，捷豹首度与威廉姆斯 F1 合作开发捷豹 C-X75，由威廉姆斯 F1 提供包括空气动力学、碳元素化合物制造以及混合动力技术在内的多项工程技术支持。与过去很多伟大的捷豹车型类似的是，C-X75 也由源于飞机的技术打造而成，例如全铝空间构架底盘。捷豹设计总监表示，C-X75 将成为有史以来外形最为优雅简洁、最具创新意义的捷豹车型。

至高无上的埃及法老变成了它的臣仆，肥沃的美索不达米亚成了它的粮仓，凶残野蛮的北欧海盗是它的阶下囚，就连茫茫的地中海都成了它的池塘……它是罗马帝国，一个视战斗为最高荣誉的国度。如今，当一辆兰博基尼跑车在这块沉淀了几千年的土地上驶过时，过去的荣誉和未来的遐想都变得混沌不清了。

跑车艺术大师

兰博基尼

兰博基尼的气场是黑色的，像是英雄们手中透着寒气的宝剑，又或者它本身就是一个冷峻的战士。像一个十足的反面角色，却并不去蹂躏这个世界，只愿独来独往，捍卫身为战士的尊严；又像是一个纯粹的隐士，却不打算默默无闻，只是习惯惊世骇俗，尽管这不是它在刻意强求。怪诞、新奇，一切不合理在它那里都是理所当然。它高高在上，呼吸着天空稀薄而高远的空气，吸引着地上人们景仰的目光。

然而这份高贵和优雅的品质却是有着一段愤愤不平的开始。1963 年的费鲁吉欧·兰博基尼还是一位成功的拖拉机生产和销售商人，这样一位集合了机械与销售能力的天才人物是法拉利的超级崇拜者，他本人就拥有四辆法拉利跑

车。一次偶然的机会，恩佐·法拉利坐上了兰博基尼开的一辆法拉利跑车，听着费鲁吉欧·兰博基尼是如何赞美法拉利跑车的优越性能，可是在谈话最后，费鲁吉欧·兰博基尼提到了法拉利跑车的某个缺陷，一向以完美跑车自诩的恩佐·法拉利高傲地回敬道："用不着一个制造拖拉机的告诉我怎么制造跑车。"不欢而散是他们第一次碰面的结局，被偶像打压得灰头土脸的费鲁吉欧·兰博基尼很快就变卖了所有的家产，当然也包括他深爱的四辆法拉利跑车，毅然建立自己的跑车工厂，这就是兰博基尼跑车的创建。

兰博基尼的车厂距离法拉利工厂只有 15 公里的距离，在素有"战争火药桶"之称的亚平宁土地上，费鲁吉欧·兰博基尼开启了他的战斗模式，他像着了魔一样贪恋跑车制造，也因而不择手段地挖走了法拉利公司的顶级工程师。他赋予它最强大的能量和最惊艳的造型，他一心只想完成一件超过法拉利的艺术品。而它也确实如此，每一个棱角、每一道线条都是如此完美，都在默默诠释兰博基尼近乎原始的美。这也很大程度上得益于天才的设计师马赛罗·甘迪尼的付出，创造性地推出了代表兰博基尼品牌形象的 Countach 跑车，质感鲜明的外形、剪刀门从此不断地出现在兰博基尼跑车上。它希望超越法拉利，不是模仿，而是另辟蹊径。

它为挑战法拉利而来到人间。就算出生时的这种使命略有变迁，也绝对不会改变它的怪诞和不合情理。可以这么说，如果费鲁吉欧·兰博基尼不是一时冲动，那么这个世界上或许出现的是一位拖拉机巨

富。但是他放弃了原来的一切，只为捍卫一个机械制造天才的尊严。为了与法拉利的骏马标志相抗衡，兰博基尼挑选了西班牙最具激情的动物——斗牛，作为标志，这是一头浑身充满了力气，正准备向对手发动猛烈攻击的犟牛。这头战无不胜的斗牛，丝毫不逊于法拉利那批骏马。值得一提的是，兰博基尼至今还保持着用西班牙著名斗牛为自己的汽车命名的方式。

没有多少人可以拥有它，因为它昂贵到无法想象。从350GTV宣告诞生以来，兰博基尼就用它那无与伦比的质感诱发着全世界车迷的欲望，20世纪70年代的Miura（穆拉）宣告了兰博基尼正式步入了顶级跑车的行列，这十几年的成功表明兰博基尼从不缺乏想象力。想象力和浪漫主义是联系在一起的，而浪漫主义又意味着过分追求完美而忽略了经济效益。

尽管费鲁吉欧·兰博基尼本人是一个成功的拖拉机商人，但是当那种激烈的复仇冲动交织进所从事的职业时，当那种对完美的追求渗透进所进行的事业时，商人的精明和算计都被理想和愿望剔除了。1972年，费鲁吉欧·兰博

基尼被迫离开陷入债务危机的公司，公司也很快陷入破产的边缘。

事实上，兰博基尼也确实在 1980 年宣布了破产，只是很快它就被另外一个意大利人收购了。整个 20 世纪 80 年代兰博基尼还在沿用着 70 年代的大部分设计（大部分来自马赛罗·甘迪尼在 70 年代的设计）。就整个兰博基尼的发展史而言，80 年代的创新和突破也相对要平淡了许多，直到 90 年代，这个不断易主的顶级跑车公司被克莱斯勒公司收购，进入了第二次腾飞。

惊艳往往停留在视觉上，尤其是在 20 世纪七八十年代，跑车领域的激烈竞争让标新立异成为生存之道。然而早年的兰博基尼依然很难与财大气粗的法拉利相抗衡，在视觉上的惊艳并不是兰博基尼的初衷，它对于技术的渴望在 90 年代表现得更为明显。而克莱斯勒的收购正好给予了兰博基尼这种机遇，但由于经济利益上的纠葛，兰博基尼最终于 1998 年成为大众集团旗下的品牌，成为宾利和布加迪的同门兄弟。

然而不管老板如何变更，兰博基尼永远是那个透露着阳刚之气和不羁野性的未来战士。它总是以颠覆人们想象力的方式出现，它总是无意之间就把科幻电影里才有的情节搬到现实中来，但是当我们细细查阅之后才发现，原来是科幻电影“剽窃”了兰博基尼的鬼魅丽影。

兰博基尼 Murciélago LP 670-4 SV（蝙蝠）

德国和意大利的关系时而有些微秒，2000 多年前的日耳曼部落成功地阻止了罗马帝国向欧洲北部的扩张，使得罗马帝国在欧洲大陆的北部边界停留在了多瑙河一带。60 多年前的世界大战中，又是强势的德国人牵着意大利人的鼻子东征西讨，结果意大利被法国军队打败。在德国人面前，意大利人有着一种无法名状的挫败感，但是在跑车的王国里，意大利人就显得骄傲了很多，这其中兰博基尼就扮演了一个重要的角色。在面对德国大众集团的收购时，兰博基尼的总裁说道："不论兰博基尼的上头公司是克莱斯勒，抑或是德国大众，兰博基尼的精神永远在意大利。"这款名为"Murciélago"的超级跑车正是兰博基尼进入大众时代以后的第一款经典车型，也是大众集团向顶级跑车领域开辟的重要途径，更是意大利精神向世界扩张的开始。

蝙蝠跑车是兰博基尼进入大众时代的第一款跑车，在此之前，兰博基尼的所有跑车都带有天才设计师马赛罗·甘迪尼的血统。而这一次，是由奥迪的设计师完成的。但不论设计师是谁，只要是挂着兰博基尼的名字和标志，那就注定了它的惊艳、不羁与狂野。这是前辈甘迪尼定下的基调，甚至一度让奥迪的设计师们感到难以超越，就连一些汽车专家至今还认为，蝙蝠跑车的整体外形并没有对它的前辈 Countach 跑车有太大的突破，甚至还有点儿平庸。

蝙蝠跑车带来最大的改变就是增强了跑车的现代感，它的线条刚硬中带着圆滑，拥有现代超级跑车所必需的元素，特别是发动机旁边的进气口设计，在车子行动中会自然升高，更加增强了蝙蝠的运动感。除车顶和门板使用钢材料外，车身其余部分均以碳纤维制成，其变速器装在发动机的前面，后差速器与发动机组合为一体，带中央液力偶合器；采用独立的双叉臂悬架系统，这是兰博基尼的传统设计方式。可以说蝙蝠跑车不仅仅是金属、合成材料以及皮革的简单组合，它的身上散发着一种果敢、坚毅和一往无前的精神。

虽然在外形设计上并未取得对兰博基尼前辈们的突破，但是其在性能上却有了赶超法拉利的架势。早年的兰博基尼因为技术和资金上的约束，只好将更大的精力放在外形设计上。如今，有了奥迪的支持，全新的蝙蝠跑车便以一种更为霸气的姿态呈现在世人面前，而这正好弥补了在外形上难以突破的遗憾。最新的蝙蝠跑车 LP 670–4 SV 表现最为出色，也是蝙蝠诞生至今的一切高科技的结晶。动力的提升是最显而易见的，6.5 升 V12 发动机采用铝制缸盖、干式油底壳（润滑油容量为 12 升），这样带来的直接效果是该车从静止加速到百公里时间只需要 3.2 秒，这甚至比法拉利 Enzo 还要快0.45 秒，至少从加速度来看，兰博基尼在这一次战胜了法拉利。

为了提升驾驶的乐趣，该车还采用全时四轮驱动形式，装有前、中、后三个限滑差速器，其中中央差速器据官方说法是所谓的“黏性联轴器”，听起来和一些城市SUV 的中央差速器有些类似，中置发动机的兰博基尼还

是更偏向后轮驱动，在起步或瞬间加速的时候，最多会有35%的驱动力被分配到前轴。在速度的王国里，制动和启动同样重要，制动和行走机构同样引人注目，它的前轮采用惊人的8活塞刹车卡钳，能够向碳磁刹车盘施加强大的压力，再加上该车往往使用专门订制的轮胎，这既能保证更高的安全系数，又增加了该车的鲜明个性。

有人说，法拉利是在咆哮着前进，而兰博基尼则是在低吟着行走。这既是两种品牌跑车的发动机性能上的差异，也标明了二者在整体风格上的迥异。天性低调的兰博基尼从不刻意去吸引人们的眼球，反倒引来关注者趋之若鹜。LP 670–4 SV也常常被誉为“隐君子”，作为兰博基尼蝙蝠跑车的终极版本，SV版本与普通版相比，在底盘和外观部件方面共减重33千克，内饰减重34千克，动力系统减重33千克，加在一起恰好100千克，使整车重量降低到1565千克，不过车身刚度却提高了12%。同时，车内采用统一黑色的麂皮或碳纤维，之所以使用麂皮而不是真皮，最重要的原因是麂皮更轻。这种轻量化的改造让兰博基尼强大的发动机更具侵略性，再辅以黄、黑、橙三种可选的外部色彩，保证了其由内而外的尊贵感。

更有意思的是，手刹在驾驶员的左手边，倒挡按钮也设置在完全出人意料的位置上。还有一点出人意料的是，安全带的位置也并不像普通汽车那样从B柱上伸出来，而是位于两张座椅中间的位置，也就是说和普通汽车是完全

GALLARDO

相反的。在两条安全带中间是车身铭牌，驾乘者每次回头去拉安全带的时候都可以看到上面印刻的序号，为自己能成为 350 人中的一员而骄傲（该车型全球限量 350 辆）。

兰博基尼 Reventón

如果有一辆汽车敢于叫嚣说要和战斗机比比加速度，你一定会想这肯定是科幻片里面的剧情。然而当兰博基尼 Reventón 出现在你面前的时候，你才可能真正地意识到，这辆来自未来世界的速度之王，竟然真真实实地出现了。

别以为这是《*Top Gear*》的创意，这可是兰博基尼自己的实力。当一辆由兰博基尼官方驾驶员驾驶的兰博基尼 Reventón 跑车和一架战斗机在一条 3000 米长的跑道上做比赛准备时，谁也不敢相信这结果，最终兰博基尼 Reventón 的确是输掉了，可是在比赛的前大半段时间里，处于领先的竟一直是兰博基尼 Reventón，只是到了最后阶段，当速度值达到 340 公里 / 小时的时候，战斗机才超过了汽车。于是仅仅从加速度这个方面来说，兰博基尼 Revent ón 是战胜了战斗机。不过谁会在乎胜负呢？

这款限量 20 辆的超级跑车，它的每一个线条，每一个部件，每一个轮廓，都在汇聚更多人的奢望。在美国车迷论坛投票中，兰博基尼 Reventón 以绝对优势被评选为“最美的跑车”。它不但有胆量去和战斗机一较高下，更让人惊叹的是，它的外形中的很大一部分设计直接使用了航空技术的最新成果。最显著的要数它的全新碳纤维航空材料，在减轻车身重量的同时还进一步加固了车体的强度。同时它的车身更是直接参照了美国的 F22 战斗机的风格进行设计，锐利的车头结合了两大进气口设计前保杆，笔直的线条勾勒出许多个锐角，让 Reventón 整个车身充满速度感。

车顶尾部有如战斗机襟翼一般的层次，车尾的LED 尾灯、设置于中央的超大排气尾管，结合底部分流器的后保杆等，这种设计和布局使得 Reventón 更加符合空气动力学的原理。超轻的车身加上流畅的线条，使得它的速度得到了保证，但同时对散热提出了较高的要求，为此，设计师专门在汽车两侧增加了两个宽大的方形网格以提供更多的低温空气。它锐利的线条似乎说它有一个强烈的愿望，要切割开空气，切割出人们心目中的渴望。为了让这个轮廓鲜明的艺术品的表现力更加突出，Reventón 使用了一种新颜色，这是一种被称做“游艇灰”的高级车漆，并且申请了专利，任何厂商以及兰博基尼其他车型不得仿制。这也就意味着这种“游艇灰”的车漆只会出现在这 20 辆 Reventón 上，与亮黑色的个性轮毂搭配起来分外抢眼。

与其说这是一部超级跑车，倒不如说，这是一架“在公路上行驶的战斗机”。外表的霸气似乎也在昭示它车身之内的狂躁，这不得不提到它强劲

的发动机。它采用的是一款在蝙蝠 LP 670–4 SV 上所用的发动机基础上改进而成的 V12 发动机，仿佛要印证 Reventón 这个名字所蕴含的那种狂暴不羁的性格一样，兰博基尼也给这款亲手驯养出来的野兽赋予了登峰造极的能力。从静止至百公里加速仅需3.4秒，这是任何一款量产跑车不可比拟的，最高时速可达 340 公里 / 小时，以至于 Reventón 的后视镜成了一种摆设。来自兰博基尼官方的解释是：“在公路上行驶，没有哪一辆车能够超过 Reventón，所以驾驶员只需看前面，无须后视。”兰博基尼 Reventón 堪称世界上“量产车型中跑得最快的汽车”，然而就算是直接送到 F1 赛道，这款跑车也有足够的实力去和那些冠冕堂皇的速度机器一较高下，所以 Reventón 的车速是一般跑车难以企及的高度。正如开始所说的那样，它是唯一敢与战斗机一较高下的汽车。所以有美国车迷在其论坛上调侃地问：“买兰博基尼 Reventón 送战斗机不?”

兰博基尼公司一直推行“只推出最好的一款跑车”的原则，所以它一直实行限量生产的方针。这款兰博基尼 Reventón 全球限量 20 台，售价高达 100 万欧元以上。这不再是一个金钱的标准了，因为有钱也买不到，甚至连看都看不到，因为许多购买者仅仅是为了自己欣赏或者收藏。如果说兰博基尼 Reventón 的速度是最快的，那么比这更快的则是订购者的行动了，因为在公司刚刚宣布开始订购时，20 辆就顷刻抢订一空了。其中一位最出名的车主就是“万人迷”贝克汉姆了，用他自己的话说：“有这样一辆跑车接送我的妻子和孩子，的确是一件很酷的事情。”

兰博基尼 Reventon 是兰博基尼蝙蝠的继任者，这款被定名为 Reventon 的跑车，名字来源于一头斗牛，它在 1943 年的一场斗牛比赛中将一名很有名的斗牛士杀死。这次兰博基尼以一头获胜的公牛定名，一是与自身公牛标志相匹配，二是要体现出凶猛顽强的车型特点。

兰博基尼 Aventador LP700-4

古时的罗马城经常被周边的小部落所侵扰，一个很重要的原因就是罗马城太过于平坦，而城内丰饶的物质和发达的文明又深深吸引着外域部落的垂涎。尽管防守有一定的难度，但罗马的将士们坚守着同一条原则，那就是扩张和进攻。疯狂的进攻让对手只能疲于防守，开疆辟土的战功又成为战士的最高理想。因此可以说，兰博基尼 Aventador 的品性最能够代表罗马城 2700 年的历史，它强劲的性能展示着扩张与进攻时的霸气，它张狂的外形又显露着它不羁的野性，它那急速之中的控制力，又表达着这位勇士的隐忍和忠诚。

蝙蝠跑车完成了性能上的提升，但是外形冲击力上留下了些许的遗憾，随后的限量版Reventón 则完美地完成了对这个遗憾的弥补，甚至一度被评为“最美的跑车”。如今，作为蝙蝠跑车的换代产品，全新一代的 Aventador 跑车在外形和性能上则完美地对前辈们进行了整合和提升，也将兰博基尼的霸气与不羁的风格发展到了极致。最显著的部位来自它的车灯，使用了之

前在兰博基尼盖拉多系列跑车上已经应用的“Y”型 LED 日间行车灯，这一设计也成为兰博基尼最新的家族特征。而尾灯同样使用了三组“Y”字造型的 LED 发光源，与车头互相呼应。新车前脸的多边形设计冲击感极强，明显比蝙蝠跑车更加“暴力”。

该车侧面造型延续了兰博基尼一如既往的力量感与锋利线条，霸气的剪刀门照例得到了保留。更宽大的进气格栅除了能够提供更多的冷空气之外，也显示着该车的霸气和野性。尾部设计也明显加入了许多Reventón 的设计元素，六边形的设计风格显而易见，充满了科幻感，可以说 Aventador 将兰博基尼的传统特征和最新设计潮流进行了完美的融合。车内的奢华无需赘言，中控台附近的 LED 彩色仪表板更为新车增添了一份科技感，大量直线条六边形设计与金属构成了战斗机舱般充满战斗气息的驾驶氛围。如果说Reventón 只是看起来像是一台“公路上的战斗机”，那么 Aventador 给人的感受则更像是在驾驶一台飞行的战斗机。

坦白说，兰博基尼并不是布加迪威航那样的速度怪兽，而更像是一个纯粹的意大利艺术品。满怀激情的意大利人总是喜欢追求生活中的惬意和艺术的完美性，他们不断地将对美的理解付诸现实中来，比如服装、食物甚至足球，所以出现了 Aventador LP700-4 这样的速度艺术品也不必大惊小怪了。该车装备了型号为 L539 的全新 6.5 升 V12 发动机。这台全新发动机由圣阿加塔博洛尼亚的专业技师手工装配，每一台都要经过专门调校，能够迸发出 700 匹的最大马力，Aventador 也是首台正式进入“700 匹俱乐部”的兰博基尼量产跑车。这种兰博基尼史上最强劲的发动机产生的直接动力效果是它的时速最高可达到 350 公里 / 小时，而从静止到百公里加速所需的时间仅为 2.9 秒。如此强劲的性能已经足以与法拉利一较高下了，于是很少再有人去提及当年的不堪，不知道是因为兰博基尼和法拉利一笑泯了恩仇，还是他们无暇顾及这世俗的嚷闹。

财富的积累需要一个“开源节流”的过程，跑车的速度和性能也是如此，仅有发动机去创造动力还远远不够，还需要通过减重和协调来使这些动力得到最大限度的发挥。Aventador LP700-4 除了装备新发动机之外，还采用了新式的 7 挡单离合变速器。虽然未使用当下流行的双离合结构，但其设计却与双离合变速箱有着异曲同工之妙，在一支换挡杆将齿轮分开啮合的同时，另一支换挡杆同时将齿轮啮合到位，大大缩短了换挡时间。而且在极致轻量化的思想指导下，该变速箱的质量仅 79 千克，据称其换挡时间比双离合变速箱快 50%，比上代蝙蝠使用的 E-Gear 变速箱快上一倍。同时该车大部分区域使用的是碳纤维的航空材料，以至于它的底盘重量仅为 229 公斤。另外在悬挂部分，兰博基尼为 LP700-4 配备了自动调节减震器，收集路面及车体信息来调节减震器，使得四个车轮始终可以紧贴地面，既保证了该车在高速或者是不平稳的路段保持平衡，又为人们提供了更舒适的驾乘体验。强大的发动机和轻机身，以及完美协调的传送装置让人们担心如何制服这样的“狂兽”。设计师们早有预见，他们为了制服这头蛮牛特意装备了强有力的刹车系统。前轮为 6 活塞卡钳搭配 400 × 38 毫米的碳纤维增强陶瓷刹车片，后轮则为 4 活塞卡钳搭配 380 × 38 毫米碳纤维增强陶瓷刹车片。动静自如，身轻如燕，更为重要的是，这款动力超过 700 匹的超级跑车无疑开启了一个全新的兰博基尼时代。

兰博基尼 Sesto Elemento

线条是一种语言，从圆滑到锐利，它像风又像是剑，是扑面而来的黑色气场，又或者是驰魂夺魄的无形震撼，凝视它可以听到某种冰凉的言语，不用听懂也会退避三舍。线条更是一种态度，或热情，或冷漠，它描绘着俗世的界限，视之为战场。黑色，却锋芒毕露，盘踞，却杀气腾腾，这就是全新的兰博基尼 Sesto Elemento，中文意思是“第六元素”。。

Aventador LP700-4 还只能算做是对某些区域进行了战斗机式的改造，而全新的 Sesto Elemento上则调整更为全面，因此它更像一架在公路上行驶的战斗机。与以往的兰博基尼车型相比，Sesto Elemento的改变是革命性的。全车从前到后，无处不彰显出锐利的轮廓，一种更直观的感受是，这些犀利的线条不仅勾勒出了“未来战士”的惊艳外形，甚至就连观摩者的心情和视线也一并被切割开来。这一视觉冲击尤其体现在该车的前脸设计上，它采用了生动的仿生学设计理念，鳄鱼嘴式的前进气格栅给人很强烈的视觉冲击，更为出彩的还要数前盖上方的两块红色区域，隐隐的红光透露着浓浓的杀气，就像杀红了眼的魔鬼，又像是近在咫尺的大白鲨。当你看到 Sesto Elemento的尾部时，一定会被它的设计风格震撼。车尾部全部采用空气动力学设计，第一层为独立定风尾翼，下面三层是同样可以起到尾翼效果的三层面板。超跑的定位，在这里被完全诠释。

与前几代车型相比，该车在展示惊人外形的同时，更注重对性能的维护——是为了跑得更快而采用的设计思想，强调车辆性能和操控的便捷性，这同样是战斗机制造商对战斗机制造提出的要求。为了让车辆能够最大限度释放全部能量，兰博基尼 Sesto Elemento 的尾部设计完全不重视视觉效果，全部暴露在外的变速箱之类的内部配件便可说明这一点。“凶器”一词用在兰博基尼 Sesto Elemento 身上绝不为过。一些细节方面的处理，让我们更容易看出它的独特，包括前保险杠、翼子板等部件全部采用红色铆钉拼接，一方面与车辆配色比较一致，另一方面也节省了螺丝等重量更重的部件出现。Sesto Elemento 配备了 LP-570 搭载的 5.0 升 V10 发动机，可以为车辆提供 562 匹马力的最大功率，使得这台猛兽百公里加速时间仅为 2.5 秒。全时四驱系统将强悍的动力分配到四个车轮，车辆极速可以达到 350 公里 / 小时左右。

在限量版的 Reventón 身上我们已经看到了兰博基尼在外形设计和轻量化上所取得的成就，在这款车上轻量化理念同样被诠释得淋漓尽致，并通过精心的设计以及全新的轻质材料实现。Sesto Elemento 的车灯与其他车型的造型比较相似，三角形设计理念依旧被延续下来。三角形的设计基因在车门的设计上被大量应用，这样的设计不但可以让车看起来更俊朗，对于车辆风阻系数方面也有很大的帮助。新型碳纤维材料的大量使用更使得该车的车身重量仅有 999 千克，这样的体重与它所拥有的排量搭配起来，只能让人感觉它是一架战斗机，更准确地说，是一架来自未来世界的隐形战斗机。据说它的产量被严格限制在 20 台以内，这个数

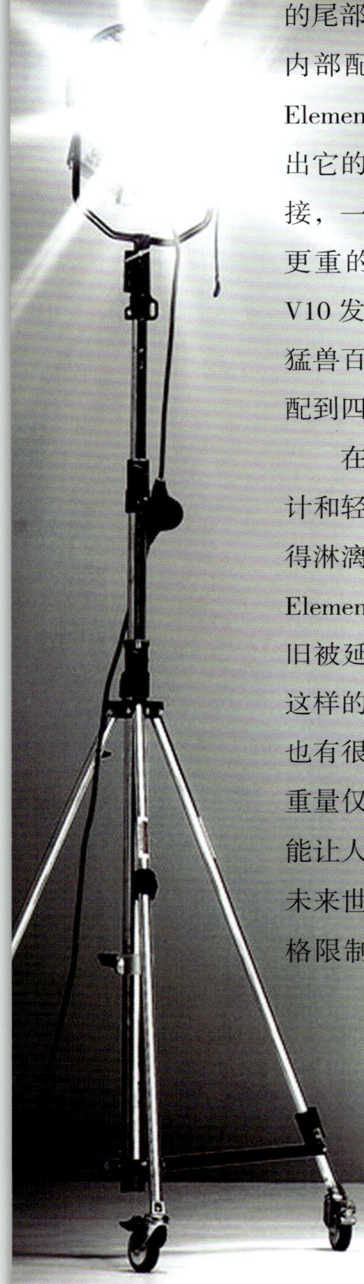

量甚至比法拉利的 FXX 还要少 9 辆。作为一款采用全新设计的车型，该车的独特之处还远不止如此。一款以性能著称的跑车，必须配一双能够承载它的“好鞋”。兰博基尼恪守轻量化理念，为其配备了前 235/35 R19、后 275/30 R19 大尺寸倍耐力宽扁型轮胎。五幅式运动轮毂同样采用碳纤维设计，与红色兰博基尼刹车卡钳搭配在一起，彰显王者霸气。

Sesto Elemento继续坚持着兰博基尼内外一致的奢华风格，除了大量使用碳纤维材质外，绒布材质的装点让车内表现出另一种独特的韵味，使得它不仅仅看起来像一架战斗机。悬空式中控台还让驾驶者有一种驾驭飞船的感觉，当然称它为陆上飞船也绝对不为过。分体式座椅的设计风格很有特点，如果各区域均可独立调节，那么驾驶时的包裹性将更加出色。可以说，Sesto Elemento 是兰博基尼保持惯有惊艳传统的车型中，采用新设计元素和新技术最多的一款车，这使得它不仅是一辆天价跑车，更是一种不可复制的精神艺术。

在四轮时代里，将它作为玩味生活的工具，它做得“过分”了；在品位人群中，将它作为衡量身份的标签，它显得“本分”了。它便是宝马，它带给人的不仅仅是驾驭的乐趣，还有动感、时尚的高品质生活。

时尚生活的品位之选

宝马

历史篇
LISHIPIAN

他们本是野蛮的民族，扎根于欧陆的时候甚至连自己的文字都没有，却可以在岁月的长河里打捞出人类最宏伟的旋律、最华丽的辞藻、最精辟的哲理以及最先进的科学；他们本是失败者，30 年内的两次毁灭性的战争一度让他们的家园成为废墟，却可以在随后的 30 年里建立起一个繁荣的国度，依旧态度严谨，依旧忠于秩序，依旧追求效率。这是一

个做什么都像机器人一样标准的民族，更有一种以“严谨”著称于世的“德国精神”。这种精神给予了德国人无穷的战斗力，从物质到精神，这种战斗力在每一个方面验证着同一个事实：德国制造就是品质的保证。这种精神在近百年的德国历史中表现得最为明显，而宝马汽车无疑是最有说服力的佐证。

1916年的欧洲战场依旧硝烟弥漫，齐柏林飞艇在两个月前刚刚轰炸完巴黎。废墟都还没来得及整理，骄横的德国人便又发动了著名的“凡尔登战役”，战争刚刚开始便陷入了胶着中，德国人终于意识到了地面进攻的阻力。飞艇轰炸让德国人尝到了空军带来的甜头，他们决定充分利用这一优势，于是在1916年的3月6日，在德国南部的啤酒圣地慕尼黑诞生了一家秘密飞机制造厂——巴伐利亚飞机制造公司，这就是宝马的前身。如果这个时候再联想到宝马那蓝白相间的经典标志，那么很多人都会觉得，这一定是指旋转的螺旋桨。其实意义不仅如此，因为工厂所在地位于巴伐利亚州，而该州的州徽也是蓝白相间，创始者希望以此来表明宝马纯正的巴伐利亚血统。

空中的优势并不能左右整个战场的颓势，德军的节节溃败也预示着这家飞机制造厂厄运的开始，尽管工厂在第二年进行了重组，在生产飞机的同时，也开始进军汽车制造的领域，并且正式将公司命名为“BMW”(Bayerische Motoren Werke)，但是无法阻止1918年投降日的到来，德国就此沦为欧洲各国“餐桌上的羔羊”，战时为德军提供飞机的宝马公司自然难

逃厄运。此时《凡尔赛条约》将宝马列为“战争武器”，禁止生产。正当宝马人以为只是禁止飞机生产时，苛刻的条约进一步指出：“汽车的生产也要禁止五年。”

对德国人而言，这是不公平20年的开始，但是对于宝马人而言，这种逼迫令宝马开通了飞机汽车之外的第三条道路，这就是生产摩托车。很多企业之所以一度繁荣又迅速覆灭，很大的原因在于资金的匮乏。对于宝马公司而言，已拥有先进的生产技术，唯一需要等待的便是“制裁的结束”。将德国军人的罪过让一家机械工厂来承担，宝马人并无怨言，他们选择经营摩托车来获得资金，他们并没有放弃生存，就好像整个德意志民族一样。五年很快就过去了，宝马在摩托车领域的成功为宝马汽车的诞生创造了绝佳的环境，不仅仅是资金上的丰盈，更是技术上的成熟，这也使得后来出

产的宝马汽车在品质上能够与梅赛德斯－奔驰一较高下，甚至在一些领域超过了这位德国汽车界的前辈，二者也共同成为德国汽车制造业的骄傲。

创始人吉斯坦·奥拓只在宝马工作了仅仅一年的时间，作为“四冲程内燃机”发明者的儿子，他对汽车尤其是跑车的钟情，如同基因一样被传承了下来。如果说摩托车是战后五年里宝马公司赖以生存的母乳，那么汽车无疑是 20 世纪 30 年代全球性经济危机中宝马公司的拯救者。1928 年，宝马成功收购了爱森纳赫汽车制造厂——成功生产奥斯汀七号的“迪昔 3/15 PS”汽车的制造厂。

这款车经过改进，于 1929 年作为“宝马 3/15 PS DA 2”品牌出售，汽车虽小，魅力却是无穷的，就算在经济不景气的年代依旧为宝马公司换来了不菲的收益。但这顶多只能算作是宝马公司的点睛之笔，而非真正的

BMW

“纯种”宝马汽车，直到1933年宝马303型汽车的问世，才真正宣告了宝马汽车的新纪元。随后出场的315型和507型更是完成了宝马车从汽车到跑车的转变，其优雅美观的外部轮廓，出色的性能和品质赢得了车迷一次又一次的喝彩，甚至被人们称作是“梦幻跑车”和“梦中奇想”。从这时起，宝马就萌生了生产高档跑车的念头，最直白的表现就是售价了，以507型跑车为例，当时的售价是26500马克，而当时德国人的人均月收入税前是347.5马克（1马克约合0.5欧元），即便是在不纳税的情况下，一个德国人也需要在不吃不喝的前提下，经过六年多的储蓄才能买得起它。

战争让德国遭遇到了前所未有的危机，也为新一轮的重建和复兴提供了一个广阔的国内市场，这使得宝马和众多德国企业一样，可以在很短的时间里成长起来，但是这毕竟还是限于德国国情。

真正让宝马拥有世界声誉的时光还要推迟到20世纪80年代中期，一个名为“ZT”的神秘部门诞生了，它被视为宝马公司的子公司，职责就是研制和开发最前卫的跑车。两年后Z1的诞生宣告宝马领到了步入世界顶级跑车殿堂的钥匙，Z系列的后续以及新千年之后的M系列让宝马汽车拥有了独树一帜的品牌形象。我们可以说，宝马的复兴，是德国制造的结晶，更是德国精神的昭示。

极品之选 JIPINZHIXUAN

宝马M6双门轿跑车

汽车版图的变动也反映着博弈中的国家经济力量，当英国自诩为“日不落帝国”的时候，这片国度旋即出现了劳斯莱斯和宾利这样的贵族品牌，但经济实力更为强大的德国成为欧洲经济的主导者的时候，这两个曾经让英国人引以为傲的品牌也成为德国汽车品牌的“附属”。当“德国制造”顺应时代的步伐取代了雍容华贵的英伦贵族风情时，这些昔日的汽车霸主变成了德国人争抢的对象。其中最著名的一例战役莫过于宝马和大众之间的“劳斯莱斯之争”，在这场“利益”重于一切的争夺中，宝马凭借着与劳斯莱斯密切的联系而取胜（劳斯莱斯汽车的发动机由宝马提供）。这一次重大的收购进一步体现了宝马的“贵族化”权威，因

此，早已期盼在顶级跑车领域有所作为的宝马 M6 型轿车便被赋予了更多的关注，尤其是这款最新的 M6 双门轿跑车更是备受瞩目。

宝马 6 系的历史可以追溯到 1976 年，这种结合了运动跑车和豪华房车的车型是宝马踏入顶级跑车的第一步，1989 年至 2003 年间曾经停产过 14 年，直到宝马正式接手劳斯莱斯之后，6 系才在 MT 部门（一个类似于奔驰 AMG 的子公司，专门研究高性能跑车技术，并且将其使用到所有的宝马汽车上）的协助下，推出了高性能版本的 6 系跑车，即 M6。它保持了宝马双门跑车的动态风格，长长的引擎盖、低矮的车顶线条和侧裙赋予了该车极强的运动感。外形设计上最引人注目的是车辆前端、车身以及进气管。车辆的侧面设计呈圆润的流线型，配有侧面指示灯，具有典型的 M 车型特征。

M6 拥有一副强健的身板，体态匀称而丰满，每一处外扩的曲面都好像隆起的肌肉，散发出阳刚之气。耀眼的五幅 19 寸超轻合金轮毂，内里巨大的钻孔通风式刹车盘火药味十足。车辆后部的四个排气管和六边形扩散板进一步凸显了车辆的宽阔轮距。值得一提的是这款车的车顶由多层碳纤维材料压制而成，这种高科技轻型材料更突出了车辆的优雅特点。更重要的是，这种碳纤维材料比传统的钢材更轻，从而降低了车辆的重心，提高了车辆的动态性能，让驾驶者享受更快的速度及更准确的车辆控制力。

对于宝马集团而言，所要遵循的不是去赶超劳斯莱斯的尊贵秉性，也不是去追逐法拉利的速度，而是要重点突出自己的风格，那就是最舒适、最安心的驾驶感受。打开车门的瞬间就能真实地感受到这种强烈的亲和力和艺术表现力，正如宝马的设计总监克里斯·班戈所说的那样："宝马并不是生产从 A 地到 B 地的移动物，而是生产移动着的艺术品。"

宝马 M6 的内部设计沿袭了外部设计的动感特点，车门踏板发出白色的光，为车辆平添了一份独特的魅力。驾驶区域设计典雅，操作方便。车内设计的一大亮点体现在了座椅上，赛车型驾驶风格 M 型座椅让驾驶者即使在急转弯时也能稳如泰山。靠背的宽度和大腿支撑可以根据个体需要来进行选择，座椅的加热系统也支持不同的设置，在座椅中还添加了可调节空气垫系统，以予腰部周到的支持，还可以通过精心调节更好地为背部肌肉进行按摩。按照人体工程学原理设计的 M 赛车座椅配备可调式靠背，将有限的空间操作转化成为时尚的驾驶乐趣。豪华舒适的美浓真皮令驾乘者更加赏心悦目，由设计师精心选择及搭配的色彩和材料，使每一处细节都尽

M6

善尽美。对于这个“飞翔”着的人类制造物而言，稳定而安全的发动机远远重于一切，这或许是劳斯莱斯也会选择宝马生产的发动机的原因所在吧。M6 所采用的就是一款自动吸气式 V10 发动机，即使只是轻触加速踏板也能够让发动机产生巨大的动力。这款 5.0 升容量以及 500 匹马力最大输出功率的发动机通常只在赛车上才能配备，每分钟转数更是达到令人惊叹的 7750 转，发动机产生的动力能通过十个调节阀门向外输出。

高性能的电子系统通过离子流进行控制操作，将发动机的设计潜力发挥到最佳水平。作为一个追求舒适度和完美驾驭感受的汽车品牌，宝马的成功在于懂得节制，尽管它的百公里加速需要 4.6 秒，并且最高时速被电子限制在 250 公里 / 小时，但其实它完全有足够的能力轻松突破 300 公里 / 小时的速度。就算最高速度被完全限制住了，但是 M6 还是坚持采用了 F1 方程式变速箱——Drivelogic 7 速顺序换挡手动变速箱。驾驶者可以使用方向盘上的手柄或中央控制台上的变速杆选择 7 速顺序换挡手动变速，在车辆不减速、发动机输出功率不减少、不使用离合器的前提下迅速地进行换挡操作。

它表现出足够的臣服，只为了带给我们安心的驾驶感受，从外而内，无时无刻不在表达这种让人放心而愉悦的情绪。因此单单依靠设计是不够的，德国人赋予了它更多的科技保障。最典型的要数 M 型驾驶管理系统，只需手指轻触方向盘上的 M 型驾驶控制按钮，就可以根据自己的习惯和个性需要灵活设置诸如发动机性能及换挡程序等一系列适合 M6 运作状态的设置。此外，带有 M 指示器的平视显示系统则是给驾驶者最好的礼物，它能够将速度、行驶方向、车况监视等数据直接显示在驾控者的视线范围内。只需一个按钮就可以启动 M 型显示器，这意味着驾驶者可以集中精力关注前方的道路情况。好处是显而易见的，即带来更安全、更独特的驾驶体验。连车灯都因高度智能化而显得亲近，夜间驾车通过崎岖的弯道时，这些大灯就像被神奇地控制着，能够随时将光柱投射到弯道区域。这种特殊的投射方式得益于宝马的一项工程杰作：传感器一直记录着前轮速度和转向角度，并将记录下来的数据通过电机转化为对氙气大灯的转向控制。

宝马 Z4 敞篷版 sDrive35is

对任何一位伟大的人物而言，他之所以取得成就，远见和野心是一样重要的心理条件，对于一个伟大的企业也是如此。作为一个曾经的飞机制造商，一旦决定了投身汽车制造领域，超强的实力便让它有野心成为这一领域的佼佼者，但是出于对现实环境的考量，它并没有盲目地另起炉灶，而是在收购迪昔汽车厂的基础上一步一步地建立起自己的品牌。再后来遇到了战争的制裁，被禁止生产飞机和汽车，宝马又意识到了当时的德国人经济实力状况一般，于是在相对较为实用低廉的摩托车生产上大展拳脚。当战败的阴云逐渐远离德国的天空时，宝马已经成长为与梅赛德斯－奔驰一样强大的汽车制造业巨头，它再次表现出一个伟大企业的“非凡远见”，这就是在公司业绩不断攀升的年代里，毅然决定成立一个代号为“ZT”的子公司，用以研制最新的超跑技术。历史就如同被这些“有远见的人”设计的一样，于是完美的 Z4 跑车诞生了。

早在 1985 年，“ZT”公司便成立了，它的第一件作品是两年之后惊艳法兰克福车展的 Z1 跑车，这一伟大的开篇预示着 Z 系跑车的美好未来。十年之后的好莱坞在成就了皮尔斯·布鲁斯南的新一代邦德形象的同时，也成就了宝马 Z3 跑车的世界性声誉。在电影《黄金眼》中，007 特工詹姆斯·邦德的新座驾就是 ZT 公司推出的 Z3 跑车，这一极具动感形象的跑车很快拥有了大批车迷，诚如“邦德”自己所说的那样：“它简直就是完美级的，简单得如卡丁车一样的操控性，在保证场面刺激的前提下，让我有更多的精力去表现英雄的一面。”英雄跑车犹如勇士的宝剑，既要求性能出众，又兼顾完美的艺术性，这一点，在最新款的 Z4 跑车上表达得更为具体和直接。

Z4 的横空出世可谓宝马的经典之作，它也只能出自宝马之手。靠近后桥的低置座椅让乘坐更为舒适，同时突出了长发动机罩与短悬垂的经典跑车比例，鲜明的轮廓与柔和的衔接相互交融形成全新时尚，标志性的双肾格栅和强劲有力的轮拱令其个性跃然而出。但魅力的最佳呈现还是在驾驭的过程中，当它如风一般疾驰在各种曲直道路时，人们才会发觉它真正独一无二的存在感。外表的魅力难以抵消内饰所带来的愉悦感受，Z4 敞篷跑车的内饰按照驾驶者的需求度身打造，处处显露着高贵的艺术氛围。非对

称的中央控制台、精心布置的仪表盘，以及源自宝马的复古的圆形控制元件，每一处细节都将与优雅相关的一切全新呈现。即使在车顶闭合时，人、车与道路仍将亲密如一，自由的感觉无法抵挡。对于驾乘者而言，车顶并不是车内与车外的界限，而是一种沟通，只在于你对两种驾乘感受的选择。作为第一款带硬车顶的宝马敞篷跑车，全自动开闭硬顶实现了两全其美的享受。精妙的设计，让它即使在车顶闭合时仍能保持完美而经典的低悬外观。由两部分构成的铝合金车顶外壳可以在约 20 秒的时间内完好折叠。车顶闭合后呈现出双门跑车样式轮廓，宽大的侧窗和后窗确保迷人景色尽收眼底。

初遇 Z4 的人都会惊讶于它经典的前车身，这种修长的身躯在展现动感和优雅的同时，还藏着更大的秘密，那就是容纳强劲的发动机。宝马的工程师们发现，在确保动态平衡和流畅输出最佳的大前提下，只有直列 6 缸发动机才能提供重量和动力的最佳组合。于是 Z4 采用了一款由镁铝合金制

造的高精度直喷系统和双涡轮增压器，可释放出最高 340 匹的强劲动力。这显然无法与法拉利、兰博基尼那样的速度怪兽相比，因为宝马的重点在于追求驾驭的舒适性和稳定性，所以它依旧将最高速控制在 250 公里 / 小时，百公里加速需要 4.5 秒。与之相配的是一款 7 速双离合变速箱，这显然是对“享受极速快感”的补充，它将发动机动力迅速高效地传递至路面，双变速箱结构之间的自由切换对牵引力丝毫无损，为后轮提供了稳定持久的动力，此外，驾驶动态控制系统还可在“Normal（标准）”、“Sport（运动）”和“Sport+（运动 +）”选项之间轻松切换，让驾乘者享受到片刻之间的动态变动。

这种速率的变动往往只能通过窗外的风景来表达，因为独特的设计抵消了外力对驾乘者身体的摇晃力。这主要归功于它强大的 DSC（动态稳定控制系统），驾驶运动型跑车需要时刻全神贯注，并在瞬间作出反应。DSC

持续监控底盘上受到的作用力，并确认是否处在最大允许范围内。安全性在Z4上也得到了最大限度的重视：当检测到车辆有侧滑的危险时，该系统会迅速反应，根据实际情况制动单个车轮进行干预。先进的防爆轮胎也表现出色，它的胎壁经过特殊处理，即使发生漏气后也能继续行驶250公里。而且好处远不止于此，由于无需备用轮胎从而减轻了车辆重量，并为旅行释放出更多行李箱空间。此外，当轮胎压力下降时，TPI（标准装备轮胎压力指示器）会向驾驶者发出警示。此外，先进的防侧翻安全系统进一步提升了安全的等级，两个引人注目的镀钌钢制防侧倾稳定杆将最大安全性和高雅设计融合于一体，当不可预见的事故发生时，防侧倾稳定杆和加强的风挡玻璃为乘员提供了一个安全防护区。就这样，一个御风而行的舒适座驾诞生了，它一边诠释了什么叫做移动的艺术品，一边又在跑车的王国里竖起了一个新标准，这是一座丰碑。

在这个世界上，能够在成熟大气和奢华体面上跟劳斯莱斯一较高下的，恐怕只有摩根汽车了。一百年来从未离开过这片土壤，这是从肉体到灵魂、从性格到信仰的忠诚，摩根的身体里流动的是伍斯特郡的血液。

古典跑车之王

摩根

摩根的气场是黄色的，一副天生的帝王相。有着劳斯莱斯一样对贵族化的坚持，却从未离开过生长的故土；有着宾利一样丰盈的历史，却始终归属于一个低调而执着的家族；有着和法拉利一样显赫的声誉，却并未因此而招摇得路人皆知。固守信念的摩根汽车是一个典型的保守派，身着一身王者的打扮显现于21世纪的跑车王国里，看似是戏谑，却分明是一段沉淀的历史。

如果非要给这个古典跑车之王的忠诚寻找一个出处，那么创始人的父亲虔诚的宗教信仰可以算作一项，只是这个理由太过于牵强了。1902年刚刚走出校门的H.F.S.摩根正式与机械结缘，当时的世界陷入一种疯癫的机械崇拜中，汽车就是当时最激动人心的存在。经过四年的历练，摩根开始经营一家修理店，这间在英国伍斯特郡随处可见的小店却成了一个伟大的汽车品牌的发源地，这个固守一方的家族品牌历史是从1910年开始的。

从1886年第一辆汽车诞生开始，汽车热潮便在欧洲和北美掀起，有实力的财团也都纷纷下注汽车制造业，到20世纪初，已形成不少实力雄厚的汽车制造企业。为避免与巨头的硬碰硬，摩根孤注一掷，选择制造个性的三轮汽车。1910年的奥林匹亚车展上第一次出现了摩根汽车的名字，准确地说是一辆造型前卫的摩根三轮车。

古典是相对的，在当时那个年代，摩根非但不落伍，反倒是充满了潮流和时尚的韵味。尤其是那辆Three-Wheelers汽车，成为车展的一大焦点，订单也随之而来，这种先订单后造车的模式也一直保留到了现在。

摩根的标志最开始为“MORGAN”字样，位于散热格栅上的圆柱体是其独特的标志。在以后的几十年时间内，“MORGAN”字样逐渐被展翼标志所取代，成为沿用至今的摩根汽车标志。这种略微的变化如同摩根的发展史一样，固守的是精神和品质，变化的却是精益求精。摩根出产的三轮汽车大多数采用另一家公司生产的双缸发动机，这使得 H.F.S 摩根有充足的精力放在汽车设计上。虽然发动机的动力性能一般，但拖动轻便的三轮汽车十分轻松，尤其是灵巧的车身设计，使得这款汽车拥有很好的驾驶感受。然而这毕竟只是一个极小众的市场，商人的天性让 H.F.S 摩根开始着手于四轮汽车的制造，直到 20 世纪 30 年代，H.F.S 摩根才真正推出了四轮汽车，最为著名的当属 1936 年的摩根 4/4，车名中的两个“4”分别表示该车拥有 4 个车轮，采用了 4 缸发动机。

如此强调“4”这个数字，对于以三轮汽车成名的摩根而言有着特殊的意义，这款车型一直生产到 20 世纪 90 年代，虽根据法规要求，对安全、排放等作出改进，但外观上 4/4 并没有太大的变化。随后的摩根汽车不断引

起人们的欢呼，比如那精彩绝伦的 Plus 8，比如那揽得“古典跑车之王”声誉的 Aero Supersport，摩根用一百年的时间去做大致相同的事情，只为了最初的梦想——做精致的古典汽车。

在这种古典情怀之中，我们还能直观地感受到英伦汽车惯有的“精益求精”。150 位资深的汽车制造专家以每年 500 辆的速度打造摩根汽车，更为惊奇的是，他们所使用的工具和机器大都是有着几十年历史的老物件，技工们也是在用手将发动机、变速箱、前后桥等组合成一辆汽车。诚如当今的摩根老板所说的那样：“我们不打算从事大批量的制造，与其像现今许多汽车制造厂那样像压模子一般千篇一律地大批量生产，我们宁肯用双

手一个一个地来拧紧螺丝。”这种“通过古老的工具，以古老的工艺打造古典的跑车”的方式让劳斯莱斯也感到汗颜，微量的产量更使得生性高贵的摩根汽车显得尤为珍稀。这位老板解释说：“产量有限的主要原因是我们的生产方式与众不同。我不能跑到大街上随便拉个什么人让他进摩根厂做工，这里的工人都是事先培训过的。”于是呈现在我们面前的场景是，在车身制造车间里，细木工用手仔细雕刻着由比利时进口的名贵木料，坐垫部分则是由老掉牙的猴牌缝纫机缝出来的。摩根就是这样一位不急不慌的贵族，不愿意仓促行事。一辆汽车从订货到交货，不会超过一年半，但是绝

对不短于六个月，和某个在宫殿里有耐心研习艺术因而为人景仰的贵族一样，摩根的订单常会排到六年之后。

在这过去的一百年里，摩根没有被收购，没有更换过主人，从头至尾归属于唯一一个家族，这也顺理成章地培养出了一种近乎极端的忠诚，技术娴熟的手工艺人依旧坚持着使用木料的传统，设计师们则坚守着轻量化的设计原则。于是它们的外形和操纵性并未随着发动机的更新而改变多少，反倒是将摩根最初的梦想一点一点地实现，带给人们莫名的忠实荣誉感。

极品之选 JIPINZHIXUAN

摩根 Aero 8

20 世纪初的世界是在一种疯癫的机械崇拜中开始的，钢铁产业的快速发展给机械制造带来了莫大的契机。在最初的十年里，世界的焦点一直停留在欧亚大陆的西岸。巴黎正在紧锣密鼓地进行着万国博览会，莱特兄弟已经决定公布隐藏了一年的飞机制造秘密……这种欣欣向荣的场景也给予了汽车制造业极大的动力，尽管那个时代的汽车还只是属于富贵之人的“玩物”。

不到 20 岁的 H.F.S 摩根就是一位汽车爱好者，但是他成为富贵之人却是十几年之后。一次偶然机会，他得以驾驶一辆梅赛德斯 – 奔驰汽车，却不料汽车在经过一个小坡时发生了轻微的损伤，这使得摩根不得不为之付出 28 英镑的赔偿款。这算不上什么莫大的损失，却给予了 H.F.S 摩根变革汽车的决心，他决心打造属于自己的汽车品牌，不仅要性能优异，并且还有更佳的操纵性，这也是摩根汽车梦想的原点。此后的摩根汽车逐渐从三轮到四轮，从古典到古董渐变着，不变的永远只有追求完美的“摩根精神”，可是这种极小众的市场追求也使得摩根公司遇到了前所未有的经济危机，为了改变这一困境，新时代的 Aero 8无疑是一款重新定义的摩根跑车。

长车头、短车尾一向是摩根车系的特征，而在 Aero 8 上，这个特色则以更优雅的弧线诠释，行驶中的 Aero 8 远看更像一只飞奔的靴子。在外观上最抢眼的部分就位于车头，大型椭圆镀铬水箱护罩非常古典，而位于夸张的前轮拱左右的投射式大灯在视觉上更有几分震慑效果。前轮拱线条采用古典的设计手法一路延续到后轮拱处。只是虽然营造出极高的吸引力与空气动力学效果，但是另一方面却造成了乘员上下车时的困难。

车尾设计同样独具特色，具有扰流功用的后厢盖与尾灯组合极富古典美感，油箱加油口则设计在后厢盖前端中央处。由于 Aero 8 采用敞篷设计，所以在座椅后方的空间几乎无法利用，实际上也只能够容纳收起后的软篷。不过车尾的行李箱空间倒是相当完整，虽然称不上宽裕，但要应付日常使用也已算足够。尾厢盖部分则有类似鸭尾的整合式扰流设计，让车身的整体空气动力学设计相当不错，仅仅 0.39 的风阻值更是不辱 Aero（流线型）之名。另外，在外观细节方面也能够看出摩根所坚持的古典路线，比方说前挡风玻

璃、前雨刷、小型且椭圆的无窗框车窗，以及极为夸张的车体前后长度比例等，Aero 8 绝对可以称得上是当今复古车型中最实用的一款！

这种对实用性的追求是建立在固守传统的基础之上的。摩根的首席设计师马修·汉弗莱斯这样说：“以前的摩根，个人化色彩浓厚，不过从新款 Aero 8 起，我们则开始注意实用功能的提升，但是它看起来始终还是摩根汽车。”新车的后座，比旧款车多了一个木制的置物平台，而分开的后挡设计，并非单纯地只出于美感考虑。事实上，这两片玻璃是可以各自开启的，主要用意当然是方便乘员收取行李。此外，尽管整个车体是由极薄的合金构成，但结实的底盘钢梁，却足以抵挡遭遇到的任何外力冲击，包括双前座气囊、ABS 等，这些在 Aero 8 上也都被列为标准配备。

Aero 8 配备了西门子最新一代的电子控制安全气囊，在 ABS 与车轮上的速度传感器的协同工作之下，Aero 8 的用户完全不必因为它复古的外形而担心任何安全方面的问题。动力方面采用了宝马 4.4 升 V8 引擎，能产生 333 马力，并且完全达到了目前最高排放标准。而轻量化的引擎带来的作用是整车在各方面的优异表现。不仅仅是百公里加速 4.5 秒的成绩，更是百公里加速只需 35.8 米的距离，要知道这只是 9 个车长而已。

就像早年的法拉利赛车一样，为了强劲的速度可以放弃驾驶室内沉重而臃肿的设计，这是出于对一种更固执更伟大的目标的考虑。Aero 8 也因此表现出一个古典跑车惯有的特点，那就

是它的悬挂系统硬得像石头，乘车者的屁股及后背被颠得疼痛难耐，这种不良的驾乘感并不是不可改变的，只是摩根人认为这就是摩根汽车的特点，正如它优良的抓地性一样。公司老板查尔斯·摩根对此也自有说辞："假如你驾驶一辆摩根跑车去参加比赛，根本不用做任何改动。而通常那些成批生产的跑车参赛之前就必须调整悬挂系统，否则驶完一个弯道就得回厂维修。"这种解释源自摩根独特的车身设计，车的骨架具有高强度的曲率，能承受冲击，并为引擎提供宽裕的发挥余地，从而在动力与美丽之间达到了平衡。在内部，仪表板上有全实木的装饰，给人一种安稳中又不乏激情的感觉，让人不舍离去。可能有人会注意到，Aero 8 的排气管被安置在了车门的下部，一方面使驾驶者能更近距离地欣赏 V8 引擎美丽的浪声，另外一方面，排出的气体能被很好地利用起来，在尾气通过后翼之后，就能提供额外的下压力，这样的做法在 F1 行内很常见。

对于这样一个"古板"的贵族，无论哪个型号的摩根跑车都极少参加汽车比赛，它们主要是用于外出兜风购物，因此这种"古板"反倒成为一种风尚，一种贵族的标志。人们绝对不会抱怨它坚硬的座椅，就像虔诚的信徒不会在意庙宇的破败一样，因为他们感受了忠诚于信仰所带来的愉悦感。这种愉悦感还体现在跟宝马一样稳定的驾驶体验中，虽然座舱空间着实狭窄，但是为了容纳变速箱而隆起，并完全区隔出驾驶座与乘客座的车室布局与排挡座设计，却也充分显现出明确的竞技取向与战斗气息，同时沿用自宝马车系的排挡杆带来了最真实纯粹的宝马换挡感觉。

摩根 Aero SuperSports

英国人向来在形象表现上有着惊人的偏执，那让世人竞相效仿的绅士形象以及以高雅情趣为特征的贵族形象造就了一系列顶级的英伦品牌，然而他们似乎太过于偏执以至于与以“变通和迎合”为特点的经营无缘。日益窘迫的财政问题带来的直接后果是，众多的知名公司被国外企业或收购，或瓜分。然而摩根自 20 世纪初诞生以来，屹立了整整一个世纪，并且始终由一个家族掌管。为庆祝公司成立 100 周年，摩根推出了 Aero SuperSports，一款融入现代元素的限量版复古款跑车。

摩根和复古之间很接近，却绝对是不同的涵义，摩根存在的 100 年就是坚持做古典车的 100 年，所以它的本意不在复古，而是强调传承。Aero SuperSports 的车身比例依旧采用摩根传统的“长车头、短车尾”的车身比例，搭配带有镀铬装饰圈的圆形大灯、马蹄状的进气格栅，大老远你就可

以辨认出来，这又是一辆摩根的杰作。座椅安装的位置接近后轴上方，也因此有着相当特殊的驾驶感受；异常外扩的前后轮拱则展现出这部车的古典气氛。摩根并非刻意复古，我们应该说这是它的历史传承。

夸张的曲线、大得不成比例的轮圈，形成古典与现代相互冲击的特殊感受。在增加了多种豪华装备之后，Aero SuperSports 仍能维持相当轻盈的车重，主要原因在于车身的铝合金材料，运用英国超大型铝合金公司的特殊成形技术，让 Aero SuperSports 能够拥有古典造型与轻量车身；这项技术并非首次运用，在 2008 至 2009 年间摩根推出的双门跑车 Aero Max，车身钣件就是运用该技术制造的。Aero SuperSports 采用可拆卸式硬顶设计，两片硬顶与车身同样采用铝合金制造。而为了减少高速行驶时乱流窜进车内造成的不适，摩根在空气动力学方面也特别讲究，调整前风挡角度与造型可减少乱流；此外，行李箱内部也特别预留收藏硬顶所需要的空间。

诞生于 1909 年的摩根汽车是一家经典的英国汽车制造商，这个依靠三轮汽车和复古元素而闻名于世的品牌，在其 100 多年的历史中，依旧保持着这一特色。这款名为“SuperSports Junior”的小型迷你三轮车是摩根为庆祝品牌诞生 100 周年而于 2009 年专门推出的。尤其值得注意的是，这个全球限量仅 500 辆的三轮车，并非是通过汽油或者新能源驱动，而是依靠人力脚踏来使之运动。因此又被收藏界人士定义为“限量版、纪念版、典藏级”的迷你人力三轮汽车。

Aero SuperSports 不仅外形看起来复古，内饰部分更是古典风味十足，车内饰板以实木手工研磨抛光而成，中控台与座椅则是使用真皮以手工缝制而成。除此之外，Aero SuperSports 的内饰也增设了许多当今流行的电子设备，与车内的梣木饰板形成极为强烈的对比，让这部车的实用性与舒适性提升不少，另外在人体工程学方面也有不少进步。Aero SuperSports 的车架同样是以铝合金制造，除了轻量之外，在刚性方面也有了极大的提高。

自信的人总是能做出让人吃惊的壮举，古典外观之下的 Aero SuperSports 竟然能通过欧洲各国与美国的碰撞测试，这是一项连保时捷都会考虑再三的挑战，摩根竟然毫不犹豫地接受了。值得一提的是，该车架正是参加了 2009 年 FIA GT3 赛事的摩根 Aero 8 GT3 赛车所使用的那一款。

Areo 8 所展示的排挡板吐露了摩根与宝马密切的合作关系，Aero SuperSports 的动力来源也是由宝马提供的。这款 4.8 升 V8 发动机，最大马力输出为 367 匹，这台发动机目前运用在宝马 X5 车系上，推动 X5 重量级的车身显然是绰绰有余，用来推动超轻量的 Aero SuperSports，当然能够换来惊人的动力表现，虽然摩根并未公布这部车的性能数据，但从过去 Aero 8 等车款的惊人数据来看，静止至百公里加速必然具备 4 秒级别的能力。Aero SuperSports 可选用标准的 6 速手自一体式变速箱或 6 速自动变速箱，当然这两台变速箱应该也是来自宝马的产品，除此之外，车上有许多零件都可以看到宝马与其旗下品牌 Mini 的影子。然而不论它的细节如何更替，它的内饰如何先进，它整体所洋溢着的依旧是无与伦比的古典风情，这是摩根汽车 100 年沉淀的结晶。

摩根 Eva GT

人们总愿意用古典情愫去缅怀逝去的辉煌，尤其是曾经辉煌过的人。所以英国人最有资格去发挥古典的美，而且他们确实也常常这么做，并且总是做得很好，摩根汽车就是代表。而每当提起摩根的时候，人们总认为这是复古，而摩根汽车每次又耐着性子解释道：“不，这不是单纯地复古，而是用此刻连接起过去。”然而当人们在惊呼一款摩根未来跑车出现的时候，它居然蕴藏了古典的元素，这就是摩根最新的跑车车款——Eva GT。

尽管它粗犷而前卫的外表很容易让人认为这是一款纯粹的运动跑车，但是根据摩根公司的爆料，这款车还是一辆小型的家庭车。于是就有了 2+2 座的空间设计，摩根表示 Eva GT 不仅仅只是一辆豪华的 GT 跑车，其更能胜任家庭房车的角色，提供给车主每日便利的通勤使用。从车体外观看来，Eva GT 之顶篷线条锐利且大胆，车身尾部短捷利落，从后座乘用空间来说，较适合孩童乘坐。不过精彩的车尾设计，打造出犹如山脊般的棱线钣件与波浪线条，最后覆盖在四具圈状尾灯之上，如此性格的打造，牺牲了空间又何妨？由鸟瞰图观察 Eva GT 的车顶设计，可以明显看见浮出的龙骨设计，配合着车侧起伏的钣件，如同道道波浪划过车顶。Eva GT 拥有摩根品牌惯用的直瀑式水箱护栏与斜背式长车头相配合，让 Eva GT 修长的车体更为锐

利与跃动。这款限量仅 100 辆的抢眼跑车在 2012 年正式交付到车主手中，这样一来，若不是它的主人，谁都别想一窥它的内饰。铝合金轻量化打造的车体结构，配合空气力学计算，让 Eva GT 拥有罕见的流线造型。修长的车头与引擎上盖，加上刻意后置的车厢位置，形塑出摩根独有的古典美学与英式风格。

从这些新设计中我们不难看出，摩根并不想沉溺于历史之中，不想被框进逝去的经典里，而是期待用新的元素去延续经典，这或许就是 Eva GT 出世的意义。与这种创新意义并行的，是摩根汽车惯有的强劲性能与低能耗的优点，这是通过出色的发动机性能和独特的设计实现的。在动力的使用上，Eva GT 同样装载着一台宝马 3.0 升直列 6 缸涡轮引擎，搭载精准燃油缸内直喷技术，可提供最大 306 匹马力。消费者可选用 6 速自排与手排变速箱，所透露的车辆性能，从静止到百公里的加速可于 4.5 秒完成，极速可达 273 公里 / 小时，而且耗能率非常低，只有 40 英里 / 英制加仑，相当于每升汽油可供其行走 20 公里，它的二氧化碳排放量也仅为每公里 200 克，完全符合欧盟Ⅴ期与Ⅵ期的排污标准。在技术方面来说，Eva GT 不同于其他摩根车型，ESP、ABS、氙气前大灯和卫星导航系统，以及最新的多级安全气囊。

轻量化在最新的 Eva GT 上同样得到了传承，并且是有过之而无不及。它与早在 2005 年就亮相的 Aeromax 车系采用的是相同底盘建构，此底盘更成功挑战过勒芒 24 小时耐久赛与 FIA GT 赛事，成为 Eva GT 坚韧性能的保证。Eva GT 的设计灵感来自于那些经典跑车像布里斯托 400 系列，以及 1950 款宝马 328 等，在铝制底盘上制造起来的这款车重 1250 千克。就这样，一款在造型元素中夹杂着未来和古典，在动力性能上表现突出，在车身重量上追求轻量化设计的全新摩根诞生了，在轻者为王的时代里，它无疑又再次托起这个古典跑车之王奔向最高荣誉的殿堂。

20 世纪意大利跑车王国的烽烟从未息止，米兰城的铁血男儿还和一千多年前的勇士一样英勇。因此，不论是从黑森林附近走来的保时捷，还是从大西洋彼岸来的狂徒道奇，阿尔法·罗密欧在它们面前总是所向披靡无所畏惧，哪怕这位孤单英雄被同一个国度下的摩德纳人围攻时，也从未露出过惧色。

ALFA ROMEO

真正的汽车鉴赏家

阿尔法·罗密欧

历史篇
LISHIPIAN

如果说梅赛德斯－奔驰是汽车王国精神上的哈瓦那，那么阿尔法·罗密欧就是最勇猛的开疆辟土者，它将汽车从一个单纯的机械升格为一个纯粹的艺术品；如果说法拉利是汽车王国最显赫的贵族，那么阿尔法·罗密欧就是最虔诚的信徒，它将人类对于速度和激情的信仰传递到更遥远的地带。此刻孤胆英雄的战斗还在继续，阿尔法·罗密欧在路上……

1910年的米兰城并不富饶，沉淀千百年的文化与艺术在贫穷的挟持下显得窘迫不堪。在米兰城贫民窟里长大的乌戈·恩卡图创建了一家名为阿尔法的汽车公司，它的全名叫“伦巴第汽车制造公司（Anonima Lombarda Fabbrica Automobili）”，Alfa便是这个公司名字首字母的缩写。它的车标是一个显眼的蛇形物像，这是米兰城的徽章中的图腾，据说它是沿用了几百年前的米兰城领主维斯康泰公爵的家徽，标志左边的十字部分源于十字军从米兰向外远征的故事，右边刻绘的一条正在吞食撒拉逊的蛇，

它象征着领主维斯康泰的祖先击退使城市人民遭受苦难的“巨蛇”。这种镶进车标中的勇气和强烈的战争性伴随了阿尔法的所有车型，成为其所向披靡的战绩中最宏伟的旗帜。当然了，这个标志在演进的过程中出现过一些细微的改变，比如蛇形标志变得更为抽象，金属的标志也由 60 毫米变成 75 毫米，最后又变回 60 毫米等。

这个伟大品牌的历程是从一辆型号为 24HP 的汽车开始的，这款在 20 世纪第二个十年里生产的汽车能够达到时速 115 公里 / 小时，成绩足以让最早出产汽车的德国人汗颜，它不仅带给了公司可观的收入，更在米兰城乃至整个汽车王国里掀起了一阵意大利跑车的狂风。然而这段辉煌还没来得及炫耀就卷入了第一次世界大战，阿尔法不得不接受被收购的命运，收购它的正是罗密欧集团，于是品牌的名称正式更改为阿尔法·罗密欧。收购之后不久，新公司就在 1924 年的第一届世界赛车锦标赛上勇夺桂冠。可在这之后紧接而来的却是阿尔法·罗密欧一次又一次地被抛售，但是它的赛车气质和造车团队并没有太大的变化，甚至还一步步地踏上了现代化的道路。从离开罗密欧大财团的那天起，它就步上了独闯天涯的征程，最耀眼的一次辉煌便是与老牌的德国品牌跑车保时捷的正面交锋了。

1932年，不可一世的德国车队在费迪南德·保时捷的带领下组建了一支在当时堪称豪华的赛车阵容参加当年的汽车国际大奖赛。那时的阿尔法·罗密欧在这众多赛车前辈面前既显得幼稚，又显得卑微，可是胜利却眷顾着意大利人，这一过程好像当年的罗马帝国从古希腊文化中汲取养分，再打败它一样。或许正是从那时起，意大利王国里兴起了超乎寻常的赛车激情。有趣的是这场比赛中的举旗者正是跑车王国最伟大的人物恩佐·法拉利，当时这辆名为P3的赛车即是他的作品。与其说是恩佐·法拉利成全了阿尔法·罗密欧的辉煌，不如说是后者激发了法拉利的竞争精神。在意大利的领土上，阿尔法·罗密欧率先实现了赛车与跑车的艺术化结合。

和它出生的国度一样，阿尔法·罗密欧遭到“二战”的严重破坏，原料供应商越来越难找到，工厂车间也分别在1940年、1943年和1944年三次遭受袭击，最后一次的袭击导致工厂停产。1945年，公司的困境得到缓解，因为它终于可以运作生产。但是产品五花八门，包括海军军舰的引擎，飞机引擎，甚至各类电饭锅。所幸的是，汽车也恢复了以前的生产状态，当中数6C 2500和不锈钢的158型号最为出名。158在1950年时变成了159型号，外观没有什么变化，但是引擎的改进是相当大的。

战争结束令阿尔法·罗密欧可以更好地专注于汽车的生产。一大堆2500的特别版本令阿尔法·罗密欧一时间声名大噪，宾尼法利纳设计的车身也为阿尔法·罗密欧挣来不少分数。其中最值得炫耀的无疑要数在F1赛道上的表现了，改进的159型赛车以无可争议的优势连续取得了前两届F1赛总冠军，随后它便宣布退出 F1 赛，不知道是因为自身的绝对优势让阿尔法·罗密欧对比赛失去了竞争的乐趣，还是它本就无意与人竞争。但无论如何人们只知道法拉利的辉煌仅仅是从第三届开始的。在跑车和赛车领域上的出色表现，令阿尔法·罗密欧已经成为当今汽车界传奇的代名词之一。

退出 F1 赛的阿尔法·罗密欧选择了金钱和名誉共赢，整个 20 世纪 50 年代中期，它更加重视对自身形象的建立和维护，以及对利益的追逐——专注生产量产车。当时公司发展有两个目标，第一是建立有效的装配生产线，第二是用高性能的产品在运动和竞赛的胜利时期中做好自己的品牌宣传，从而达到更好的盈利。其中著名的型号为 1900 的汽车，专门提供给意大利警察的总部使用，从而让它的名字为意大利人所熟知。随后 Giulietta 跑车的推出，又让它在汽车界的名声达到一个历史的高峰。

意大利的汽车渐渐地把它们独特的风格和形象带向了全世界，并且意大利人对汽车独具品位的设计也令世界为之倾倒。阿尔法·罗密欧可算是其中不可或缺的一分子。从 20 世纪 60 年代开始，阿尔法·罗密欧专注于跑车的生产，这个既能够带来丰厚利润，又能够不断提升品牌形象的车型成为阿尔法·罗密欧长盛不衰的追逐点。

如今，这位孤胆英雄还在守卫自己所擅长的领域，运动的血液已经流淌在每一辆阿尔法·罗密欧身上，成为阿尔法·罗密

欧最不可分割的一部分，像人类的 DNA 一样。新的 147、GTA 和 Spider 等，早已成了车迷心目中的经典之作，被菲亚特公司收购之后的阿尔法·罗密欧俨然与玛莎拉蒂成为同门兄弟。如今的我们常常被它的后继者所“迷惑”，关于它的美好我们无从亲历，在我们缅怀这位昔日的跑车贵族时，它不断推新的艺术品依旧让人热血沸腾。

阿尔法·罗密欧 Pandion（鱼鹰）百年纪念版

阿尔法·罗密欧在跑车制造中的每一次创新都会引发一种新造车理念的诞生，这些理念可以从意大利跑车的后辈们身上找到些许的影子，比如玛莎拉蒂的优雅、法拉利的激情以及兰博基尼的靓丽。这不是汽车历史演进的必然，也不仅仅是个人嗜好选择的问题，而是在伟大的榜样面前，继承和模仿成为百家争荣的景象。历史这座宏伟的经验之塔，是时间在无垠的时空里构筑起来的，为了纪念阿尔法·罗密欧这伟大的 100 年，公司专门推出了百年华诞的寿礼，这就是 Pandion 跑车。

极端而带有争议，这是 Pandion 带给人的第一感受，就好像凶猛的鱼鹰一样，优雅与敏捷并存。其实Pandion的称谓就是源自鱼鹰的学名——Pandion Haliaetus。负责该跑车的设计师迈克·罗宾逊从这位大自然猎食者的翅膀上获得了灵感，由此设计出了Pandion令人惊叹的车门开启模式，并将鱼鹰的脸部造型与阿尔法·罗密欧的传统家族基因相融合，开创了一部全新的车款。这种视觉上的冲击是从目光触及的那一瞬开始的，就像是看到了一只在船尾盯着水面的鱼鹰，那坚定的眼神里流露着一股杀气；又像是古罗马血统高贵的勇士，严阵以待的面容里表露着当初许下誓言时的义无反顾，其实你只是看到了它的引擎盖——长而倾斜、犹如雕刻般的艺术品。

阿尔法·罗密欧家族的基因在 Pandion上一眼即可认出，典型的阿尔法·罗密欧式车前灯深埋于 T 型格栅的边缘处，突出了这款轿跑车的宽度。前脸上方的一对位置灯与下方的一对雾灯组成了四道白色光条，不禁令人联

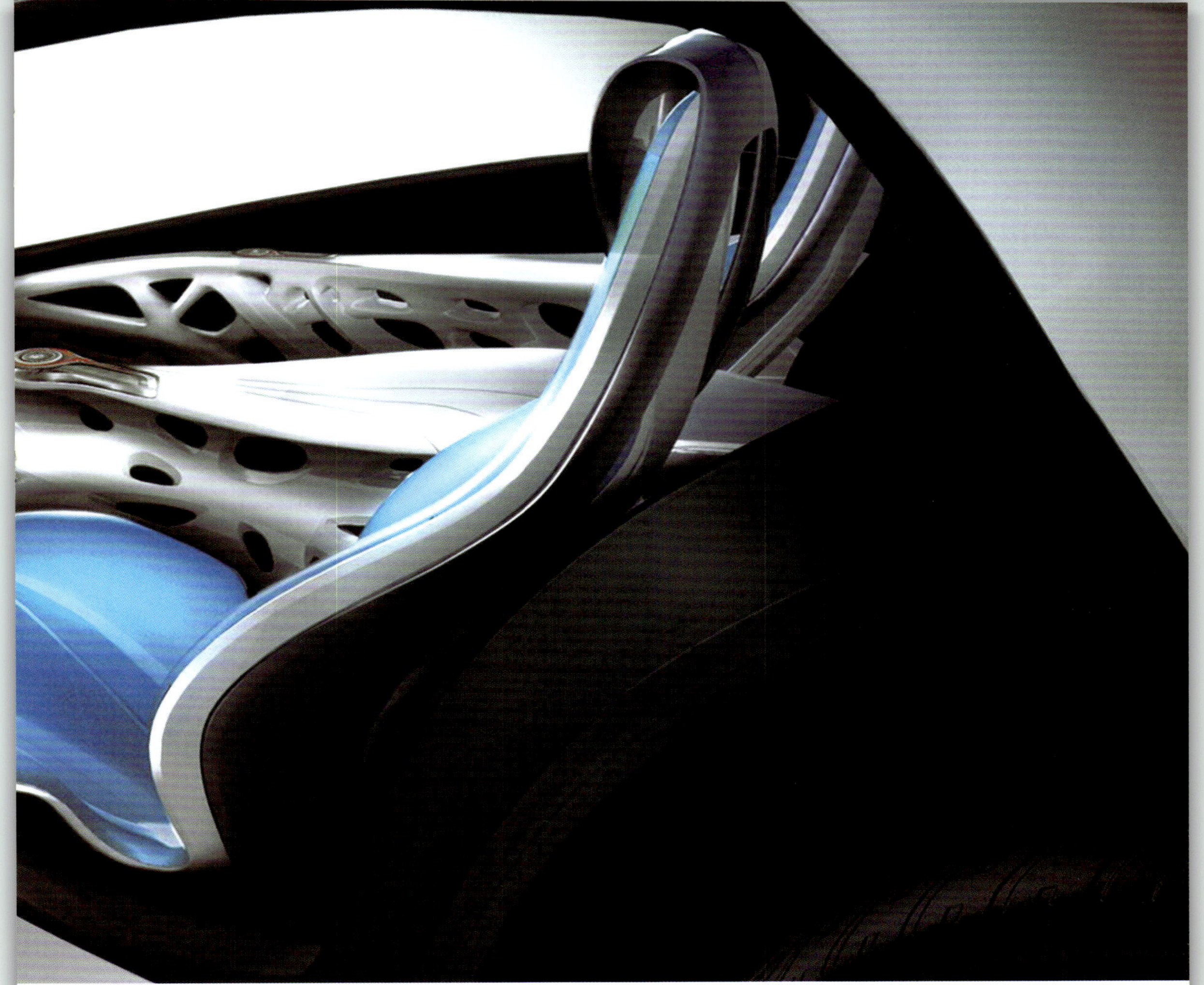

想到夜空中点着灯光的双翼飞机，突兀的五道传统横条的散热格栅明示了Pandion的历史纪念的意义。

车身外观的最大亮点在车门上，这个从杀手鱼鹰上得到启发的开门方式无疑是现代跑车的又一次重大革新。车门在视觉上铰于后轮轴之上，开启时车门向后旋转，掀起从前翼子板到后翼子板的整个车侧身，最后与地面成 90 度直角停止于后轮中心之上。完全开启时，车门离地高度超过 3.6 米高。这一壮观的车门设计是为了将“美感”、“扣人心弦”、“震撼人心”等元素带回到现在平淡无奇的汽车业。当然，这一充满未来气息的车门开启方式同样有其实用主义的一面。毫不夸张地说，进出所有的“极端”跑车都非常困难。但是Pandion在有限的高度下充分利用了水平空间，解决了超级跑车进出难的问题。当发生车祸，车身翻转时，车门可以从车身脱离，让乘客得以离开。在前后轮弧间延展的长而流线型的车窗连接了美感的前

端与锋利的后端，使得进出这款低身轿跑车更为方便。一直以来，跑车都不易进出，这是低车身跑车的普遍问题。Pandion大幅度的车门开启方式弥补了低车身造成的进出问题，从人体工程学角度缓解了这一顽疾。这一新颖的造型不但在视觉上鲜明地将车身划分为上下两部分，同时也为车内乘客提供了不可思议的全景式车窗。

车身前脸的脱俗气息和车门的前卫并没有让设计师迈克·罗宾逊忽略车尾的美感，在后保险杠下方，四套排气管被两片白色挡板所固定，与车身侧面的白色面板一同营造出了视觉上的延续性，让人感觉一片白色从下方包裹着车身。车尾的“景色”完全被那个水晶状锋刃造型所垄断，那长短不一、纵横交错的凌乱感，却无时无刻不在说明它一往无前的勇士精神，以及疾驰中的迅猛和快捷。因而Pandion又给人一种超自然的奇妙感觉，因为它分明是从自然界中演化而来的，却又可以如此精妙地表达人类关于跑车的种种理念。这正是迈克·罗宾逊所期待的，他说道：“汽车就像是电影：它们必须通过诉说一个好故事来赢得人心。最棒的设计师一定是出色叙述者。他们的作品，无论是概念车还是量产车，都反映了他们自身从世界各地、各个领域收集奇思妙想的能力。设计师将这些奇思妙想捏合出新的动人故事。这也正是我们在Pandion身上所尝试做的事情”。

这种奇思妙想在内部车饰设计中同样得到了表达。罗宾逊解释道："Pandion 充满生机的外形是我们设计研发的成果，在设计中，我们并没有走各种捷径，而是希望开发出一个有机整体以达到车内外的整体一致性。在结构严谨性与自然生物的美感间找寻完美的平衡。"在打开车门的那一刻，我们就能感受到意大利工艺的精妙和简约之美。这分明是一个流动着的动态空间，一切的设计与存在都仿佛是自然生长的一样，没有丝毫的突兀和雕刻的痕迹。第一个吸引我们眼球的就是座椅的设计，Pandion的布局是典型的阿尔法·罗密欧式双门 2+2 结构。碳纤维外壳覆盖的前座是一对超薄（30 毫米）的带有人机学底盘的躺椅，可以根据乘客的身体实际情况调整到最舒适的状态，而后座同样是传统的阿尔法·罗密欧设计，留有足够的宽敞空间。鱼鹰需要足够的"肚量"来盛放"食物"，这一点表现在跑车上便是宽敞空间带给驾乘者的舒适环境。设计师的灵感来源是"零重力"，在看到Pandion的第一眼时就能联想到更高的生活品质，这一切全部基于零重力的基础之上。事实上，乘坐舱内饰在视觉上给人以飘浮的感觉，好似悬浮于那片魔幻的蓝光中。内饰的选择简约却不失人机工程学考虑，整洁的底板由与座椅相同的蓝绿色照明，为这款动人心弦的座椅带来了壮观的视觉延续性。同时，该车采用真正跑车式方向盘。控制按钮类似于其他阿尔法·罗密欧跑车，并在转向柱上附着两个模拟信号计量装置。

就这样，Pandion循着阿尔法·罗密欧的足迹，回顾了这个勇士步步动心的 100 年。

阿尔法·罗密欧 8C 竞技版（Competizione）

汉朝音乐家李延年曾用“一顾倾人城，再顾倾人国”来赞美绝世美女，这多少有些夸张，因为就算真的有这样倾国倾城的女子，在当时的国度中也是难以一睹这样好的真容的，因人们总是对美好予以期盼，这位美人的美就被传说得玄之又玄了。但是如果用这句诗来形容 8C Competizione 跑车就显得名副其实，静止时它是冷艳的美，一旦上路了就是火辣的美，它被誉为阿尔法·罗密欧史上最优美的跑车，从造型一直到气质。

阿尔法·罗密欧的功成名就在很大程度上可以说是恩佐·法拉利的功劳，虽然今天法拉利的威名已经远在阿尔法·罗密欧之上，但是从来没有一个法拉利员工敢说“法拉利抛弃了阿尔法·罗密欧的一切基因”，就好像阿尔法·罗密欧不会摒弃法拉利当年留在这里的记忆一样。这种相互的影响和眷顾

既存在于它们后期的竞争中，也表现在了如今的车款里。在这款 8C Competizione 的车头上能够找到明显的法拉利的影子，甚至比后者还要圆润和优雅。这一款具有传统精神的纯种跑车，在外形上就表现出极为强烈的超跑气质。招牌的盾型中网处于车头的正中间，两侧线条高高隆起，并一直延续到 A 柱两侧。雾灯的设计继续使用了经典的梅花式样，并且采用的是白色 LED，穿透力更强。侧身线条相比过去的车型要流畅了很多倍，而非以往的平直造型。两旁的银色网状进气格栅单外表就让人感触到了激情，而下方的“Alfa Romeo Centro Stile”更标明了这款艺术品的非凡身份。此外，值得一提的是这款车的喷漆四叶草标志，这个不起眼的物象同样是高性能的标签之一。和宝马 M 以及梅赛德斯 – 奔驰 AMG 一样，四叶草对阿尔法·罗密欧来说就是极致性能的象征，它代表着品牌对于车辆舒适性和动力性的最高追求。车尾的设计同样是源自法拉利经典的 Daytona 车型，而今阿尔法·罗密欧又将其复活，流畅的翼子板走线是一处无意的妥协，抹杀了法拉利那种高人一等的傲气，使得 8C Competizione 表现得更为平易近人。

当阿尔法·罗密欧成为菲亚特公司的一员时，它的命运中就注定了与另一位优雅的美人——玛莎拉蒂跑车结缘，同在一个“屋檐”下，它们在个性彰显的同时也需要接受共用某些零件系统的安排。认识 8C Competizione的人可能认为它不过是玛莎拉蒂的机械系统单纯地移植到了一个美丽的躯体之中，但事实并非如此，8C Competizione是有灵魂的，它的灵魂可以让说者口若悬河，使笔者行云流水，但它的终极任务是要让驾乘者感受到真正的驾乘乐趣。当我们用觅宝的心情开启它的这扇车门时，跃然入眼的便是奢华与精美的组合，迎接驾驶者的是由皮料和碳纤维制成的漂亮座椅，门板、中控台、操控平台、变速挡杆以及方向盘的一部分也由碳纤维制成，另外，空调旋钮和法拉利 612 的如出一辙。

事实上，即使外形做了太大的改变，还是可以很轻松地在车内找到许多阿尔法·罗密欧的特有元素，例如依旧精致的做工、偏重运动风格的设计以及三圆中央出风口设计。方向盘的造型尤其简单，但手感绝对不赖。由于中间采用了一体式金属支撑面，因此喇叭被很巧妙地移动到了大拇指所握的地方。方向盘顶部采用的是碳纤维材质，而后侧的换挡拨片同样采用了这种高强度材质。此外，它同时使用了来自玛莎拉蒂的改进型 V8 发动机，在碳纤维花纹的映衬下，炮筒式仪表盘表头直至 330 公里 / 小时，而官方宣布的最高时速为 290 公里 / 小时，因此有人认为制造商的保守行径，无疑是对 8C Competizione的亵渎。

与表盘的鲜艳和车载物件的奢华形成鲜明对比的竟然是座椅，扑面而来的不再是之前美丽外观下的妩媚姿态，冰冷的铝金属材质和到处使用的碳纤维让人仿佛置身于赛车的世界，唯一可以让人欣慰的就是这套颜色算得上红火的宝缇嘉编织皮座椅及精致的“8C Competizione”浮雕字样带来的自豪，刹车踏板上的阿尔法·罗密欧标志则让每一位车主都会打心眼里对这个传奇般的品牌肃然起敬。碳纤维的运动座椅包裹性根本不用再提，而上一次见到这种材质的车型还是在布加迪威航那里。售价上不可同日而语，但是在设计的美感和带给驾乘者的体验上却足以与之一较高低。当这位“美人”在人们眼前驶过时，相信人们无不歌曰：“北方有佳人，绝世而独立。”

ALFA ROMEO
Alfa Romeo

阿尔法·罗密欧 159

法国式的浪漫太过于和谐，巴黎铁塔和凯旋门铭刻的历史太过于沉重，以至于浪漫的气息在它们面前变得缥缈和卑微；而美国式的个性又偏向于冒险，大西洋和大峡谷的里面藏着艰险演绎的浪漫情调，以至于个性的代价是血泪；唯有深谙艺术的意大利人才做到了将浪漫和个性如此和谐地表达，这就是159型跑车。与美得经典的8C Competizione不同，阿尔法·罗密欧159表现更多的是浪漫与个性的兼顾。

钢铁是冰冷无情的，因为有了线条而变得生动，也因此获得灵魂、生气和性格，表现得有血有肉，这是阿尔法·罗密欧的个性。端详159时就会发现，它的外观长相与现在新推出的产品比较起来，还有着很明显的差异。时下流行的设计期望凸显车辆的机械味道，让金属与塑料等材料所构成的无机物质组合体，在设计师的巧手下清楚呈现与自然不同的人工风貌。然

而 159 以滑顺的曲线与弧度，取代了锐利、刚强的线条，虽然车身少了一些新世纪的科技感，取而代之的复古艺术美却充满迷人之处。车头部分辨识度极高的盾型水箱护罩，搭配上方厂徽，是正面造型最惹人注意的地方。细长头灯组设计同样具备特色，左右各一排灯组里面塞了三盏灯，活灵活现地盯着前方道路，好像随时准备出征那般充满动感。

除了少部分镀铬零件之外，159 身上并没有许多闪耀着光芒的装饰品，保持一点距离端详，简单干净的车身倒也显得耐看。不过流线顺畅的车身线条，从车头延伸到车尾，再加上多幅式铝圈，让 159 散发出一股浓厚跑车风格。它似乎在不停地怂恿观摩的人赶快踏入驾驶室，带着爱人到滨海道上飞驰一番，当阳光穿越过海面散落在爱人脸上的时候，也恰好造就了 159 飞驰中最美的靓影。

当我们恋恋不舍的目光因在车身外表上频繁扫过而对它逐渐熟悉之后，开启车门时就会感受到前所未有的惊诧，因为159内部呈现出来的风格，与外表的简单典雅有着截然不同的味道。它的内部整体上以米、黑两色为主，同时搭配了大量雾色金属饰板，在表达一种冷峻个性的同时，又把意大利人惯有的浪漫情怀镶嵌其中，让机械和艺术在车内交融。

拿钥匙的人不要太过于心急，那样会很难找到钥匙孔，因为159的钥匙孔位置不是在习惯上的方向机柱上，而是在接近中控台的位置，启动按钮的设计也同样给人新奇而且先进的感觉，而多种色调的渐进和改变又消融了冰冷的科技所带来的孤独感。与颜色配合的还有前卫的几何设计，圆

形在这里得到了充分的使用，车内虽然装了不少按键与开关，但是都一致采用圆形设计，例如冷气出风口、音响、空调，甚至就连方向盘上的控制按键，也都是圆的。在细节方面的重视，使得原本生硬的金属内饰变得温柔了许多，纵使它们只是些电子金属配件。光看也就是种享受了，就像是导游的讲解，总是想要把米兰城的浪漫情致一下子都说清楚。

艺术跑车带给眼睛的享受具有不完全的说服力，只有了解了它的性情之后才会更得以完美地驾驭。高达200匹马力的6挡柴油发动机为跑车提供了源源不断的强劲动力，低转速充沛的扭力，让159的加速分外过瘾，油门一踩到底，那强大的推背感随之出现。如果用一句话来形容这种感受，那就是“稳定中带有一丝个性”，纵使路上偶尔遇到起伏不平，159也能够稳稳地压过，不会出现令人吓一跳的反应。唯一需要驾乘者承担的，恐怕就是不断提速后的自我压力了。

6速自排变速箱附手动换挡模式，换挡平顺、快速，切换手动模式的时候也很有乐趣，不管是怠速或者拉高转速的时候，以往柴油引擎较令人诟病的明显运转声浪，在车内听起来已经不是很明显，运转细致度与汽油引擎极为和谐。在尊贵的客人习惯了法拉利、兰博基尼和玛莎拉蒂发动机的歌声之后，阿尔法·罗密欧159带给他们的是另一番截然不同的身心感受。

D
COE

对跑汽车艺术的追求是没有极限的，这也体现了人类的天性：超越与征服。对于这些稀世珍品跑车而言，财富已经难以驾驭它们，唯有求得精神上的志同道合，因为它们是散佚的星辰，多为孤品。

限量版跑车巡礼

稀世珍品

西尔贝 Tuatara

超跑永无止境，这是任何一位设计师或老板对速度的信仰，这种强烈而忠诚的想法一直驱使着一代又一代的造车人。意大利人还在继续玩味着他们的造车哲学，英法则虔诚地沿袭着他们的典雅之美，德国人的严谨和创新抹掉了因“悠久的历史”带来的累赘，其他的欧陆国家也逐渐加入到了超跑的王国里。当人们逐渐臣服于跑车时，大西洋彼岸的美利坚人开始表现得尤为迫切，道奇的粗野和雪佛兰的大众化显然难以满足这种急迫的渴求，于是我们看到了这款由西尔贝超跑公司带来的 Tuatara 跑车。这是一场无需战争的征服，觊觎和觐见。

Tuatara 原本只是新西兰的一种蜥蜴的名字，这个被认为是恐龙直属后裔的稀量物种和它的祖先一样神秘，用毛利语来翻译这个单词竟然是“背上的尖峰”，这种 Tuatara 蜥蜴拥有地球上进化最快的 DNA，而这种快速度的进化性概念正是西尔贝设计师所要表达的。来自意大利的超跑设计师杰森·卡斯特罗塔显然是从它身上找到了些许灵感，但更为重要的意义是这个“稀量、传承和造型独特”的物种特点正好契合了这款超跑的特点：它有超过阿斯顿·马丁 One–77 的天价，据说一款名为中国龙年纪念车的售价达到了 5000 万人民币；它还有超过布加迪威航的急速，在超跑新贵科尼塞克将布加迪拉下“神坛”不久，它就以 443 公里 / 小时的时速登上了“最快的量产车”的宝座。对于成立于 1998 年的西尔贝而言，短暂的历史并未让它在那些“巨擘”们面前胆寒，反倒是催生了它不拘一格的锐气。

它只会和布加迪威航 Super Sport 和科尼塞克

CCXR 相提并论，这款新车搭载了一款由西尔贝自主研发的最大动力输出达1350 匹马力的 7.0 升 V8 双涡轮增压发动机，其轮上功率就可轻松超过 1100 匹马力，而动力将通过一款 7 速 SMG 序列式变速器或 7 速手动 H 型换挡变速器传输给后轮。这一动力系统将使得 Tuatara 的百公里加速时间在 2.78 秒，最高时速达 443 公里 / 小时，西尔贝再次登上吉尼斯世界最快量产车的宝座，这无疑直接让竞争对手布加迪威航和科尼塞克犹如芒刺在背。值得一提的是，在最高时速状态下 Tuatara 的油箱仅能够支撑车辆跑上 7 分钟，这就使得这款千万身价的跑车仅为富贵之人的玩物。但这 7 分钟只是一个理论值，因为与 7 分钟相对应的是 600 英里（约合 966 公里）的续航里程。作为纯粹的速度机器，它做到了极致。

它只与法拉利 599GT 和玛莎拉蒂 GT 称兄道弟，诚如 Tuatara 蜥蜴所传承的恐龙血统一样，Tuatara 所传承的则是意大利造车工艺和美国狂野情结

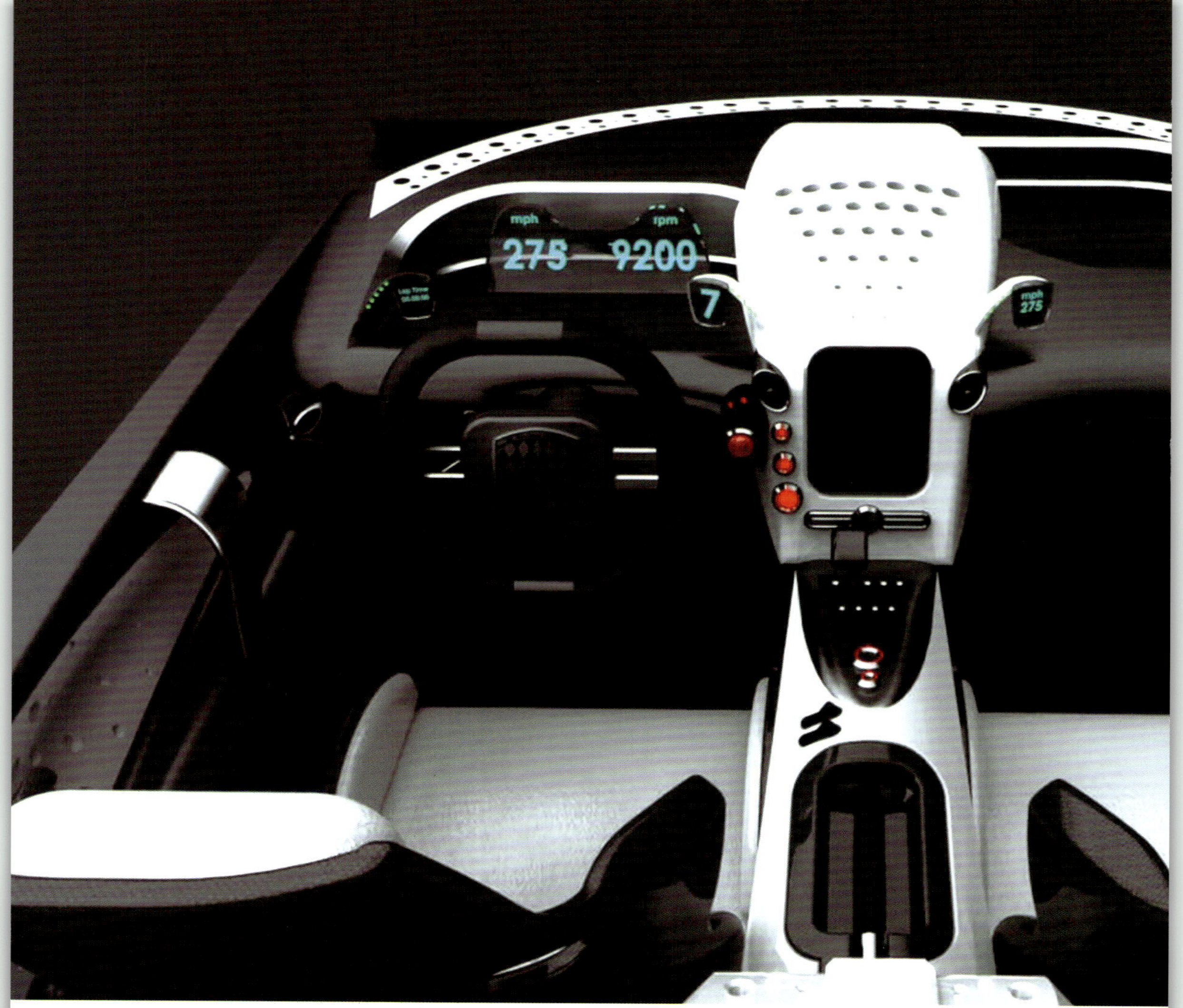

的结合。杰森·卡斯特罗塔曾设计法拉利 599GT 和玛莎拉蒂 GT，法拉利 P4/5、玛莎拉蒂 GT、萨博 Saab PhoeniX 概念车也均出自他的手笔。不得不承认，Tuatara 与之前他参与设计的玛莎拉蒂的一款概念车很相像。杰森·卡斯特罗塔将全车分为上下两种视觉效果，上面是透明玻璃的设计，线条从前挡开始一直延伸至车尾汇集。

作为一款全手工打造的车，Tuatara 整车几乎全使用碳纤维打造，底盘采用铝合金及蜂巢结构碳纤维管的骨架盘造就 Tuatara 仅 1247 千克的车身重量，在 7.0 升双涡轮增压发动机的推动下，极速轻松超过 400 公里 / 小时。另外它与现世格格不入的外形还能隐约看到法拉利的些许影子，车头并不凶狠，可以用简洁来概括。没有多余的设计，一切都是简单到恰到好处，一切也皆为速度而生！前大灯组内的设计同样简洁，全碳纤维的设计看起

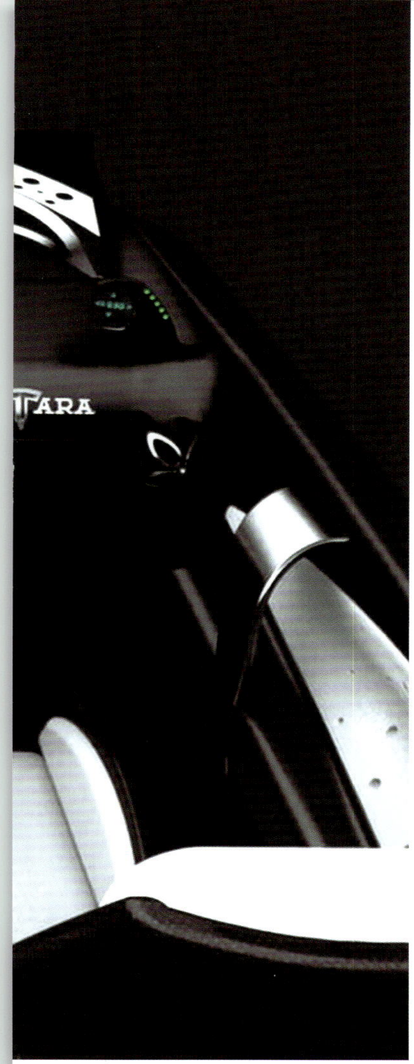

来简约而又奢侈。车头下方的碳纤维进气口，可将空气引导至位于车体后部的发动机散热器，在尾部可以看到类似蜂巢式的散热口，当车辆高速行驶时发动机需要更多冷空气的进入，进气口为车头提供了合理的下压力，为极限车速提供更多阻力，要知道 Tuatara 风阻系数低于 0.33。

抛开数据不说，一些隐藏起来的细节也在告诉我们它的独特与不羁。首先惊艳的便是它的车门设计，Tuatara 采用类似鸥翼门的设计，关闭车门时整体为无缝结合，保证风阻系数的降低，可以让它拥有更好的高速行驶速度。碳纤维的“丰唇”进气格栅与车身多处导流槽都将它的潜在性能暴露无遗，多个进气口的存在也是其强大性能的标志。在侧面还有两个通风口，这是为超强刹车系统散热准备的，使刹车系统也能得到足够的冷却。轮胎方面，Tuatara 使用米其林专为其设计的高性能胎，轮胎尺寸达到了 345/30 R20。Tuatara 是全世界首辆使用单片式碳纤维轮圈的车款，轮辐的设计为涡轮式，每个轮圈的重量仅有 5.9 千克。独特的尾灯和平直的尾部线条加深了它带给人的未来跑车的印象，向外凸出的两片尾部扰流器和精致镀铬双排气管也貌似漫不经心地向后面勉强靠近的车辆提醒道——“别惹我”!

最直接得益于 Tuatara 蜥蜴的灵感在于其背部的鳞尖设计，就好像是举着铭牌在宣讲它是绝对的“高速稳定性的扮演者”，视觉上也更像是飞机的机翼，专为平衡而生，“背上的尖峰”也因此有了实际的意义。独特的尾灯面积并不大，这或许像法拉利的某些跑车摒弃后视镜一样，因为几乎很难有车能够超过这样的速度机器。尾部下方是真正体现 Tuatara 性能的地方，大号的尾部扩散器可以减少空气阻力和提供足够的空气下压力，圆形金属排气管暗藏在下方凸出处，不过它看起来更像是“二战”战机外露式的机枪，在精细的意大利工艺的辅助下将美式跑车的狂野一扫而光，或者说，这是一个天外来客。

迈凯轮 MP4–12C

迈凯轮 MP4–12C 的一大历史性意义在于将跑车和英国扯上了关系，在这个原本温文尔雅、高贵无比的国度里人们习惯了劳斯莱斯的贵派大气和宾利的洒脱，以及摩根的古典和路特斯的优雅，这让迈凯轮显得有些曲高和寡。在赛道上风风火火了近半个世纪，与之相伴的却只有赛道上的欢呼声以及法拉利车迷的冷嘲热讽。就算是在迈凯轮最风光的 20 世纪 80 年代，它也从未表现出平易近人的一面——它只出现在赛道上，夺得了几乎所有的冠军，却不给任何普通人驾驭的机会。

尽管后来出现了迈凯轮 F1 和梅赛德斯 – 奔驰 SLR 这样的 GT 型跑车，但是其过于浓郁的赛车味道让车迷放慢了追逐的脚步。直到罗恩·丹尼斯成为迈凯轮的新老板，一款名为 MP4–12C 的超级跑车才真正唤醒了沉睡的记忆，就如同上世纪 80 年代的辉煌一样，得到了振聋发聩的掌声。

和许多的顶级跑车品牌的创建者一样，迈凯轮的创始人布鲁斯·迈凯轮也是一位赛车高手，出于对速度的渴求，他甚至都不愿意与跑车制造者为伍，直到他在一次试车事故中去世为止。这支赛车团队从未获得任何设计的奖项，总冠军更是遥不可及。

但是它注定是非凡的，因为能够执着于梦想的迈凯轮人总是从它一生的敌人法拉利身上得到启发，当法拉利推出完美的F50，第一次出现在跑车王国里的时候，带给迈凯轮的震撼绝对超过了任何法拉利的车迷受到的震撼。赛车技术和跑车技术这原本是不同技术层次的工艺竟可以如此完美地组合在一起，并且带给更多的人更真实的赛车激情。

早期的迈凯轮F1跑车与法拉利288GT一样，过于强烈的赛车元素和创新型的跑车设计让品牌从赛车踏进民用跑车领域的分水岭，如今的这款MP4-12C才算得上一款真正意义上的超级跑车。毫无疑问的是这款车同样大量采用了F1的赛车技术。只这一次，MP4-12C一改过去迈凯轮曲高和寡的形象，将竞争的对手直接锁定为保时捷、法拉利等公路跑车。于是有人感叹说：昔日F1赛道上的竞争者，如今开始了公路上的战役。由此，英德意的车战再次开启了。

迈凯轮的跑车势必成为技术流，它的命名也直白了许多。MP4-12C 这个名字象征承载了迈凯轮这个传奇公司回归超级跑车行列的决心，其中 MP4 代表自 1981 年以来所有迈凯轮 F1 赛车的底盘称号，也表明了这款跑车纯正的 F1 赛车血统；12 则在强调其傲视群雄的性能和效率，也表示应用了 1997 年的一款 F1 赛车的半自动制动辅助转向系统；最后的 C 则表示使用了碳纤维单体式座舱，这是一种完全与赛车相匹配的部件，因而比其他的焊接式坐舱表现得更为结实、轻巧，并且碳纤维座舱仅重 80 千克，而整体的强度却是法拉利 F40 的两倍以上。

由于车身面板也采用碳纤维制成，因此迈凯轮 MP4-12C 的造价要高于竞争对手，出厂价格达到 16 万英镑（约折合人民币 180 万），超过法拉利 458 Italia 和兰博基尼 Gallardo LP560-4，但是更轻巧的车身对于超级跑车来说非常重要，作为新老板上任的首推款作品，MP4-12C 计划量产 1000 辆，其中四分之一在英国本土销售。

作为一位纯粹的 F1 赛车的后裔，其动力性能自然是无可挑剔的。在碳纤维车身内安放一台 3.8 升双涡轮增压 90 度夹角 V8 发动机，峰值马力输出高达 600 匹马力，最大扭矩达到 600 牛顿·米。迈凯轮表示这台发动机的马力输出与二氧化碳排放量的比值，比市面上任何一台发动机都更高，包括所有汽油和柴油发动机，甚至超过混合动力系统。这台发动机完全由迈凯轮独立研发，这台 V8 采用干式油底壳润

滑系统，最高转速高达每秒 8500 转，并且峰值扭矩的 80%能够在低至每秒 2000 转时爆发。与 V8 相配的是迈凯轮独立研发的 SSG 7 前速双离合器变速箱，驾驶员通过方向盘后的换挡拨片切换挡位，换挡拨片的操作与相机快门有些相似，带有一项称为“Pre-Cog”的功能，当轻触拨片时变速箱将进入换挡准备状态，进一步向拨片施压便迅速完成换挡动作。与性能相配的是其出色的制动性能，这同样是源自 F1 赛道上的“经验”。轻便出色的陶瓷制动碟还搭配了迈凯轮原创的半自动制动辅助转向系统技术，它通过对单个后轮施加制动力以减少转向不足。这套系统在出弯加速时也能发挥作用，此时的内侧后车轮如若出现打滑空转的前兆，该系统将对打滑车轮施加制动。

包裹这样强劲“内心”的是一个优雅不失流畅的身段，简洁是它从赛车生涯中继承而来的，圆润的尾部划清了与现世那些夸张扰流板跑车的界

限，抬高的出气管不仅带来了更为出色的视觉效果，并且还为底部的空气动力学套件提供了足够的空间，车尾采用了更具视觉效果的LED尾灯光源。侧面的进气口更是直接勾勒了一个迈凯轮的标志图标造型，足以表现其无与伦比的设计水准，同样惊艳的还有鸥翼式设计的车门，一下子就将早期迈凯轮F1跑车和这个新生代的艺术品关联了起来。车身的亮点位于前部，体现了迈凯轮娴熟的F1赛车技术，进一步优化的空气动力学设计留给人们的竟然是一副有些邪恶的血盆大嘴，隐藏其中的黑色扰流板仿佛在流露着戏谑的笑意，这是一种因自信而来的霸气和坦然。内饰也流露着迈凯轮毫不妥协的情怀，简洁和优雅依旧是主题，忠于传统的仪表盘设计采用的却是最新的科技产品，狭长的中控台却留足了七英寸的液晶显示器，以快捷方便传达整车的信息。环顾四周，没有多余的饰件，就像一位坚定的斯巴达英雄，从不过问敌人有多少，而只问敌人在哪里。

特纳蒙塔纳 R

西欧版图就像一个国家性情的渐变图，从英国的“古板”，到德国的“务实”，再到法国的“浪漫”，随后意大利人囊括的“激情”和“浪漫”，再到西班牙变得异常强大的“激情”，仿佛是一下子从陆地冲到了大西洋边上，总有宣泄一番的冲动。以斗牛士著称于世的西班牙人对激情的理解最有发言权，与意大利人的那种带着浓郁浪漫情调的激情迥然不同，这里让人神往的不是歌剧，也不是艺术品，而是狂野的斗牛和番茄节的放肆。所以当意大利人将浪漫气质的艺术和赛车激情完美地统一到跑车中去的时候，西班牙人却依旧坚持着最赤裸的造车工艺，于是我们看到了这款特纳蒙塔纳 R 跑车。

自远而近地来给特纳蒙塔纳 R 一个特写会带来奇妙的震撼，首先映入眼帘的分明是一个战斗机的座舱，然而再过不久，轰鸣的发动机声就会让我们的思维变得混乱起来，无论是屏住呼吸还是瞪圆眼睛似乎都显得不合时宜，反倒是不自觉地后退了几步，恭迎着它的到来。渐近的过程中，它就变成了一辆赛车：低矮的车身，宽大的轮毂以及轮胎与地面摩擦产生的尖叫声。再近了，直到停在面前，才能真正地理解它其实就是一辆跑车。跑车和赛车的差距在它这里并不明显，若把座舱顶盖拆除，特纳蒙塔纳 R 将摇身一变成为街道版方程式赛车。方程式规格的悬挂系统、高性能碳陶瓷刹车、四路式牵引力控制等都是标准装备。

其实早在 2007 年，特纳蒙塔纳就以概念车形式在当年日内瓦车展中亮相，事隔两年，第一款量产的特纳蒙塔纳 R 于摩洛哥奢侈品展在全球正式发布。

特纳蒙塔纳 R 可以说是一款完全颠覆传统跑车，甚至是传统汽车形象的超级跑车。作为一个带着浓郁西班牙血统的造车品牌，特纳蒙塔纳外露式的悬挂和车身侧面超大进气口设计依旧延续着这个 F1 赛道上的斗牛士的狂野风范。车身的侧面有两个尺寸巨大的进气口和散热装置，这是按照空气最小摩擦和最佳冷却性能的理念设计的。而前大灯、前雾灯融为一体的前扰流板在彰显个性的同时，提高整车空气动力性能。扰流板就像倒置的飞机机翼，很大程度减少升力，更利于整体车身平稳，该车的风阻系数仅为 0.4。

和大多数赛车级跑车一样，特纳蒙塔纳 R 的车尾与前脸一样充满个性与魅力，前后轮类似的外露式悬挂，前后扰流板配合与前灯尾灯的呼应，粗壮的后排气管仿佛在大喊着勇往直前的口号，无不彰显超级跑车锐气逼人的气场，然而这种豪迈的背后却是西班牙精细的造车工艺，纯手工打造所带来的赤裸的激情足以让人赞叹不已。

在纯手工汽车的王国里，激情是个叛徒。所以我们可以看到文质彬彬的宾利和老态龙钟的摩根，但是西班牙的特纳蒙塔纳 R 却是个例外，除了独特的战斗机式的内舱，就连座位的安排也是罕见的前后座设计。由于全身多使用铝镁合金以及碳纤维物料制造，所以整车的重量仅为 1268 千克，这也符合赛车的轻量化准则。如此的轻灵之物搭载一款来自 AMG 公司的 5.5 升 V12 双涡轮增压发动机，再辅以一款 6 前速序列式变速箱，使得它从静止到百公里加速所需的时间仅为 3.6 秒，最高速也达到了 345 公里 / 小时，这虽然与科尼塞克和布加迪威航动辄 400 公里 / 小时的时速相差甚远，但后者多数车速都只能允许在测试道上实现，这种有力却需要忍耐住的荣誉显然不是洒脱的西班牙人所追求的，有多大性能全部被允许释放，这或许是它的最高时速被限制在 350 公里 / 小时之内的原因所在吧。值得一提的还有它的高性能陶瓷刹车系统，如同勒紧斗牛的缰绳，带来安全和可靠的制动保证。由于全手工制造的原因，该车年产量仅为 12 辆。

斯帕达 Codatronca Monza

意大利人自古以来就是值得称道的几何大师。从古罗马时期的坚固城墙到罗马帝国时期的骑士佩剑，攻守之间的平衡由坚固和锐利来掌控；从佛罗伦萨的浪漫时尚到米兰城的激情足球，方圆之间的艺术竟然只在尺寸之间变换。米兰大教堂的虔诚和圣洁被那些耸向天空的整齐尖顶诠释着，圣马可广场的清晰轮廓演变成了广场上如女王般踱步的鸽子的舞台，这本是一个线条突兀的国度，当石头变成钢铁的时候，便绽生出那些兼顾速度与艺术的跑车，如若厌倦了法拉利和玛莎拉蒂等艺术流，不如再来膜拜这款几何烈驹——Codatronca Monza。

初见的感受不会太过惊讶，因为它很容易让人想起兰博基尼，可是又远比后者更为锐利。其实它的缘起是基于雪佛兰克尔维特而重新设计的，但是设计者是一位地地道道的意大利人，他叫科勒·斯帕达，曾经就职于大名鼎鼎的 Zagato 设计公司并为阿

斯顿·马丁、法拉利、玛莎拉蒂，以及阿尔法·罗密欧、阿巴斯、菲亚特、蓝旗亚设计过一系列车型，是一位不折不扣的原创主义大师。对于这样一位70多岁高龄的人而言，驾驭时尚和前卫显得勉强，可是在其儿子的助阵下，这款以意大利著名赛道名字命名的超级跑车却诞生了。该车由斯帕达与意大利知名改装设计室UK Garage联手打造而成，其设计灵感来源于1965年款的阿尔法·罗密欧TZ原型车，主要由以下几点构成：一副超轻量型的车体、高性能的动力套件以及灵敏的操控性能套件。在该车设计之初，斯帕达就有意把它设计成一款具有意大利传统风格的真正超级跑车。该车与雪佛兰克尔维特共用底盘，而悬挂系统、引擎和其他配置则经由UK Garage调校完成。

强烈的轮廓感是这款车外观的最大特色，也将意大利人对于几何的理解发挥到了极致。Codatronca Monza在车头的上半部和另一部怪异超跑——俄罗斯的Marussia B1有着异曲同工之妙。简洁的发动机罩被夹在两侧隆起的轮拱之间，而视觉效果近似于三角形的四边形头灯则紧贴着轮拱，好像一位两眼间距很近的人，发着犀利的目光。

引擎罩前部的小尖又让人联想到了帕加尼。车头下半部是由两个分隔开来的四边形组成的，而中间部分的散热片就那么赤裸裸地露在外面，条纹状的进气道搭配的是显眼的排气管，很有原始的力量感。值得炫耀的要数它的小帆船式的低风挡设计，别说是这样的狂暴野兽了，就算是放在优雅的劳斯莱斯身上也会让人感觉到速度感。在细细立柱上支撑的细小后视镜恐怕没有什么实际作用，应该没有几辆车需要 Codatronca Monza 的驾驶员并线的时候还要看后车的。

尾部的设计显得异常丰富，这与一般跑车“重头不重尾”的设计理念截然不同，其中最直观的感受就是汉字“凹”、“凸”的使用了。整个尾部整体构成一个“凸”字形，排气管则是一个倒置的“凹”字形，如果再与头部的设计联系起来，就会发现这种凹凸型的设计贯穿在汽车的所有部位。内饰的风格完全是依照赛车规格打造的，舍弃了舒适性，也随之舍掉了臃肿和复杂。简洁的内饰使得这款跑车的整车重量仅为 1180 千克，这样的重量在一款 7.0 升 V8 发动机的驱使下可以达到 720 匹马力的最大功率以及 950 牛顿·米的最大扭矩，在 3 秒左右的时间里就能完成百公里加速，而它的最高时速“只有”355 公里 / 小时。

雪佛兰克尔维特（Corvette）ZR1

道奇太过于狂野，而凯迪拉克又过于温顺，最能够代表美国人性格的汽车品牌是雪佛兰，其所属的克尔维特更是表达得恰到好处。美国人对跑车的定位与欧洲人大不相同，尽管他们对欧洲跑车青睐有加，但这并未影响到他们喜爱并且拥有能够表达自我的跑车。在亨利·福特通过廉价的汽车为这个世界装上了车轮之后，与之齐名的哈利·厄尔则成功地完成了“以美国跑车狙击欧洲跑车”的伟大使命。经过了 50 多年的沉淀和发展，一款名为克尔维特 ZR1 的跑车诞生了，它至少回答了让美国人长期困

惑的三个问题，美国超跑应该是什么样的？美国超跑的性能如何？美国超跑应该如何定位自己？

这是一款美国味十足的跑车，强劲的肌肉外观直接表述了它的国籍，而强大的动力性能和张扬的车格特点使得它在与欧洲跑车的较量中并不落下风。从整体布局上看，克尔维特 ZR1 的设计同历史上的克尔维特有着极为相似的造型特征，比如长长的富有韵律感的引擎盖，比如前方的尖鼻，比如窄小的驾驶室，比如上翘的尾部设计。但新车的设计则看起来更加精致、细腻，比如它的前脸造型就是由多个曲面塑造的，充满了冲击力和时尚元素，犀利的头灯、三角形的引擎盖顶部线条，都瞄准了前保险杠的中心凸点，并聚焦在了克尔维特的标志之上。不容错过的还有它引擎盖上的一个大洞，这是一个罩着聚碳酸酯纤维材料的小窗，从它的上面可以清晰地看到里面中冷器的模样。此外，它的碳纤维车顶设计很像新款宝马 M3，不仅将重心变得更低，而且科技感十足。大量碳纤维材料在车身上的使用也将它的功率重量比提高了很多。对于大功率的美国车而言，这种轻量化设计的后果就会导致这样一幅景象：当轰鸣的发动机开启时，最初的一股力量总是消耗在轮胎与地面的摩擦中，腾起的烟雾很容易让人想起某位西部牛仔拿枪策马时的电影情节，又或者是叼着万宝路香烟的男子。

这绝非一个“样子货”，因为它还有着和外表一样出色的内饰。内饰的设计主要由黑色和灰色构成。这样的冷色调搭配是传统的跑车风范，因为神秘的黑色才是疾风竞走一族最为钟爱的颜色。在内饰功能性设计方面，和其他的美式跑车“重性能而轻舒适感”不同，它并没有因为速度的需要而折损其他的舒适性功能。在这款车上，可以看到带有 ZR1 标志的轻质化电动真皮可调座椅、导航系统、空调系统、蓝牙系统和音响系统等舒适性装备。

出色的造型设计和舒适内饰不禁令人对它的性能表现充满了期待，但是它的国籍注定了它的地域性格，那是让人畏惧的动力性能。打开它与众不同的碳纤维引擎盖，里面沉睡着 6.2 升 V8 机械增压发动机。这是一款可以输出 620 匹马力、扭矩 822 牛顿·米的强大发动机，而且它的最大扭矩在 3600~4000 转下就可以迸发出来。为了保证克尔维特 ZR1 可以在有效的距离内停下来，它采用了由布雷博公司设计的非常大的碳纤维陶瓷刹车盘。381 毫米的大家伙与 650 马力的法拉利 Enzo 所配备的刹车盘完全相同，而保证前轮有效制动的刹车盘大小则达到了 394 毫米。值得欣喜的是，在 2008 年纽伯格林北环赛道上，该车创下了 7 分 22 秒 4 的圈速成绩，单圈比道奇蝰蛇快了整整 2 秒之多。

作为一个习惯了在车轮上生活的国家，美国的汽车文化甚至比发明汽车的欧洲更为丰富，因此没有任何一个厂家会忽视美国市场的重要性。然而，这种重视带来的直接后果是欧洲跑车和亚洲的日本汽车的“泛滥”，这令习惯了当领跑者的美国人感到难堪。在吸纳外来汽车文化的同时，美国人也逐渐开始打造属于自己的跑车，没有欧洲跑车的那种精细和居高临下感，却保持惯有的力量感、肌肉感和张扬的本性，这款克尔维特 ZR1 将美国人性格中的自然、独立、奋斗的品性和盘托出了。

ZR1 LS9

威兹曼 GT MF5

如果说梅赛德斯－奔驰是拥有经典历史传承的汽车鼻祖，那么威兹曼就是异军突起的另类新贵，这个成立了不到 20 年的德国汽车制造企业坦然地接受了在历史上的弱势，不过热情和年轻化也正是它的优势所在。创始者是一对名为威兹曼的兄弟，一个擅长商业，一个擅长机械，这既让他们的公司有了稳定发展的保证，也为其步入顶级汽车制造者的行列提供了殷实的基础，而这款威兹曼 GT MF5 正是该品牌的代表作品。

威兹曼的名声在中国并不显赫，就如同英国的摩根汽车。它同样坚持着纯手工打造，同样地对造车工艺“斤斤计较”，却远不及后者古典和正派。有人说它是一个小丑的角色，妄图以搞怪赢得汽车王国里的生存权，还有人说它是一个新生的帝王，天资禀赋凛然，它的标志似乎更容易诉说它的

真实身份——一只壁虎。这个物种在如今这个复杂的时代，有着一套特立独行的存世之道：个性、古朴、灵活以及优雅，而这也象征着威兹曼的特点。在威兹曼的工厂里约有 100 名技术纯熟的工程人员，负责从无到有制造这部车，平均每一部威兹曼需要花费 350 小时进行制造，如果顾客要求更多地选用与定制配备，制造时间还会更长；而威兹曼的顾客能选些什么呢？大至内饰皮革材质，小至缝线颜色，甚至是中控台烤漆面板都可特别定制，威兹曼方面表示，如此的定制服务只有在全手工生产线才有可能达成。

低矮的车身表明了它的性能强劲的姿态，复古的格栅又在张扬着它的个性。可以用圆润来形容它的车头，这样的造型既可以与复古的格栅相配合给人留下复古跑车的印象，又能够最大限度地减少空气阻力。修长的车身前部可以整体替换，当然价格不菲，它们全部由超高强度的玻璃纤维制成，强度甚至超过了钢的七倍，提供给车身更高级别的保护。从侧面观摩就能看到早期赛车的影子，并排的双座极为靠近后车轮，非常具有质感和复古气息。

保守的三孔头灯也是它的一大特色，这一点就一下子划清了它与当世跑车的界限。加上德国人精细严谨的手工制造，一款净重低于 1400 千克的奢华汽车活脱脱地诞生了，有人说，看着它这副可爱的模样，总是叫人想起车库里的某款老爷车来。在此不得不提到一点，与其他的 GT 级的跑车所不同的是，威兹曼在车身设计上十分注重立体地运用各种弧线，有人说，这一点就足以使威兹曼这个德国最小的定制车厂傲视群雄。

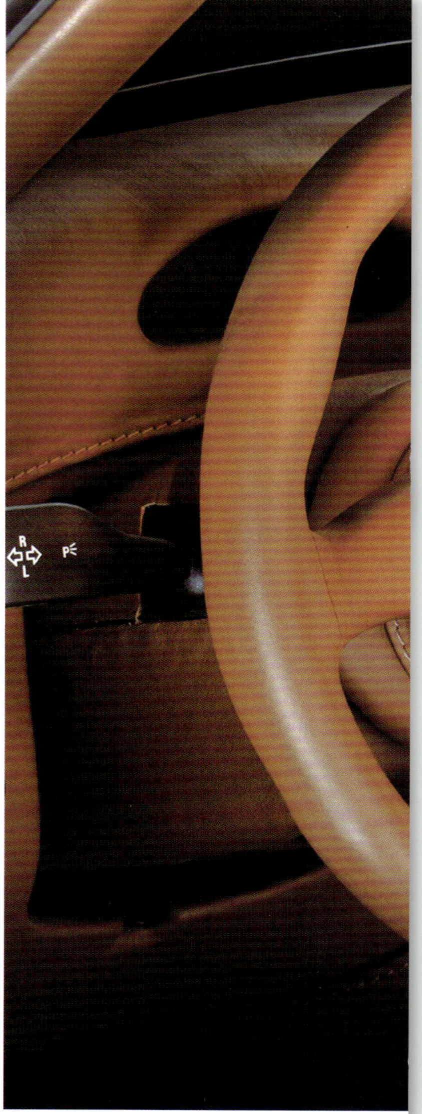

它可不是徒有外表、装腔作势的“花瓶”，而是一位真英雄。来自宝马公司的 5.0 升 V10 发动机向世人发布了强有力的口号，或者可以说是难得一遇的重低音独唱，这个 5.0 升的高转速发动机着实野蛮冲动，能在短时间内完成加速，并承载这款不到 1400 千克的精致汽车。值得一提的是，GT MF5 的最高时速为 310 公里 / 小时，这也正契合了宝马所追求的“兼顾舒适性和性能”的特点，并让这款 V10 发动机有了自由发挥的机会。它与轻盈的车身完美搭配，很好地解决了低转速时扭矩不足的问题。再加上一款先进的顺序式 7 速变速箱，使得这个看似年老的艺术品能够在 4 秒之内即刻实现百公里的加速。

它更不是绣花的竹枕，内饰的精致也完全配得上它高贵的身价。大部分内饰都是由经验老到的技

师手工缝制，细腻的做工与流水生产的产品完全不同。与复古的外表形成鲜明对比的是内饰的现代化和人性化，在变速杆周围还有一系列的漂亮按钮：如电动车窗按钮，紧靠驾驶员身边的运动模式按钮，DSC（动态稳定控制系统）按钮，还有选择控制时间按钮。一旦按下启动按钮，GT MF5 就迫不及待地加速起来。如果打开运动模式，507 匹马力的强大动力就会任你支配。除了驾驭的自由，给车主的还有配件的自由。由于威兹曼采用全手工生产，所以车身颜色、内饰等部分均接受客户定制，不仅车身烤漆可以随意选用，车内的皮革也可任选颜色。在工厂内部会准备较为常用的皮革，特殊颜色的皮革则在客户下订单后才开始进行染整。每一个部件上都有威兹曼的壁虎标志，让驾乘者时时刻刻享受到高贵与个性漫步的心情。

名车事典

跑　车

跑车没有明确的定义，一般把双门、双座或 2+2 座设计，流线型车身，动力强大，加速迅猛，并拥有极佳操控性能的轿车，称为跑车。跑车的英文名称为 Sports Car 或 Sporty Car。

轿跑车

轿跑车是兼具轿车和跑车两者部分性能的车型，既具有跑车的一定运动性，又具有轿车的一些舒适性和空间感，一般分为四门轿跑车（Sedan）和双门轿跑车（Coupe）。

超级跑车

超级跑车（Super Sports Car）的主要特征是：

①限量生产，只生产几百辆或几千辆，因此有时旧车比新车贵，购买（或叫收藏）可以保值。

②价格高昂，是普通跑车的几倍或几十倍。

③马力强劲，发动机排量在 3.5 升以上，一般采用 V8 型、V10 型甚至 V12 型发动机。

④起步快，零至百公里的加速时间在 5 秒以内。

⑤技术超群，采用当时汽车领域顶尖技术。

⑥车身自重轻，一般采用碳纤维或轻质合金材料制作。

⑦外观造型超前，一般在十年内不会显得落伍。

敞篷跑车

敞篷跑车（Roadster）是跑车的敞篷车型，车顶有软篷与硬顶之分。敞篷跑车可让人享受到与大自然融为一体的快感，是年轻跑车用户青睐的主体车型。

双门轿跑车

双门轿跑车（Coupe）是特指一种封闭车身、流线型后背的双门双座轿车。它一般是普通轿车的跑车化变型车，外形与普通轿车极为相似。它与轿车的区别是双门而非四门，是双座而非四至五座。它较重视驾驶者的舒适性及操纵性，车身较矮，外形线条流畅，底盘一般与普通轿车共用，发动机前置。

“2+2”跑车

跑车的设计者较注重驾驶者的感受，因此大多跑车为双门双座型，也有四座跑车，但后面两个座位又小又窄，也没有车门，进出非常不便，坐下也很不舒服。这样的后排座比较适合小孩及宠物乘坐，或放置行李。不太实用的后排座，有点儿不像真正的汽车座椅，因此这种四座跑车常被称为2+2 型或 2+2 座设计跑车。

GT

GT 即 Grand Touring 、Gran Turismo，现代被用于标注特定的运动型汽车，意思是高性能的汽车。量产车中，GT 就是指拥有大马力动力输出，车的外观可能是双门的普通轿车、轿跑车、跑车中的一种（不包括敞篷车型）。在赛事上，GT 或 GT-R（R 即 Racing，中文意即竞赛）车型是普通量产车经过改装后，可以参加国际汽联 GT 世界超级跑车锦标赛的车型。有时 GT 标志的车型并不属于这里所说的高性能汽车，如：GTX，其中 G 表示豪华，T 表示 20 气门发动机，X 表示新车型。

GT 一词为英文 Grand Touring （或拉丁文 Grand Turismo）的缩写，中文直译为“伟大的旅行”，这样的冠称起源于 20 世纪 60 年代末、70 年代初期，虽然当时的车辆制造水平已经可以生产一些高性能的跑车车款，不过，由于早期的机械耐用度普遍不够，车辆的长途高速巡航能力一般说来都不足，所以在当时，能够拿来进行长途行驶的高性能车款可说是少之又少。也因此，当时在高性能跑车领域拔尖的车厂，在引擎工程有所突破，推出新款的高性能轿跑车时，便打着 Grand Touring 这样的旗号，借着长途旅程这样的意义投影，标榜该型车辆除了高输出动力之外，还拥有高度耐用性。

概念车

概念车由英文 Conception Car 意译而来。概念车不是将投产的车型，它仅仅是向人们展示设计人员新颖、独特、超前的构思而已。概念车还处在创意、试验阶段，很可能永远不投产。因为不是大批量生产的商品车，每一辆概念车都可以更多地摆脱生产制造水平方面的束缚，尽情地甚至夸张地层示自己的独特魅力。概念车是时代的最新汽车科技成果，代表着未来汽车的发展方向，因此它展示的作用和意义很大，能够给人以启发并促进相互借鉴学习。因为概念车有超前的构思，体现了独特的创意，并应用了最新科技成果，所以它的鉴赏价值极高。世界各大汽车公司都不惜巨资研制概念车，并使其在国际汽车展上亮相，一方面了解消费者对概念车的反应，从而继续改进；另一方面也是为了向公众显示本公司的技术进步，从而提高自身形象。

老爷车

老爷车也叫古典车，一般指几十年前或更老的汽车。老爷车是一种怀旧的产物，是人们过去曾经使用的，有些现在仍可以工作的汽车。老爷车这一概念始于 20 世纪 70 年代，最早出现在英国的一本杂志上，这种说法很快得到老爷车爱好者的认同。不到十年工夫，关注老爷车的人就越来越多，致使老爷车的身价戏剧性地增长起来。例如，一辆 1933 年款式的美国求盛伯格汽车在拍卖行卖到 100 万美元，一辆布加迪老爷车卖到 650 万美元。

德系车分类

德国传统汽车分类标准如下：A00、A0、A、B、C、D等。其中A级（包括A0、A00）车是指小型轿车；B级车是中档轿车；C级是高档轿车；而D级指的则是豪华轿车，其等级划分主要依据轴距、排量、重量等参数。依据轴距、排量、重量，字母顺序越靠后，该级别车的轴距越长，排量和重量越大，轿车的豪华程度也不断提高。

①A00级轿车：轴距在2~2.2米之间，发动机排量小于1.0升。

②A0级轿车：轴距为2.2~2.3米，发动机排量为1.0~1.3升。

③A级车：轴距在2.3~2.45米之间，发动机排量约在1.3~1.6升。

④B级车：轴距约在2.45~2.6米之间，发动机排量为1.6~2.4升。

⑤C级轿车：轴距约在2.6~2.8米之间，发动机排量为2.3~3.0升。

⑥D级豪华轿车：大多外形气派，车内空间极为宽敞，发动机动力也非常强劲，其轴距一般均大于2.8米，排量基本都在3.0升以上。

美系车分类

美系分类标准以通用汽车公司的分类标准为例。通用公司一般将轿车分为六级，是综合考虑了车型尺寸、排量、装备和售价之后得出的分类结果。

①Mini（微型）级：一般指1.0升以下轿车。

②Small（小型）级：一般是1.0升~1.3升，处于我国普通轿车级别的低端。

③Low-Med（紧凑型）级：一般是1.3~1.6升轿车。

④Inter-Med（中型）级：和德国低端B级轿车基本吻合。

⑤Pp-Med（中高型）级：涵盖B级轿车的高端和C级轿车的低端。

⑥Large/Lux（豪华型）级：和国内的高级轿车相对应，涵盖C级车的高端和D级车。

可以看出，国内所谓的中级车，更像是美国的Low-Med级的级别。

常见发动机类型

①L 型（直列）：技术最成熟，运用最广泛。

②V 型：技术成熟，功效高，常装配在中高档轿车和跑车及赛车上面。

③W 型（双 V）：新兴技术的发动机，由德国大众公司研发，油耗高，功率大，目前只装配在布加迪和辉腾上面。

④B 型（水平对置）：由德国保时捷公司研发，目前只有日本斯巴鲁和德国保时捷公司在生产和使用。

不同发动机类型的特点：直列 6 缸发动机的动平衡较好，振动相对较小，所以也为一些中、高级轿车所采用，缺点是动力一般。6~12 缸的发动机一般采用 V 形排列，其中 V10 发动机主要装在赛车上，性能强劲。V 形发动机长度和高度尺寸小，布置起来非常方便。一般认为 V 形发动机是比较高级的发动机，因而成为轿车级别的标志之一。V8 发动机结构非常复杂，制造成本很高，所以使用得较少，V12 发动机过大过重，只有极个别的高级轿车采用，比如宝马 760Li。而大众公司还新开发出了 W 型发动机，其中最著名的一款莫过于布加迪威航所使用的 W16 发动机。

FF

FF 即前置引擎，前轮驱动 (Front Engine，Front Drive)。由于机组件多置于车头，重量分配不均（头重尾轻），容易有转向不足的特性，站在追求竞赛表现的立场，这并不是理想的配置，因此大部分的赛车都不采用 FF 配置，不过优点是制造成本便宜，车内空间设计变化度高，符合一般大众的经济考量，因此大部分的市售轿车都是这种配置。

FR

FR 即前置引擎，后轮驱动（Front Engine，Rear Drive）。这种配置具有良好的运动特性，灵活，甚至有转向过度的倾向，大部分的性能跑车都采用此配置，且因为容易产生转向过度，所以也是拿来玩滑胎甩尾的理想车种。电影《头文字 D》中的 AE86 就是 FR 车。

MR

MR 即中置引擎，后轮驱动（Midship Engine，Rear Drive）。引擎放置在前后轮轴之间，跟 FF 转向不足、FR 转向过度的特性比起来，MR 车恰恰适中，以运动性能而言，MR 车是最理想的配置（好转弯又不容易打滑）。但由于引擎就置放在车体中间，占去很大的车内空间，引擎噪音也容易进入座舱，实非一般大众能接受的设计，因此只有追求终极运动表现的车辆才会如此配置，常见于超级跑车，F1 赛车也是 MR 配置。

RR

RR 即后置引擎，后轮驱动（Rear Engine，Rear Drive）。很少见的配置，由于引擎就摆在轮轴之后，导致车尾负荷较大的重量，转弯时比 FR 车更容易产生滑胎甩尾的现象，但引擎与驱动轮接近，具有动力传送上耗损较少的优点。RR 车以保时捷车款最具代表性。

4WD

四轮驱动英文名称为 4 Wheel Drive，简称 4WD。由于四轮都有动力，因此抓地力远胜于两轮驱动的车子，起步快、越野性能佳、过弯稳，都是 4WD 的优点，不过耗油、制造成本高、结构复杂、重量较重则是缺点。不限引擎位置，只要是四个轮子都有驱动力的都算 4WD 车，另外也有人以引擎位置不同而分别称为 F4WD（前置引擎四轮驱动）或 M4WD（中置引擎四轮驱动）。4WD 设计常使用在越野赛车上，如世界汽车拉力赛赛车。

虽然说不同配置有不同特性，但以一般路上驾驶而言，并无特别明显差异，再加上现在许多科技的辅助与调校，所谓转向不足或过度等特性或多或少都被压制在一定范围，除激烈的操控或赛车场上的竞技外，平常是感觉不出有何差异的。

另有其他关于“WD”的称谓：

①AWD，即全时四轮驱动（All-time 4WD）。不论何时，都是四轮驱动的设计。

②FWD，泛指前轮驱动的车辆。

③RWD，泛指后轮驱动的车辆。

悬挂系统

悬挂系统是汽车的车架与车桥或车轮之间的一切传力连接装置的总称，其功能是传递作用在车轮和车架之间的力和力矩，并且缓冲由不平路面传给车架或车身的冲击力，并衰减由此引起的震动，以保证汽车平顺行驶。不同的悬挂设置会使驾驶者有不同的驾驶感受。外表看似简单的悬挂系统综合多种作用力，决定着轿车的稳定性、舒适性和安全性，是现代轿车十分关键的部件之一。

它能够让汽车在高速行驶的车道上遇到细小的凹凸情况时，不会突然跳起而瞬间失去大量的抓地力，保证行驶的安全；同时通过传导装置将汽车轮胎负重能以最佳的分配方式加在四个轮胎上。

悬挂系统主要有以下几种：独立悬挂系统、横臂式悬挂系统、多连杆悬挂系统、纵臂式悬挂系统、烛式悬挂系统、麦佛逊式悬挂系统等。

独立悬挂系统

独立悬挂系统是指每一侧的车轮都是单独地通过弹性悬挂系统悬挂在车架或车身下面的。

其优点是：

①质量轻，减少了车身受到的冲击，并提高了车轮的地面附着力。

②可用刚度小的较软弹簧，改善汽车的舒适性。

③可以使发动机位置降低，汽车重心也得到降低，从而提高汽车的行驶稳定性。

④左右车轮单独跳动，互不相干，能减少车身的倾斜和震动。

不过，独立悬挂系统存在结构复杂、成本高、维修不便的缺点。

横臂式悬挂系统

横臂式悬挂系统是指车轮在汽车横向平面内摆动的独立悬架，按横臂数量的多少又分为双横臂式和单横臂式悬架。单横臂式具有结构简单，侧倾中心高，有较强的抗侧倾能力的优点。但随着现代汽车速度的提高，侧倾中心过高会引起车轮跳动时轮距变化大，轮胎磨损加剧，而且在急转弯时左右车轮垂直力转移过大，导致后轮外倾增大，减少了后轮侧偏刚度，从而产生高速甩尾的严重工况。单横臂式独立悬架多应用在后悬架上，但由于不能适应高速行驶的要求，目前应用不多。双横臂式独立悬架按上下横臂是否等长，又分为等长双横臂式和不等长双横臂式两种悬架。等长双横臂式悬架在车轮上下跳动时，能保持主销倾角不变，但轮距变化大(与单横臂式相类似)，造成轮胎磨损严重，现已很少用。对于不等长双横臂式悬架，只要适当选择、优化上下横臂的长度，并通过合理的布置，就可以使轮距及前轮定位参数变化均在可接受的限定范围内，保证汽车具有良好的行驶稳定性。目前不等长双横臂式悬架已广泛应用在轿车的前后悬架上，部分运动型轿车及赛车的后轮也采用这一悬架结构。

多连杆式悬挂系统

多连杆式悬挂系统是由 3~5 根杆件组合起来控制车轮的位置变化的悬挂系统。多连杆式能使车轮绕着与汽车纵轴线成一定角度的轴线内摆动，是横臂式和纵臂式的折中方案，适当地选择摆臂轴线与汽车纵轴线所成的夹角，可不同程度地获得横臂式与纵臂式悬挂系统的优点，能满足不同的使用性能要求。

多连杆式悬挂系统的主要优点是：车轮跳动时轮距和前束的变化很小，不管汽车是在驱动还是在制动状态下，都可以按司机的意图进行平稳地转向。其不足之处是汽车高速时有轴摆动现象。

纵臂式悬挂系统

纵臂式悬挂系统是指车轮在汽车纵向平面内摆动的悬挂系统结构，又分为单纵臂式和双纵臂式两种形式。采用单纵臂式悬挂系统时，当车轮上下跳动时会使主销后倾角产生较大的变化，因此单纵臂式悬挂系统不用在转向轮上。双纵臂式悬挂系统的两个摆臂一般做成等长的，形成一个平行四杆结构，这样，当车轮上下跳动时主销的后倾角保持不变。双纵臂式悬挂系统多应用在转向轮上。

烛式悬挂系统

烛式悬挂系统的结构特点是车轮沿着刚性地固定在车架上的主销轴线上下移动。烛式悬架的优点是：当悬架变形时，主销的定位角不会发生变化，仅是轮距、轴距稍有变化，因此特别有利于汽车的转向操纵稳定和行驶稳定。但烛式悬架有一个大缺点，就是汽车行驶时的侧向力会全部由套在主销套筒的主销承受，致使套筒与主销间的摩擦阻力加大，磨损也较严重。烛式悬架现已应用不多。

麦佛逊式悬挂系统

麦佛逊式悬挂系统的车轮也是沿着主销滑动的悬挂系统，但与烛式悬挂系统不完全相同，它的主销是可以摆动的，麦佛逊式悬挂系统是摆臂式与烛式悬挂系统的结合。与双横臂式悬挂系统相比，麦佛逊式悬挂系统的优点是：结构紧凑，车轮跳动时前轮定位参数变化小，有良好的操纵稳定性，加上由于取消了上横臂，给发动机及转向系统的布置带来方便。

与烛式悬挂系统相比，它的滑柱受到的侧向力又有了较大的改善。保时捷 911 轿车的前悬挂系统就是麦佛逊式悬挂系统。

虽然麦佛逊式悬挂系统并不是技术含量最高的悬挂系统结构，但它仍是一种经久耐用的悬挂系统，具有很强的道路适应能力。

主动悬挂系统

主动悬挂系统是近十几年发展起来的、由计算机控制的一种新型悬挂系统。它汇集了力学和电子学的技术知识，是一种比较复杂的高技术装置。计算机不断接收数据并与预先设定的临界值进行比较，选择相应的悬挂系统状态。主动悬挂系统具有控制车身运动的功能。当汽车制动或拐弯时的惯性引起弹簧变形时，主动悬挂系统会产生一个与惯力相对抗的力，减少车身位置的变化。

进气口

进气口也就是进气栅、格栅。尽管设计各不相同，但功能都是一样的，无非是给发动机引入新鲜空气，给空调冷凝器、水箱、机油散热器这些需要冷却的热源提供通风散热。进气口开到机器盖上，这是装备涡轮增压发动车型的习惯做法，因为要给那个位于发动机顶部的中冷器散热，于是乎，在机器盖上开了个口，看上去酷感十足。当然，这其中有的确实是高性能增压车型，有的不过是涡轮增压的柴油车而已，更有些车型纯粹就是为了好看。需要补充的是，发动机的进气口高低直接影响到汽车的涉水能力，因此，把进气口弄得高一点儿倒是一个比较务实的设计。

变速箱

发动机的物理特性决定了变速箱的存在。首先，任何发动机都有其峰值转速；其次，发动机最大功率及最大扭矩在一定的转速区才出现。变速箱可以在汽车行驶过程中在发动机和车轮之间产生不同的变速比，换挡可以使得发动机工作在其最佳的动力性能状态下。理想情况下，变速箱应具有灵活的变速比。变速箱又可分为手动变速箱、自动变速箱、双离合变速箱、序列式变速箱等。

自动变速箱

自动变速箱简称 AT，英文全称为 Auto Transmission，它由液力变扭器、行星齿轮和液压操纵系统组成，通过液力传递和齿轮组合的方式来达到变速变矩。从性能上说自动变速箱的挡位越多，车在行驶过程中也就越平顺，加速性也越好，而且更加省油。除了提供轻松惬意的驾驶感受，自动变速箱也有无法克服的缺陷。自动变速箱的动力响应不够直接，这使它在“驾驶乐趣”方面稍显不足。此外，由于采用液力传动，这使自动挡变速箱传递的动力有所损失。

双离合变速箱

双离合变速箱简称 DCT，英文全称为 Dual Clutch Transmission，中文翻译过来应该为“直接换挡变速器”，因为其有两组离合器，所以也有不少人干脆就叫它双离合变速器。双离合变速箱结合了手动变速箱和自动变速箱的优点，没有使用变矩器，转而采用两套离合器，通过两套离合器的相互交替工作，来达到无间隙换挡的效果。由于 DCT 的换挡更直接，动力损失更小，所以其燃油消耗可以降低 10%以上。它的不足之处是使用了大量电子元件，从而增加了故障出现的概率。

序列式变速箱

序列式变速箱简称 AMT，是在传统的手动齿轮式变速箱基础上改进而来的；它是糅合了自动变速箱（AT）和手动变速箱（MT）两者优点的机电液一体化自动变速器。序列式变速箱既具有普通自动变速箱自动变速的优点，又保留了原手动变速箱齿轮传动的效率高、成本低、结构简单、易制造的长处。它是在手动变速箱上进行改造的，保留了绝大部分原总成部件，只改变其中手动操作系统的换挡杆部分，生产继承性好，改造的投入费用少，非常容易被生产厂家接受。

空气阻力系数

空气阻力系数是汽车在行驶中由于空气阻力的作用，围绕着汽车重心同时产生的纵向、侧向和垂直等三个方向的空气力量，其中纵向空气力量是最大的空气阻力，大约占整体空气阻力的 80%以上。空气阻力系数值是由风洞测试得出来的。由于空气阻力与空气阻力系数成正比关系，现代轿车为了减少空气阻力就必须考虑降低空气阻力系数。从 20 世纪 50 年代到 70 年代初，轿车的空气阻力系数维持在 0.4~0.6 之间。70 年代能源危机后，各国为了进一步节约能源，降低油耗，都致力于降低空气阻力系数。现在轿车的空气阻力系数一般在 0.28~0.4 之间。试验表明，空气阻力系数每降低 10%，燃油节省 7%左右。曾有人对两种相同质量、相同尺寸，但具有不同空气阻力系数(分别是 0.44 和 0.25)的轿车进行比较，以 88 公里 / 小时的时速行驶了 100 公里，燃油消耗后者比前者节约了 1.7 升。

防抱死刹车系统

防抱死刹车系统常简称为 ABS，是 Anti-lock Braking System 的缩写。世界上最早的 ABS 系统是首先在飞机上应用的，后来又成为高级轿车的标准配备，现在大多数轿车都装有 ABS。众所周知，刹车时不能一脚踩死，而应分步刹车，一踩一松，直至汽车停下，但遇到急刹时，常需要汽车紧急停下来，驾驶者往往下意识地想一脚踩到底就把汽车停下，这时由于车轮容易发生抱死不转动，从而使汽车发生危险状况，比如前轮抱死引起汽车失去转弯能力，后轮抱死引起甩尾事故等。安装 ABS 就是为解决刹车时车轮抱死这个问题的，装有 ABS 的汽车，能有效控制车轮保持在转动状态而不会抱死不转，从而大大提高了刹车时汽车的稳定性及较差路面条件下的汽车制动性能。ABS 是通过安装在各车轮或传动轴上的转速传感器等不断检测各车轮的转速，由计算机计算出当时的车轮滑移率(由滑移率来了解汽车车轮是否已抱死)，并与理想的滑移率相比较，作出增大或减小制动器制动压力的决定，命令执行机构及时调整制动压力，以保持车轮处于理想的制动状态。因此，ABS 装置能够使车轮始终维持在有微弱滑移的滚动状态下制动，而不会抱死，达到提高制动效能的目的。

制动装置

制动装置是按照需要使汽车减速或在最短的距离内停车，使汽车在保证安全的前提下尽量发挥出高速行驶的性能的装置。一般分为鼓式和盘式两种。

鼓式制动器的优点是成本低，防尘，便于同时作为驻车制动器。缺点是尺寸大，质量重，制动热量不易散发出去，制动稳定性不好。盘式制动器是目前轿车前轮常用的制动器，一般都是钳盘式制动器。盘式制动器与传统的鼓式制动器比较，有以下优点：散热条件好，因此制动稳定性好，抗热衰退性强，尺寸和质量小。

盘式制动器又称为碟式制动器，顾名思义是取其形状而得名。它由液压控制，主要零部件有制动盘、分泵、制动钳、油管等。制动盘用合金钢制造并固定在车轮上，随车轮转动。分泵固定在制动器的底板上固定不动，制动钳上的两个摩擦片分别装在制动盘的两侧，分泵的活塞受油管输送来的液压作用，推动摩擦片压向制动盘发生摩擦制动，动作起来就好像用钳子钳住旋转中的盘子，迫使它停下来一样。

盘式制动器散热快、重量轻、构造简单、调整方便。特别是高负载时耐高温性能好，制动效果稳定，而且不怕泥水侵袭，在冬季和恶劣路况下行车，盘式制动比鼓式制动更容易在较短的时间内令车停下。

有些盘式制动器的制动盘上还开了许多小孔，以加速通风散热和提高制动效率。

麋鹿测试

麋鹿测试的结论是国际上衡量车辆安全性的重要标准。这个测试的名字来自麋鹿，这种动物分布于北欧的斯堪的纳维亚半岛和北美大部分地区。它们经常会在车辆前出其不意地跳出来，与高速行驶的车辆相撞，造成严重的交通事故。麋鹿测试中要检验的就是车辆回避障碍的能力。麋鹿测试的具体方法是：车辆满载状态下（四名乘员，同时行李箱负载相应配重）以恒定速度进入测试区，在不踩刹车和油门的情况下进行高速闪避。由前双座两位测试人员反复进行，逐次提高车速，在达到失控状况下记录当时的车速，同时再进行两次验证，确定失控车速数值的可靠性。

涡轮增压

涡轮增压简称 Turbo，如果在轿车尾部看到“Turbo”或者“T”的字样，即表明该车采用的发动机是涡轮增压发动机。

涡轮增压器实际上是种空气压缩机，通过压缩空气来增加进气量。它是利用发动机排出的废气惯性冲力来推动涡轮室内的涡轮，涡轮又带动同轴的叶轮，叶轮压送由空气滤清器管道送来的空气，使之增压进入气缸。当发动机转速增快，废气排出速度与涡轮转速也同步增快，叶轮就压缩更多的空气进入气缸，空气的压力和密度增大可以燃烧更多的燃料，相应增加燃料量就可以增加发动机的输出功率。

涡轮增压器的最大优点是能在不加大发动机排量时就能较大幅度地提高发动机的功率及扭力，一般而言，加装增压器后的发动机的功率及扭矩要增大 20%~30%。涡轮增压器的缺点是滞后，即由于叶轮的惯性作用对油门骤时变化反应迟缓，使发动机延迟增加或减少输出功率，这对于要突然加速或超车的汽车而言，瞬间会有点儿提不起劲的感觉。

制动能量回收系统

制动能量回收系统包括与车型相适配的发电机、蓄电池以及可以监视电池电量的智能电池管理系统。制动能量回收系统回收车辆在制动或惯性滑行中释放出的多余能量，并通过发电机将其转化为电能，再储存在蓄电池中，用于之后的加速行驶。这个蓄电池还可为车内耗电设备供电，降低对发动机的依赖、燃耗及二氧化碳排放。

热衰减

热衰减指的是在高温下，机械性能下降。一般在汽车方面所说的热衰减就是指的刹车的热衰减，比如：汽车的刹车系统在一定次数的制动后，刹车片的温度升高，在达到一定的工况温度后，刹车系统的制动效果达到最佳，但超过了限制的最高温度，制动的效果会越来越差，这个现象就是刹车的热衰减。

肌肉车

在美国的汽车历史上，有着这么一种车型，它有着硬朗的线条，强大的动力，极高的油耗，普通的躯壳下却通常蕴藏着一台狂躁的大排量发动机。这就是20世纪60年代在美国极其盛行并受到人们追捧的美国肌肉车型，美国人称其为“Muscle Car”。肌肉车是一代美国精神的代表，我们所熟悉的福特野马、雪佛兰科迈罗、道奇Charger都是典型的肌肉车。

多喉直喷技术

多喉直喷技术简单来说就是一种独立节气门技术。在传统发动机上，做功燃烧时所需要的空气由进气口导入进气道，经过空气滤清器过滤后由节气门进入进气歧管，与燃油混合形成混合气，最后进入汽缸燃烧。多喉直喷则在空气经过空气滤清器后变为每缸一个独立的节气门，每个节气门上单独设置空气流量传感器，独立监控每缸的进气动作。通常还会对进气歧管内部进行抛光处理，使进气阻力更低，此时供油系统需要配合增加的进气量，提高燃油压力及精确的燃油喷射量，以达到提高功率输出的目的。

提高发动机功率是各大汽车生产厂商的必争环节，多喉直喷(或称为独立节气门系统）技术一直以来都是提高发动机性能的有效办法，不少专攻高性能发动机的知名厂商都曾运用过这项技术，无奈原厂配置这种设计的引擎多属于赛车及高档跑车，最多也只是在极少数重度改装车中可以看到，因此多喉直喷技术稀有且带着些许神秘感。

防倾杆

如果单单依靠弹簧与减震器来控制车辆在转向时产生的侧倾，那么就需要非常硬的弹簧设计与阻尼极高的减震器与之搭配。这样一来，悬挂系统就失去了吸收路面震动的功能，车子会变得异常活泼（跳动），得不偿失。因此目前大部分汽车上都安装了防倾杆（也称稳定杆）。防倾杆结构很简单，是一条U形金属连杆，负责把两侧悬挂链接起来。作用是当车辆转弯时，弯道内侧悬挂被拉伸，内侧被压缩，防倾杆此时起到一个抗扭作用以减少拉伸与压缩幅度，从而控制车辆的侧倾幅度。

防滚架

防滚架是一种可拆卸的钢管组合件。它使用冷拔无缝碳素钢管弯制而成，安装的时候是一根一根按照车厢内部的轮廓进行连接或焊接的。如果去掉车身外壳，所看见的就是一个由数根钢管搭建的金属笼子，有了它的保护，即使车辆打几个滚，车身外部惨不忍睹，车内的乘员也会安然无恙的。防滚架所用的钢管材质和抗扭曲度是根据车身重量而定的，一般要能够承受两倍以上车身重量的冲击。由于场地赛的路面较平，基本没有落差，相比之下在盘山路上进行的拉力赛和野外进行的越野赛如出现翻车的话，车身损坏就会大一些。所以拉力赛车和越野赛车防滚架的强度更高，管件构造更密集。经过专业安装的防滚架除了应付意外情况以外，还可以起到增强车身强度和抗扭曲度的作用。比如将防滚架的几个焊接位置与前后避震器座相连，即便车辆频繁地跳跃，来自地面的冲击力也会分散一部分到防滚架上，这样对车体就起到了保护的作用。

运动座椅

一般的普通汽车座椅强调舒适性，但是在弯道行驶时，无法支撑侧向加速施加于身体的强大离心力，驾驶者的身体产生严重的侧倾，相对也影响到车身所传送的抓地力与转向的回馈力量。对于大马力运动型车辆来说，这种情况的出现会使安全性随之降低。运动座椅专门针对高速行驶的车身与人体动态反映而设计，因此特别将椅背及椅垫这两个部分加以强化，使人体两侧的腰部、肩部以及背部能够得到良好的侧向支撑性，座椅本身的刚性也经过加强，因此能够对转弯时侧向加速度产生的离心力给予有效的抗衡，能够更准确地感受到轮胎的抓地性，使驾驶人员能够对车辆进行精确的操控。

ADV.1 轮圈

这种由美国生产的新型轮圈，因尺寸差异会导致价格有所差别，但平均每只轮毂价格在一万元人民币以上。也许很多人对 ADV.1 这个品牌比较陌生，相比其他轮圈品牌，ADV.1 确实是一位“新人”，不过它的设计团队有着数十年的行业经验，轮圈的质量不亚于传统大厂。ADV.1 主要以生产单片式和三片式锻造轮圈为主营业务。ADV.1 虽然没有多么悠久的历史，但是它却掌握着如今最顶尖的轮圈制造工艺和技术，而且相比老牌轮圈在外观上更加符合现代的审美标准，不过同样高昂的售价只能让很多垂涎它的人望而却步。

电子限速

电子限速的作用是限制车速过高，防止因车速过快造成事故。电子限速器可以实时监测车辆的速度，当车速达到一定值的时候，它就会控制供油系统和发动机的转速，这时即使踏下油门踏板，供油系统也不会供油。

零胎压继续行驶

严格意义上来说，零胎压继续行驶不能算作是一项汽车配置，它只是一项配置所起的作用或是表现形式。而这项配置就叫做：防爆轮胎。防爆轮胎学名叫“泄气保用轮胎”，英文缩写为 RSC。

充气后的轮胎胎壁是支撑车辆重量的主要部位，特别是一些扁平比较大的轮胎，胎壁非常“肥厚”，爆胎严重时通常会导致胎壁的瞬间崩裂，从而使轮胎瞬间失去支撑力，导致车辆重心立刻发生变化，特别是前轮驱动车的前轮爆胎，爆胎后瞬间的重心转移很可能会令车辆失控。

可在零胎压下继续行驶的汽车必须配备防爆轮胎，这种轮胎在零胎压的情况下还是可以行驶一段路程，让汽车至少还可以自行开到维修厂检修。这是因为这种轮胎胎壁结构较强，轮胎材料抗热能力也较高，所以没气时也能行驶，不但可以省掉多带一只备胎的重量，对驾驶者而言，也是重要的安全配备。

扁平比

扁平比指的是从轮圈至胎面的高度与轮胎的断面测量最大的宽度的比值，以百分比表示，即高度占宽度的百分数。以 205／60R15 规格的轮胎为例，其横断面的最大宽度是 205 毫米，轮胎内径为 15 英寸，扁平比为 60。一般而言，高性能的越野车都会选择高扁平比的轮胎，因为它的胎壁长，缓冲能力强，相对来说舒适性较高，但对路面的感觉较差，转弯时的侧向抵抗力弱；而高性能的跑车则会选择低扁平比、大内径的轮胎，因胎壁较短，胎面宽阔，因此接地面积大，轮胎可承受的压力亦大，对路面反应非常灵敏，转弯时的侧向抵抗能力强，使车辆的操控性大大加强。

车道偏离预警系统

车道偏离预警系统是一种通过报警的方式辅助驾驶者减少汽车因车道偏离而发生交通事故的系统。车道偏离预警系统提供智能的车道偏离预警，在驾驶者无意识（驾驶者未打转向灯）偏离原车道时，能在偏离车道 0.5 秒之前发出警报，或方向盘开始震动以提醒驾驶者目前车辆偏离的状况，为驾驶者提供更多的反应时间，大大减少了因车道偏离引发的碰撞事故。车道偏离预警系统主要由 HUD 抬头显示器、摄像头、控制器以及传感器组成，当车道偏离系统开启时，摄像头（一般安置在车身侧面或后视镜位置）会时刻采集行驶车道的标志线，通过图像处理获得汽车在当前车道中的位置参数，当检测到汽车偏离车道时，传感器会及时收集车辆数据和驾驶者的操作状态，之后由控制器发出警报信号，整个过程大约在 0.5 秒完成，为驾驶者提供更多的反应时间。

可变转向比

可变转向比即根据汽车速度和转向角度来调整转向器传动比，当汽车开始处于停车状态，汽车速度较低或者转向角度较大时，提供小的转向器传动比;而当汽车高速行驶或者转向角度较小时，提供大的转向器传动比，从而提高汽车转向的稳定性。

牵引力控制系统

牵引力控制系统的作用是使汽车在各种行驶状况下都能获得最佳的牵引力，简称TCS，也称为ASR或TRC。牵引力控制系统的控制装置是一台计算机，利用计算机检测四个车轮的速度和方向盘转角，当汽车加速时，如果检测到驱动轮和非驱动轮转速差过大，计算机立即判断驱动力过大，发出指令信号减少发动机的供油量，降低驱动力，从而减小驱动轮的滑转率。计算机通过方向盘转角传感器掌握驾驶者的转向意图，然后利用左右车轮速度传感器检测左右车轮速度差，从而判断汽车转向程度是否和驾驶者的转向意图一样。牵引力控制系统能防止车辆在雪地等湿滑路面上行驶时驱动轮的空转，使车辆能平稳地起步、加速，保证流畅的加速性能，防止车辆因驱动轮打滑而发生横移或甩尾。

刹车辅助系统

刹车辅助系统一般称为EBA或BAS，刹车辅助的工作原理是传感器通过分辨驾驶员踩踏板的情况，识别并判断是否引入紧急刹车程序。由此该系统能立刻激发最大的刹车压力，以达到可能的最高的刹车效果，从而制止交通事故的发生。刹车辅助分机械式和电子控制式两种。机械式刹车辅助实际上是在普通刹车加力器的基础上稍加修改而成，在刹车力量不大时，它起到加力器的作用，随着刹车力量的增加，加力器压力室的压力增大，启动ABS。电子控制式刹车辅助的刹车加力器上有一个传感器，向ABS控制器输送有关踏板行程和移动速度的信息，如果ABS控制器判断是紧急刹车，它就让加力器内螺线阀门开启，加大压力室内的气压，以提供足够的助力，迅速增大制动力。

子午线轮胎

子午线轮胎是轮胎的一种结构形式，区别于斜交轮胎、拱形轮胎、调压轮胎等，俗称为“钢丝轮胎”。子午线轮胎的帘线是与外胎断面接近平行，像地球子午线排列，帘线角度小，一般为 0 度，胎体帘线之间没有维系交点。轮胎在行驶过程中，冠部周围应力增大，会造成周向伸张，胎体成辐射状裂口。因此子午线轮胎的缓冲层采用接近周向排列的打交道帘线层，与胎体帘线角度成 90 度相交，一般为 70 度到 78 度，形成一条几乎不能伸张的刚性环形带，把整个轮胎固定，限制轮胎的周向变形，这个缓冲层承受整个轮胎 60%~70%的内应力，成为子午线轮胎的主要受力部件，故称之为子午线轮胎的带束层。斜交轮胎的主要受力部件不在缓冲层上，其 80%~90%的内应力均由胎体的帘布层承担。

轮毂电机技术

轮毂电机技术又称车轮内装电机技术，它的最大特点就是将动力、传动和制动装置都整合到轮毂内，因此将电动车辆的机械部分大大简化。轮毂电机技术并非新生事物，早在 1900 年，保时捷就首先制造出了前轮装备轮毂电机的电动汽车。如今这一技术日趋成熟，其优点是省略大量传动部件，让车辆结构更简单；可实现多种复杂的驱动方式；便于采用多种新能源车技术，它可以匹配包括纯电动、混合动力和燃料电池电动车等在内的多种新能源车型。与电动机集中动力驱动相比，轮毂电机技术具备很大的优势，它布局更为灵活，不需要复杂的机械传动系统，但同时也有自己的显著不足，比如密封和起步电流 / 扭矩间的平衡关系，以及转向时驱动轮的差速问题等，如果能在工程上解决这些难题，轮毂电机技术将在未来的新能源车中拥有广阔的前景。

三元催化

三元催化是指将汽车尾气排出的一氧化碳、碳氢化合物和氮氧化合物等有害气体通过氧化和还原作用转变为无害的二氧化碳、水和氮气的催化。其主要途径是利用三元催化器，三元催化器的载体部件是一块多孔陶瓷材料，安装在特制的排气管当中。称它是载体，是因为它本身并不参加催化反应，而是在上面覆盖着一层铂、铑、钯等贵重金属。三元催化器是安装在汽车排气系统中最重要的机外净化装置。

鸥翼式车门

第一个发明使用这种向上开启车门的设计就是奔驰的经典跑车 300SL，但奔驰之所以发明向上开启车门实在是迫于无奈，因为设计 300SL 时为保证底盘的高刚性，在底盘的左右两侧设置了两根粗大的平行梁，结果导致无法安装常规车门，无奈之下，总设计师鲁道夫·威廉哈德想出了向上开启车门的创意，叫做鸥翼式车门，后来兰博基尼的设计师马赛罗·甘迪尼改进了鸥翼式车门，设计出剪刀门。这种设计并没有什么优势，首先是铰链的强度可靠性差，极易损坏，因为向上开启车门的铰链无法承受过大的车门重量，所以只有使用碳纤维等轻质材质制作车门的超跑才能使用这种结构；其次是这种车门结构安全性差，有严重安全隐患，一旦翻车，则车门无法开启；第三，鸥翼式车门的结构对车顶强度损害较大，所以使用范围很小，唯一的优点恐怕就是值得炫耀了。这种运用在跑车车门上的个性化设计，经过多年发展已经成为一种古典与浪漫的标志。

爆震传感器

发动机工作时因点火时间提前过度（点火提前角）、发动机的负荷、温度及燃料的质量等影响，会引起发动机爆震。发生爆震时，由于气体燃烧在活塞运动到上止点之前，轻者产生噪音及降低发动机的功率，重者会损坏发动机的机械部件。为了防止爆震的产生，爆震传感器通过电子控制系统去调整点火提前时间。当发动机即将发生爆震时，爆震传感器把发动机的机械振动转变为信号电压送至 ECU。ECU 根据其内部事先储存的点火及其他数据，及时计算修正点火提前角，去调整点火时间，防止爆震的发生。

纽柏格林赛道

德国著名的纽柏格林赛道，全长 22 公里，赛道不但拥有高达 177 个弯道，跑道的垂直落差也有 300 米，并涵盖了各种地形和特殊弯道，如 S 形、U 形、R 形弯道，因此成为包括法拉利以及保时捷、梅赛德斯 – 奔驰、宝马等在内的高级性能跑车大厂在新车推出之前，必定会前往测试的场地，也因为所有车辆操控设计上的缺点在该处都无所遁形，因此纽伯格林赛道也素有“真理之环”之称。各大汽车厂都喜欢到该赛道测试其车辆调校是否成功。车辆跑的时间越短表示车身行进间的稳定调校越成功。

通过角

通过角是指汽车满载静止时，通过障碍物的能力。一般常用的指标是纵向通过角，是指在汽车空载、静止时，在汽车侧视图上分别通过前、后车轮外缘做切线交于车体下部较低部位所形成的最小锐角。它表征汽车可无碰撞地通过小丘、拱桥等障碍物的轮廓尺寸。纵向通过角越大，汽车的通过性越好。除了纵向通过角，还有横向通过半径，其表述原理与纵向通过角相同。

图书在版编目(CIP)数据

名车赏鉴 / 杨文宇著. — 北京：北京工业大学出版社，2013.1
ISBN 978-7-5639-3298-6

Ⅰ. ①名… Ⅱ. ①杨… Ⅲ. ①汽车—介绍—世界 Ⅳ. ①U469

中国版本图书馆 CIP 数据核字(2012)第 263932 号

世 界 品 牌 研 究 课 题 组
World Brand Research Laboratory

名车赏鉴

著　　者：杨文宇
责任编辑：刘　畅
封面设计：安宁书装
出版发行：北京工业大学出版社
（北京市朝阳区平乐园 100 号　100124）
010-67391722（传真）　bgdcbs@sina.com
出 版 人：郝　勇
经销单位：全国各地新华书店
承印单位：沈阳鹏达新华广告彩印有限公司
开　　本：700 mm×1000 mm　1/16
印　　张：26.5
字　　数：357 千字
版　　次：2013 年 1 月第 1 版
印　　次：2013 年 1 月第 1 次印刷
标准书号：ISBN 978-7-5639-3298-6
定　　价：138.00 元